跟叶圣陶
学写作

叶圣陶　夏丏尊

著

长江出版传媒　长江文艺出版社

图书在版编目（CIP）数据

跟叶圣陶学写作 / 叶圣陶，夏丏尊著.-- 武汉：长江文艺出版社，2021.2
　　ISBN 978-7-5702-1900-1

　　Ⅰ．①跟… Ⅱ．①叶… ②夏… Ⅲ．①汉语－写作 Ⅳ．①H15

中国版本图书馆 CIP 数据核字(2020)第 217456 号

责任编辑：张远林　　　　　　　　　　　　责任校对：毛　娟
封面设计：周佳　　　　　　　　　　　　　责任印制：邱　莉　杨　帆

出版：长江出版传媒　长江文艺出版社
地址：武汉市雄楚大街 268 号　　　　邮编：430070
发行：长江文艺出版社
http://www.cjlap.com
印刷：武汉珞珈山学苑印刷有限公司

开本：710 毫米×970 毫米　　　1/16　印张：17.875　插页：1 页
版次：2021 年 2 月第 1 版　　　2021 年 2 月第 1 次印刷
字数：264 千字

定价：36.00 元

目录
contents

方法篇
第三章 好文章是改出来的

文体篇

方法篇◎

第一章　写作是什么

写作是极平常的事①

这一回谈写作。写作就是说话，为了生活上的种种需要，把自己要说的话说出来；不过不是口头说话，而是笔头说话。各人有他要说的话，我写作是我说我的话，你写作是你说你的话。并没有话而勉强要说话，或者把别人的话拿来当作自己的话，都是和写作的本意相违反的。写成的文字平凡一点，浅近一点，都不妨事；胸中只有这么些平凡的经验和浅近的情思，如果硬要求其奇特深远，便是勉强了。最要问清楚的是：这经验和情思是不是自己胸中的？把它写出来是不是适应生活上的需要？如果是的，那就做到了一个"诚"字了。写作和说话一样，"立诚"是最要紧的。

咱们小时候不会说话，学习又学习，渐渐地会说话了，其经过自己往往记不清楚。但是只要看小孩们学习说话的经过，就知道这是一串很自然、可是很辛苦的工作。小孩要想吃东西的时候，就学着大人说"饭"或"吃"；要得到大人的爱抚的时候，就学着大人说"抱"或"欢喜"：这岂不是很自然的？但是，若把语音发错了，或者该说"吃"的却说了"抱"了，就不能满足他的欲望。他为要满足他的欲望，必须随时努力矫正，使说出来的刚好表白他的意念：这岂不是很辛苦的？从简单的一词一语起，直到能够说连续的一串话，能够讲一个故事，情形都如此。再进一步，他就要用笔说话了。想把教师的话记下来，就有写笔记的需要；想把自己的情意告诉许多同学，就有写一篇文字的需要；离开了家庭或朋友，就有写信的需要。因有需要，才拿起笔来说话，这正同他孩子时代说"吃"和"抱"一样的自然。但是，笔记记得不成样子，查看时候就弄不明白；情意说得不畅达，同学看了就莫名其妙；信写得糊里糊涂，接信的对方就摸不着头脑。在初动笔的时候，写不

---

① 编者按：为尊重原作原貌，本书中很多与现代汉语规范用法不一致的地方，基本没作改动。

好几乎是必然的。从写不好到写得像个样子，这其间也要经过一段辛苦的学习过程。学习无非依傍人家，但消化的工夫还在自己。人家的笔记怎样记的？人家的情意怎样达的？人家的信是怎样写的？把人家的"怎样"看出来是一层，把自己的不"怎样"看出来是一层，把人家的"怎样"矫正自己的不"怎样"，使它成为自己的习惯，又是一层。到习惯养成了的时候，他才算学习及格，能够用笔说话了，用来应付生活上的种种需要，可得许多便利，和能够用嘴说话一个样。

我说以上的话，意在表明写作是极平常的可是极需要认真的一件事情。这个观念很关重要，非在学习写作的时候认清不可。从前科举时代，学生在书塾里学习写作，那是有一个特殊的目标的，就是写成投合考官眼光的文章，希望在仕宦的阶梯上一步步爬上去。现在虽然仍旧有考试，但考试的性质和科举时代不同了；你若认为学习写作的目标只在应付几回升学考试、毕业考试或其他考试，你就根本没有弄明白写作对于你有什么意义；从前书塾里也有一些高明的先生，不仅要学生去应考试，他们对学生期望得更高，要学生成为著作家或文章家，写作的教学就以此为目标。这样的目标显然也是特殊的；现在的国文教师不自觉地承袭着这个传统的，似乎还有，如在"批语"中发挥"立言"或"著作"的大道理的，以及迫着学生揣摩"神气""阴阳"等抽象理法的，就是了。试想自古到今，成功的著作家或文章家有多少？即不说成功，想做作家或文章家的又有多少？如果写作的目标只在做作家或文章家，那么，让想做的人去学习好了，何必人人都学习？现在人人要学习写作，就因为把从前那种特殊目标丢开了，看出了它的平常，虽说平常，却又是人生所必需的缘故。说得具体一点，现在学习写作，并不为应考试，也不为要做著作家或文章家；只因为要记笔记，要把情意告诉别人，要写信给家庭或朋友，诸如此类。这些事都是极平常的，但做不来便是人生的缺陷。咱们不愿意有这种缺陷，所以非学习写作不可。

从前科举时代，作经义题目，是"代圣贤立言"，作策论题目，是"代帝王划策"。一个人对于经籍，如果确有所得，而所得又正与圣贤的见解相合，诚实地发挥出来，就迹象说，便是"代圣贤立言"，这并没有什么可议之处；一个人对于政治，如果确有真知灼见，或可以救一时之弊，或可以开万世之利，详尽地表示出来，就迹象说，便是"代帝王划策"，这也是很有意思的事儿；然而读经籍而能有所得，研究政治而能有真知灼见，只有极少数的人才办得到。科举制度却把文章的作用规定了，一般士子既要去应考试，学习写作就得顺着那方向走；你即使对于经籍毫无所得，也须代圣贤立言，你即使对于政治一窍不通，也须代帝王划策；只有极少数人办得到的事情，硬要多数人也勉强去做。试想其结果怎样？必然是言不由衷，语不切实，把人家的现成话抄袭一番，搬弄一番而已。这样的工夫做得到家，对于应付考试是有益的，可以蒙考官录取；然而对于整个生活却是有害的，因为无论说话作文，最要不得的是言不由衷，语不切实，而那些人偏偏落在这个陷阱里。做不到家的更不必说了，一辈子学习写作，既不能取得功名，又没有在生活上得到什么便利，真是被笔砚误了一辈子。

现在并不是科举时代了，我为什么要说那时代写作教学的弊病呢？因为现在的教师、家长乃至青年自己，对于写作这回事，还有抱着科举时代的精神的。这种精神必须根本革除，否则写作便是生活上的赘瘤，说得过火一点，竟可以不必学习，学习比不学习更坏。抱着科举时代的精神，从什么地方可以看出来呢？教师出一些超过学生能力的题目给学生作，迫着学生写一些自己也不甚了了的话在本子上，这和从前硬要代圣贤立言、代帝王划策没有两样，是科举时代的精神。认为学习写作专为应付考试；升学考试毕业考试要出什么样的题目，平时便作什么样的题目，教师对学生说"作文要用功，考试才可以及格"；家长对子弟说"你的文字这么坏，考试怎么能及格"：这是科举时代的精神。把写作看作与生活无关的事儿；不写自己的经验和情思，临到动笔，便勉强找一些不相干的话来说；或是以青年人的身份学说老年人的话，或是以现代人的身份学说古代人的话：这是科举时代的精神。请读者诸君想想，这些现象是不是有的？如果有的，咱们非改变观念，消灭这些现象不可。观念改变了，这些现象消灭了，咱们才可以认真地学习写作。

认真地学习写作也不是什么艰难的事情。简单地说，自己有什么就写什么，就是认真。一件事物，你知道得清楚的，一个道理，你明白得透彻的，一个意思，你思索得周到的，一种情感，你感受得真切的，这些都是你自己的东西。如果为了需要须动手写作，你就以这些为范围。反过来说，自己没有什么而勉强要写什么，就是不认真。所以，没有弄清楚孔子的学术思想而论孔子之道，没有某种经验和想象而作某种小说，自己一毛钱也不捐而作劝人献金的传单，平时从不想到国家民族而作爱国家爱民族的诗歌，都是不认真。其次，写什么定要竭尽自己的能力把它写出来，就是认真。你心里知道得清楚，明白得透彻，是一回事。把它写出来，大半是为了给人家看，人家看了你的文字，能不能知道得清楚，明白得透彻，又是一回事。两回事必须合而为一，你的写作才不是白费心力。理想的目标当然是写出来的刚好和你心里所有的一模一样，不多不少。但是把意念化为文字，要做到这般地步，事实上几乎不大可能；唯有竭尽你当时所有的能力，使写出来的差不多贴合你心里所有的，使人家看了你写出来的差不多看见了你的心。我说"所有的能力"，为什么在前边加一个"当时"？因为能力是逐渐长进的，在甲阶段不会有乙阶段的能力，要求躐等，实际上固然办不到，但本阶段的能力不可不尽；各阶段都有它的"当时"，每一阶段的"当时"都竭尽能力，你的写作就一辈子认真了。反过来说，写什么而马马虎虎，草率了事，就是不认真。所以，用一个词儿，不审察它的意义和用例，造一句句子，不体会它的句式和情调，以及提笔就写，不先把通体想一想，写完就算，不再把全文念几遍，以及不肯就自己的观点问一声"这写出来的是不是差不多贴合我心里所有的"，又不肯就读者的观点问一声"读者读了这文字是不是差不多看见了我的心"，都是不认真。认真的项目不过如上面所说的两个，普通人能如此，写作对于他是生活上非常有益的技能，终身受用不尽；就是著作家或文章家，也出不了这个范围，不如此而能成为著作家或文章家，那是不能想象的事情。

　　以上都是理论，现在要谈到方法了。学习写作的方法，大家知道，该从阅读和习作两项入手。就学习写作的观点说，阅读不仅在明白书中说些什么，更须明白它对于那些"什么"是怎么说的。譬如读一篇记述东西的文字，假定是韩愈的《画记》，要看出它是把画面的许多人和物分类记述的；更要看出像他这样记述，人和物的类别和姿态是说明白了，但人和物在画面的位置并没有顾到；更要明白分类记述和记明位置是不能兼顾的，这便是文字效力的限制，一篇文字不比一张照片。又如读一篇抒写情绪的文字，假定是朱自清的《背影》，要看出它叙述车站上的离别全在引到父亲的背影，父亲的背影是感动作者最深的一个印象，所以凡与此无关的都不叙述；更要看出篇中所记父亲的话都与父亲的爱子之心有关，也就是与背影有关，事实上离别时候父亲决不止说这些话，而文中仅记这些，这便是选择的工夫；更要看出这一篇抒写爱慕父亲的情绪全从叙事着手，若不叙事，而仅说父亲怎么怎么可以爱慕，虽然说上一大堆，其效果决不及这一篇，因为太空泛太不着边际了，抒情须寄托在叙事中间，这是个重要的原则。阅读时候看出了这些，对于写作是有用的。不是说凡作记述东西的文字都可以用《画记》的方法，凡作抒写情绪的文字都可以用《背影》的方法；但如果你所要写的正与《画记》或《背影》情形相类，你就可以采用它的方法；或者有一部分相类，你就可以酌取它的方法；或者完全不相类，你就可以断言决不该仿效它的方法。

　　《画记》和《背影》都是合式的成品的文字。阅读时候假如用心的话，即使遇到不合式不成品的文字，也可以在写作方面得到益处。那益处在看出它的毛病，自己看得出人家的毛病，当然可以随时检查自己，不犯同样的毛病。譬如，我近来收到一本杂志。中间有一篇小说，开头一节只有一句话："是零星点点的晨曦。""曦"是"日色""日光"，"晨曦"是朝晨的阳光，朝晨的阳光怎么能用"零星点点的"来形容它呢？我想了一想，明白了，作者把"晨曦"误认作"朝晨"了；他的意思是那时间是清早，天上的星还没有完全隐没，所以说"是零星点点的晨曦"。他的毛病是用错词儿。我得了这个经验，写作时候便可以随时检查自己，看文字中有没有用错词儿，把甲义的词儿误认作乙义的。那篇小说的第二节是以下的话："在某战区某司令部的会议室中，集合着一群雄赳赳气昂昂的男女青年，他们都是不怕牺牲，忠勇爱国的英雄。"看了这一节，我就想：一篇表白欢情的文字，也许找不到一个"欢喜"或"快乐"，一篇表白悲感的文字，不一定把"悲伤""哀痛"等词儿写上一大堆；只要用了叙述和描写，把引起欢情或悲感的经过曲曲达出，在作者便是抒写了他的情绪；读者读了，便起了共鸣，也感到可喜或可悲。同样的情形，一群男女青年是"雄赳赳气昂昂的"，是"不怕牺牲，忠勇爱国的英雄"，只要用叙述和描写，把他们的思想、言语、姿态、行动曲曲达出，让人家读了，自己感到他们是"雄赳赳气昂昂的"，是"不怕牺牲，忠勇爱国的英雄"，就是了。何必预先来一个说明呢？倘若后文的叙述和描写没有达出这些，虽经预先说明，人家还是感觉不到。倘若后文的叙述和描写果能达出这些，这预先说明也是多事，不但不增加什么效果，反而是全篇的一个小小斑点。作者的毛病是误认说明可以代替表现，我得了这个经验，写作时候便可以随时检查自己，看文字中有没有该用表现的地方而用了说明的，有没有写了一大堆却不能使人家感觉到什么的。阅读若能这样随时留心，不但不合式不成品的文字对于咱们写作方面有益处，就是一张广告（如某种肥皂的广告上写道："完全国产，冠于洋货"），一个牌示（如某浮桥旁边县政府的牌示道："通过时不得互相拥挤以免发生危险"），也是咱们研摩的好资料。

至于习作，最好在实用方面下工夫。说清楚一点，就是为适应生活上的需要而写作，所以要认真地学习写作。如有信要写，有笔记要记，有可叙的事情要叙出来，有可说的情意要达出来，那时候千万不要放过，必须准备动笔。动笔以前，又必须仔细料量，这信该怎么写，这笔记该怎么记，这事情该怎么叙，这情意该怎么达；料量停当，然后下笔。完篇以后，又必须自己考核，这信是不是正是你所要写的，这笔记是不是正是你所要记的，这文字是不是正叙出了你所要叙的事情，这文字是不是正达出了你所要达的情意：考核下来，若是正是的，就实用说，你便写成了适应需要的文字；就学习说，你便增多了一回认真的历练。咱们当需要说话的时候，就能开口说话，因为咱们从小养成了这个习惯。若是从小受到禁遏，习惯没有养成，说话就没有这么便当了，甚而至于要不会说话。咱们学习写作，也要像说话一样养成习惯，凡遇到需要写作的时候，就提笔写作。错过需要写作的机会，便是自己对自己的禁遏。一回错过，两回错过，禁遏终于成功；于是你觉得一支笔有千斤般重，搜尽肚肠好像没有一点东西可以写的，你不会写作了。提笔真是一件非常艰难的事情吗？你胸中真个没有一点东西可以写的吗？并不。你所以不会写作，只因为你没有养成写作的习惯。养成习惯的方法并不难，不过是要写就写，不要错过机会而已。你如果抱定宗旨，要写就写，那你的写作机会一定不少，几乎每天可以遇到。读一本书，得到了一点意思，经历一件事情，悟出了一个道理，与朋友谈话，自己或朋友说了有意义的话，参加一个集会，那景况给予自己一种深刻的印象，参观一处地方，那地方的种种对自己都是新鲜的有兴味的，这些时候，不都是你的写作机会吗？若把这些并在一起，通通写下来，便是日记。有些人常常劝人写日记，其一部分的理由，就在写日记便不致错过写作的机会；并不是叫人写那什么时候起身什么时候睡觉的刻板账。若把这些分开来，或单写读书得到的意思，或单写从事情中悟出的道理，便是或长或短的单篇文字。那时候你提起笔来，一定觉得你所要写的就在意念之中，而不在遥远不可知的地方；所以你不必沉入虚浮的幻想，也不致陷入惶惑的迷阵，只须脚踏实地，一步步走去就是。这样成了习惯，别的成就且不说，至少你的文字不会有空洞、浮夸、糊涂、诞妄等等毛病了。

现在再说由教师命题，咱们按题习作。咱们如果能不错过写作的机会，就得每天动笔写作；这样，练习已经很够了，教师命题可以说是多余的。教师所以要命题，就恐怕咱们错过机会，不肯要写就写，或是一星期不动一回笔，或是一个月不动一回笔；出了题，便逼得咱们非动笔不可。咱们对于命题习作，应该作这样看法。贤明的国文教师当然作这样看法。所以他们所命的题，往往是指定一个范围，那范围包含在咱们的经验和意念的大范围之内，叫咱们就那范围写些出来。这样，虽然是教师命的题，实际上与咱们自己要写就写并无两样。举例来说，咱们各人有个家庭，对于家庭各人有种种的知识、情绪和感想；教师出一个《我的家庭》的题叫咱们作，岂不是和咱们自己要就"我的家庭"写篇文字一个样子？又如咱们去参加"月会"，各人具有一种奋发的严肃的心情，听了演讲人的话，各人有所触发，有所警惕，或有所评判；教师出一个《月会》的题叫咱们作，岂不是和咱们自己要就"月会"写篇文字一个样子？遇到这样的题，咱们自然如自己本来要写似的，径把胸中所有的写出来。不幸的是咱们有时遇见不甚贤明的教师，他们所命的题越出了咱们的经验和意念的范围，使咱们无从下手。如出了《师严而后道尊说》的题。咱们平时既没有想到"师"该怎样"严"的问题，又没有思索过什么叫作"道"，实在想胡说也无从说起。胡说是不应该的，何况胡说也办不到；那只有请求教师换过一个题了（因此交白卷闹风潮是不必的，教师虽不甚贤明，总该有一点贤明之处，可以帮助咱们的）。万一第二回出的题与《师严而后道尊说》不相上下，乃至第三回第四回还是如此，那咱们须特别警觉了：教师对于命题习作的看法和咱们全不一样，咱们要在写作方面求长进，更非随时要写就写，不错过机会不可了。

写作虽说就是说话，究竟与寻常口头说话有所不同。咱们寻常口头说话，想到一事说一句，看到一事又说一句；和人家谈话，问询这个是一句，回答那个又是一句。不要说一天工夫，就是把一点钟内的说话集拢来，便是噜噜苏苏不相连续的一大堆。写作决不是写下这么噜噜苏苏不相连续的一大堆。咱们要写作，必然有个主旨；前面所说读书得到的意思，从事情中悟出的道理，这些都是主旨。写作的时候，有关主旨的话才说，而且要说得正确，说得妥帖，说得没有遗漏；无关主旨的话却一句也不容多说，多说一句就是累赘，就是废话，就是全篇文字的一个疵点。这情形和当众讲话或演说倒有些相像；咱们站起来当众讲话或演说，也不能像平时一样杂七杂八地说，必须抓住一个主旨，让一切的话都集中在那主旨上头才行。有些人写作，写了一大堆，自己不知道说了些什么；拿给别人看，别人也不知道他说了些什么。

这就是忘记了写作必然有个主旨的毛病。主旨是很容易认定的，只要问自己为什么要写作这篇文字，那答案便是主旨。认定了主旨，还得自始至终不放松它；写一段，要说得出这一段与主旨有什么关系；写一句，要说得出这一句对主旨有什么作用。要做到这地步，最好先开列一个纲要，第一段是什么，第二段是什么，然后动手写第一段的第一句。这个办法，现在有许多国文教师教学生照做了。其实无论哪一个写作，都得如此；即使不把纲要写在纸面上，也必须预先想定纲要，写在自己的心上。有些人提笔就写，写来很像个样子，好像是不假思索的天才；实则也不是什么天才，他们只因太纯熟了，预先想定纲要的阶段仅需一会儿工夫，而且准不会有错儿，从外表看，便好像是不假思索了。

一段文字由许多句子合成，句有句式；一句句子由许多词儿合成，词有词义。句式要用得妥帖，词儿要用得得当，全在平时说话和阅读仔细留心。留心的结果，熟悉了某种句式某个词儿用在什么场合才合适，写作的时候就拿来应用，那准不会有错儿。消极的办法，凡是不熟悉的句式和词儿，绝对不要乱用。一些所谓不通的文字，就是从不懂得这个消极办法而来的。不熟悉，用错了，那就不通了。如果在写下去的时候，先问问自己：这个句式这个词儿该是怎么用法？用在这里合式不合式？待解答清楚了再写，不通的地方即使还有，也不会太多了。一篇文字不能必须求其有特别长处，但必须求其没有不通之处；因为特别长处往往由于咱们的经验和意念有长处，这是平时的积累，不能临时强求；而不通之处却是写作当时可以避免的，可以避免而不避免，就应用上说，便是不得其用，就态度上说，便是太不认真。

关于写作的话还有很多，这一次说得太长了，余下的留到以后再谈。

写作漫谈

　　预备写作的青年常常欢喜打听人家的写作经验："你写作的动机是什么？你所要表达的中心意旨是什么？你怎样采集你的材料？你怎样处理你的材料？你在文章的技术上怎样用工夫？"

　　一些作家为着回答这种恳切的请教，就根据自己的经验，写成或长或短或详或略的文章。另外一些作家并不曾被请教，可是回想自己在写作上所尝到的甘苦，觉得很有可以谈谈的，也就写下写作经验之类的文章。

　　这样的文章，对于了解作品和作家，很有点用处。我们所接触到的是作品，作品是从作家的心情的泉源里流出来的，所以了解作家越多，了解作品越深。写作经验之类把作家从心情活动起，直到写成固定形式（作品）为止，这一段过程告诉我们，自然可以使我们得到更多更深的了解。

　　但是，看了这种文章，对于着手写作未必有多大的帮助：第一，许多作家说来的经验很不一致，依从了谁说的好呢？第二，即使在很不一致的说法中间"择善而从"，可是"从"还只是呆板的效学，能不能渐渐熟练起来，把人家的经验化作自己的经验，也是问题。第三，经验是实践的结果，人家实践了，得到独有的经验，我们来实践，也可以得到独有的经验。与其被动地接受人家的经验，不如自动地从实践中收得经验。接受得来的经验也许会"食而不化"，从实践中收得的经验却没有不能供自己受用的。

　　我不是说写作经验之类绝对看不得。我只是说对于这种东西，希望不要太深切，一味想依靠这种东西，尤其不行。古往今来成功的作家中间，哪几个是看了写作经验之类而成功的，似乎很难指说出来。

　　预备写作的青年又常常欢喜懂得一点文章的理法。剪裁和布局有什么关系？叙述和描写有什么不同？同样一句话语有几个说法，哪一个说法效果最大？同样一个情境有几个写法，哪一个写法力量最强？诸如此类的问题，都是他们所关心的。

关心这些问题决不是坏事情，所以解答这些问题也决不是无聊的勾当。关于这方面，现在已经有了许多的文篇和书本，甚至连文艺描写辞典之类也编出来了。

这种文篇和书本，对于训练阅读的能力，很有点用处；所谓阅读，除了随便看看的以外，原来应该咀嚼作品的内容，领会作品的技术。现在有了这些东西，把许多作品的技术归纳起来，作为我们的参考，自然可以使我们触类旁通，左右逢源，增进阅读的能力。但是，在着手写作的时候，最好把这些东西忘掉。写作的时候应该信奉"文无定法"这句老话，同时自己来规定当前这篇作品所需要的理法。一个作家在斟酌一篇作品的布局，推敲一段文章的辞句，他决不这样想："依照文章作法应该怎样？"他只是这样想："要把当前这篇作品写得最妥帖应该怎样？"一边写东西，一边顾虑着文章作法中所说的各种项目，务必和它合拍：这不是写东西，简直是填表格了。填表格似的写成功的作品很难像个样儿，是可想而知的。何况你要这样做，必然感到缚手缚脚，大半连不大像个样儿的作品也难以写成功。

所以，对于文章作法之类和对于写作经验之类一样，希望太深切必然失望，一味想依靠，结果是靠不住。

预备写作，大概要训练一副明澈的眼光。种种的事物在我们周围排列着、发生着，对它们怎样看法，要眼光；怎样把它们支配运用，要眼光。说得学术气点儿，眼光就是所谓人生观和世界观。一个人尽可以不理会人生观和世界观那些名词，但是决不能没有一副应付事物的眼光，如果没有，他就生活不下去。眼光又须求其明澈。假定看法是错误的，支配运用是失当的，这就由于眼光不明澈的缘故，这样的生活就是糊涂无聊的生活。根据了这个着手写作，写成的就是糊涂无聊的作品，从认真的严肃的态度着想，这种作品很可以不用写。

进一步说，训练一副明澈的眼光是人人应该做的事情，一个工人、一个农夫、一个政府委员、一个商店伙计，如果不愿意过糊涂无聊的生活，都得随时在这上边努力。现在说预备写作需要训练眼光，好像这只是作家应该做的事情，实在有点儿本末倒置，认识欠广，这种指责是应该接受的。我们不妨修正地说：一个作家本来应该训练一副明澈的眼光，因为他是一个人，必须好好地生活，同时为着写作，尤其应该训练一副明澈的眼光，因为唯有这样，写成功的东西才不至于糊涂无聊。

试看一些对于不好的作品的批评，如含义空虚，认识错误，取材不精当，描写不真切，这种种毛病，推求到根源，无非作者眼光上的缺点。眼光没有训练好，写作时候不会忽然变好。平时把眼光训练好，写作时候还是这一副眼光，当然错不到哪里去。而训练眼光是整个生活里的事情，不是写作时候的事情，更不是看看人家的写作经验之类所能了事的事情。

预备写作，又要训练一副熟练的手腕。什么事情都一样，要求熟练，唯有常常去做，规规矩矩去做。要把写作的手腕训练到熟练，必须常常去写，规规矩矩去写。练习绘画先画木炭画，练习雕像先雕一手一足，称为基本练习，基本弄好了，推广开去才有把握。写作也需要基本练习，写信、写日记、写随笔，此外凡遇见可以写作的材料都不放过，随时把它写下来，这些都是基本练习。"出门不认货"的态度是要不得的，必须尽可能的力量，制造一件货色让它像一件货色。莫说全段、全篇都得斟酌，就是一个句子、一个字眼，也要经过推敲。写成功的虽然不一定是杰作，可是写作时候要像大作家制作他的杰作那样认真。这种习惯养成了是终身受用的，这样训练过来的手腕才是最能干最坚强的手腕。

练习和成功，实际上是划不清界限的。某年某月以前是练习的时期，某年某月以后是成功的时期，在任何作家的生活史里都难这样地指说。不断地写作就是不断地练习，其间写作得到了家的一篇或是几篇就是成功的作品。所以在写作的当儿，成功与否尽可以不问，所要问的是，是否尽了可能的力量，是否运用了最能干最坚强的手腕。

总之，写作是"行"的事情，不是"知"的事情。要动脚，才会走；要举手，才会摘取；要执笔，才会写作。看看文章作法之类只是"知"的事情，虽然不一定有什么害处，但是无益于写作的"行"是显然的。

阅读是写作的基础①

在中小学语文教学中，基础知识和基本训练都重要，我看更要着重训练。什么叫训练呢？就是要使学生学的东西变成他们自己的东西。譬如学一个字，要他们认得，不忘记，用得适当，就要训练。语文方面许多项目都要经过不断练习，锲而不舍，养成习惯，才能变成他们自己的东西。现在语文教学虽说注意练习，其实练的不太多，这就影响学生掌握基础知识。老师对学生要求要严格。严格不是指老师整天逼着学生练这个练那个，使学生气都透不过来，而是说凡是要学生练习的，不要练过一下就算，总要经常引导督促，直到学的东西变成他们自己的东西才罢手。

有些人把阅读和写作看作不甚相干的两回事，而且特别着重写作，总是说学生的写作能力不行，好像语文程度就只看写作程度似的。阅读的基本训练不行，写作能力是不会提高的。常常有人要求出版社出版"怎样作文"之类的书，好像有了这类书，依据这类书指导作文，写作教学就好办了。实际上写作基于阅读。老师教得好，学生读得好，才写得好。这样，老师临时指导和批改作文既可以少辛苦些，学生又可以多得到些实益。

阅读课要讲得透。要讲得透，无非是把词句讲清楚，把全篇讲清楚，作者的思路是怎样发展的，感情是怎样表达的，诸如此类。有的老师热情有余，可是本钱不够，办法不多，对课文不能透彻理解，总希望求助于人，或是请一位高明的老师给讲讲，或是靠集体备课。这不是从根本上解决问题的办法，功夫还在自己。只靠从别人那里拿来，自己不下功夫或者少下功夫，是不行的。譬如文与道的问题，人家说文与道该是统一的，你也相信文与道该是统一的，但是讲课文，该怎样讲才能体现文道统一，还得自辟蹊径。如果词句

---

① 原载一九六二年四月十日《文汇报》第二版。

不甚了解，课文内容不大清楚，那就谈不到什么文和道了。原则可以共同研究商量，怎样适当地应用原则还是靠自己。根本之点还是透彻理解课文。所以靠拿来不行，要自己下功夫钻研。

我去年到外地，曾经在一些学校听语文课，有些老师话说得很多，把四十五分钟独占了。其实许多话是大可不讲的。譬如课文涉及农村人民公社，就把课文放在一旁，大讲农村人民公社的优越性。这个办法比较容易，也见得热情，但是不能说完成了语文课的任务。

在课堂里教语文，最终目的在达到"不需要教"，使学生养成这样一种能力，不待老师教，自己能阅读。学生将来经常要阅读，老师能经常跟在他们背后吗？因此，一边教，一边要逐渐为"不需要教"打基础。打基础的办法，也就是不要让学生只是被动地听讲，而要想方设法引导他们在听讲的时候自觉地动脑筋。老师独占四十五分钟固然不适应这个要求，讲说和发问的时候启发性不多，也不容易使学生自觉地动脑筋。怎样启发学生，使他们自觉地动脑筋，是老师备课极重要的项目。这个项目做到了，老师才真起了主导作用。

听见有些老师和家长说，现在学生了不起，一部《创业史》两天就看完了，颇有点儿沾沾自喜。我想，且慢鼓励，最要紧的是查一查读得怎么样，如果只是眼睛在书页上跑过，只知道故事的极简略的梗概，那不能不认为只是马马虎虎地读。马马虎虎地读是不值得鼓励的。一部《创业史》没读好，问题不算大。养成了马马虎虎的读书习惯，可要吃一辈子的亏。阅读必须认真，先求认真，次求迅速，这是极重要的基本训练。要在阅读课中训练好。

阅读习惯不良，一定会影响到表达，就是说，写作能力不容易提高。因此，必须好好教阅读课。譬如讲文章须有中心思想。学生听了，知道文章须有中心思想，但是他说："我作文就是抓不住中心思想。"如果教好阅读课，引导学生逐课逐课地体会，作者怎样用心思，怎样有条有理地表达出中心思想，他们就仿佛跟作者一块儿想过考虑过，到他们自己作文的时候，所谓熟门熟路，也比较容易抓住中心思想了。

总而言之，阅读是写作的基础。

作文出题是个问题。最近有一个学校拿来两篇作文让我看看，是初中三年级学生写的，题目是《伟大鲁迅的革命精神》。两篇里病句很多，问我该怎样教学生避免这些病句。我看，病句这么多，毛病主要出在题目上。初中学生读了鲁迅的几篇文章，就要他们写鲁迅的革命精神。他们写不出什么却要勉强写，病句就不一而足了。

有些老师说《难忘的一件事》《我的母亲》之类的题目都出过了，要找几个新鲜题目，搜索枯肠，难乎其难。我想，现在老师都是和学生经常在一起的，对学生了解得多，出题目该不会很困难。

有些老师喜欢大家挂在口头的那些好听的话，学生作文写上那些话，就给圈上红圈。学生摸准老师喜欢这一套，就几次三番地来这一套，常常得五分。分数是多了，可是实际上写作能力并没提高多少。特别严重的是习惯于这一套，往深处想和写出自己真情实意的途径就给挡住了。

老师改作文是够辛苦的。几十本，一本一本改，可是劳而少功。是不是可以改变方法呢？我看值得研究。要求本本精批细改，事实上是做不到的。与其事后辛劳，不如事前多作准备。平时不放松口头表达的训练，多注意指导阅读，钻到学生心里出题目，出了题目作一些必要的启发，诸如此类，都是事前准备。作了这些准备，改作文大概不会太费事了，而学生得到的实益可能多些。

阅读什么①

　　中学生诸君：我在这回播音所担任的是中学国语科的节目。国语科有好几个方面，我想对诸君讲的是些关于阅读方面的话。预备分两次讲，一次讲"阅读什么"，一次讲"怎样阅读"。今天先讲"阅读什么"。

　　让我在未讲到正文以前，先发一句荒唐的议论。我以为书这东西是有消灭的一天的。书只是供给知识的一种工具，供给知识其实并不一定要靠书。试想，人类的历史不知已有多少年，书的历史比较起来是很短很短的。太古的时代并没有书，可是人类也竟能生活下来，他们的知识原不及近代人，却也不能说全没有知识。足见书不是知识的唯一的来源，要得知识并不一定要靠书的了。古代的事，我们只好凭想象来说，或者有些不可靠，再看现在的情形吧。今天的讲演是用无线电播送给诸君听的，假定听的有一万人，如果我讲得好，有益于诸君，那效力就等于一万个人各读了一册"读书法"或"读书指导"等类的书了。我们现在除无线电话以外还有电影可以利用，历史上的事件，科学上的制造，如果用电影来演出，功效等于读历史书和科学书。假定有这么一天，无线电话和电影发达得很进步普遍，放送的材料有人好好编制，适于各种人的需要，那么书的用处会逐渐消灭，因为这些利器已可代替书了。我们因了想象知道太古时代没有书，将来也可不必有书，书的需要可以说是一种过渡时代的现象。

　　今天所讲的题目是"阅读什么"，方才这番议论好像有些荒唐，文不对题。其实我的意思只是想借此破除许多读书的错误观念。我也承认书本在今日还是有用的，我们生存在今日，要求知识，最普通、最经济的方法还是读书。可是一向传下来的读书观念，很有许多是错误的。有些人把读书认为高

① 本文是向全国中学作的广播稿，刊《中学生》第六十一期（1936年1月）。

尚的风雅事情，把书本当作玩好品古董品，好像书这东西是与实际生活无关，读书是实际生活以外的消遣工作。有些人把书认为唯一的求学的工具，以为所谓求知识就是读书的别名，书本以外没有知识的来路。这两种观念都是错误的，犯前一种错误的以一般人为多，犯后一种错误的大概是青年人，尤其是日日手捏书本的中学生诸君。

我以为书只是求知识的工具之一，我们为了要生活，要使生活的技能充实，就得求知识。所谓知识，决不是什么装饰品，只是用来应付生活，改进生活的技能。譬如说，我们因为要在自然界中生存，要知道利用自然界理解自然界的情形，才去学习物理、化学和算学等科目；我们因为要在这世界上做人，才去学习世界情形，修习世界史和世界地理等科目；我们因为要做现在的中国人民，才去学习本国历史、地理、公民等科目。学习的方法可有各式各样，有时须用实验的方法，有时须用观察的方法，有时须用演习的方法，并不一定都依靠书。只因为书是文字写成的，文字是最便利的东西，可把世间一切的事情，一切的道理都记载出来，印成了书，随时随地可以翻看，所以书就成了求知识的重要的工具，值得大众来阅读了。

以上是我对于书的估价，下面就要讲到今天的题目"阅读什么"了。

青年人应该读些什么书？这是一个从古以来的大问题，对于这问题从古就有许多人发表过许多议论，近十年来这问题也着实热闹，有好几位先生替青年开过书目单，其中比较有名的是梁启超先生和胡适之先生所开的单子。诸君之中想必有许多人见过这些单子的。我今天不想再替诸君另开单子，只想大略地告诉诸君几个着手的方向。

我想把读书和生活两件事联成一气、打成一片来说，在我的见解，读书并不是风雅的勾当，是改进生活、丰富生活的手段，书籍并不是茶余酒后的消遣品，乃是培养生活上知识技能的工具。一个人该读些什么书，看些什么书，要依了他自己的生活来决定、来选择。我主张把阅读的范围，分成三个，（一）是关于自己的职务的；（二）是参考用的；（三）是关于趣味或修养的。举例子来说，做内科医生的，第一应该阅读的是关于内科的书籍杂志，这是关于自己职务的阅读，属于第一类。次之是和自己的职务无直接关系，可以做研究上的参考，使自己的专门知识更丰富、确切的书，如因疟疾的研究，而注意到蚊子的种类，便去翻某种生物学书；因了疟蚊的分布，便去翻阅某种地理书；因了某种药物的性质，便去查检某种的植物书、矿物书；因了某一词儿的怀疑，便去翻查某种辞典，这是参考的阅读，属于第二类。再次之，这位医生除了医生的职务以外，当然还有趣味或修养的生活。在趣味方面，他如果是喜欢下围棋的，不妨看看关于围棋的书，如果是喜欢摄影的，不妨看看关于摄影的书，如果是喜欢文艺的，不妨看看诗歌、小说一类的书。在修养方面，他如果是有志于品性的修炼的，自然会去看名人传记或经典格言等类的书，如果是觉得自己身体非锻炼不可的，自然会去看游泳、运动等类的书。这是趣味或修养方面的阅读，属于第三类。第一类关于职务的书是各人不相同的，银行家所该阅读的书和工程师不同，农业家所该阅读的书和音乐家不同。第二类的参考书，是因了专门业务的研究随时连类牵涉到的，也不能划出一定的种数。至于第三类的关于趣味或修养的书，更该让各个人自由分别选定。总而言之，读书和生活应该有密切的关联。

上面我把阅读的范围分为三个，（一）是关于个人职务的；（二）是参考的；（三）关于趣味或修养的。下面我将根据了这几个原则对中学生诸君讲"阅读什么"的问题。

先讲关于职务的阅读。诸君的职务是什么呢？诸君是中学生，职务就在学习中学校的各种功课。诸君将来也许会做官吏、做律师、开商店、做教师，各有各的职务吧，现在却都在中学校受着中等教育，把中学校所规定的各种功课，好好学习，就是诸君的职务了。诸君在职务上该阅读的书不是别的，就是学校规定的各种教科书。诸君对于我这番话也许会认为无聊吧，也许有人说，我们每日捧了教科书上课堂、下课堂，本来天天在和教科书做伴侣，何必再要你来嘈杂呢？可是，我说这番话，自信态度是诚恳的。不瞒诸君说，我也曾当过许多年的中学教师，据我所晓得的情形，中学生里面能够好好地阅读教科书的人并不十分多。有些中学生喜欢读小说，随便看杂志，把教科书丢在一边，有些中学生爱读英文或国文，看到理化、算学的书就头痛。这显然是一种偏向的坏现象。一般的中学生虽没有这种偏向的情形，也似乎未能充分地利用教科书。教科书专为学习而编，所记载的只是各种学科的大纲，原并不是什么了不得的著作，但对于学习还是有价值的工具。学习一种功课，应该以教科书为基础，再从各方面加以扩充，加以比较、观察、实验、证明等种种切实的功夫，并非胡乱阅读几遍就可了事。举例来说，国语科的读书，通常是用几篇选文编成的，假定一册国文读本共有三十篇文章，你光是把这三十篇文章读过几遍，还是不够，你应该依据了这些文章做种种进一步的学习，如文法上的习惯咧、修辞上的方式咧、断句和分段的式样咧，诸如此类的事项，你都须依据了这些文章来学习，收得扼要的知识才行。仅仅记牢了文章中所记的几个故事或几种议论，不能算学过国语一科的。再举一个例来说，算学教科书里有许多习题，你得一个一个地演习，这些习题，一方面是定理或原则的实际上的应用，一方面是使你对于已经学过的定理或原则更加明了的。例如四则问题有种种花样，龟鹤算咧、时计算咧、父子年岁算咧，你如果只演习了一个个的习题，而不能发现这些习题中的共通的关系或法则，也不好称为已学会了四则。依照这条件来说，阅读教科书并非容易简单的工作了。中学科目有十几门，每门的教科书先该平均地好好阅读，因为学习这些科目是诸君现在的职务。

次之讲到参考书。如果诸君之中有人问我，关于某一科应看些什么参考书？我老实无法回答。我以为参考书的需要因特种的题目而发生，是临时的，不能预先决定。干脆地说，对于第一种职务的书籍阅读得马马虎虎的人，根本没有阅读参考书的必要。要参考，先得有题目，如果心里并无想查究的题目，随便拿一本书来东翻西翻，是毫无意味的傻事，等于在不想查生字的时候去胡乱翻字典。就国语科举例来说，诸君在国语教科书里读到一篇陶潜的《桃花源记》，如果有不曾明白的词儿，得翻辞典，这时辞典（假定是《辞源》）就成了参考书。这篇文章是晋朝人做的，如果诸君觉得和别时代人所写的情味有些两样，要想知道晋代文的情形，就会去翻中国文学史（假定是谢无量编的《中国文学史》），这时文学史就成了诸君的参考书。这篇文章里所写的是一种乌托邦思想，诸君平日因了师友的指教，知道英国有一位名叫马列斯的社会思想家写过一本《理想乡消息》和陶潜所写的性质相近，拿来比较，这时，《理想乡消息》就成了诸君的参考书。这篇文章是属于记叙一类的，诸君如果想明白记叙文的格式，去翻看《记叙文作法》（假定是孙俍工编的），这时《记叙文作法》就成了诸君的参考书。还有，这篇文章的作者叫陶潜，诸君如果想知道他的为人，去翻《晋书·陶潜传》或《陶集》，这时《晋书》或《陶集》就成了诸君的参考书。这许多参考书是因为有了题目才发生的，没有题目，参考无从做起，学校图书室虽藏着许多的书，诸君自己虽买有许多的书，也毫无用处。国语科如此，别的科目也一样。诸君上历史课听教师讲英国的工业革命一课，如果对于这件历史上的事迹发生了兴趣或问题，就自然会请问教师得到许多的参考书，图书馆里藏着的《英国史》，各种经济书类，以及近来杂志上所发表过的和这事有关系的单篇文字，都成了诸君的参考书了。所以，我以为参考书不能预先开单子，只能照了所想参考的题目临时来决定。在到图书馆去寻参考书以前，我们应该先问自己，我所想参考的题目是什么？有了题目，不知道找什么书好，这是可以问教师、问朋友、查书目的，最怕的是连题目都没有。

上面所讲的是关于参考书的话。再其次要讲第三种关于趣味修养的书了。这类的书可以说是和学校功课无关的，不妨全然照了自己的嗜好和需要来选择。一个人的趣味是会变更的，一时喜欢绘画的人，也许不久会喜欢音乐，喜欢文学的人，也许后来会喜欢宗教。至于修养，方面更广，变动的情形更多。在某时候觉得自己身心上的缺点在甲方面，该补充矫正。过了些时，也许会觉得自己身心上的缺点在乙方面，该补充矫正了。这种自然的变更，原不该勉强拘束，最好在某一时期，勿把目标更动。这一星期读陶诗，下一星期读西洋绘画史，趣味就无法涵养了。这一星期读曾国藩家书，下一星期读程、朱语录，修养就难得效果了。所以，我以为这类的书，在同一时期中，种数不必多，选择却要精。选定一二种，须定了时期来好好地读。假定这学期定好了某一种趣味上的书，某一种修养上的书，不妨只管读去，正课以外，有闲暇就读，星期日读，每日功课完毕后读，旅行的时候在车上、船上读，逛公园的时候坐在草地上读。如果读到学期完了，还不厌倦，下学期依旧再读，读到厌倦了为止。诸君听了我这番话，也许会骇异吧。我自问不敢欺骗诸君，诸君读这类书，目的不在会考通过，也不在毕业迟早，完全为了自己受用，一种书读一年，读半年，全是诸位的自由，但求有益于自己就是，用不着计较时间的长短。把自己欢喜读的书永久地读，是有意义的。赵普读《论语》，是有名的历史故事。日本有一位文学家名叫坪内逍遥的，新近才死，他活了近八十岁，却读了五十多年的莎士比亚剧本。

我的话已完了。现在来一个结束。我以为：书是供给知识的一种工具，读书是改进生活、丰富生活的手段，该读些什么书要依了生活来决定选择。首先该阅读的是关于职务的书，第二是参考书，第三是关于趣味修养的书。中学生先该把教科书好好地阅读，因为中学生的职务就在学习中学校课程。参考书可因了所要参考的题目去决定，最要紧的是发现题目。至于趣味修养的书可自由选择，种数不必多，选择要精，读到厌倦了才更换。

怎样阅读①

前天我曾对中学生诸君讲过一次话，题目是《阅读什么》。今天所讲的，可以说是前回的连续题目，是《怎样阅读》。前回讲"阅读什么"，是阅读的种类；今天讲"怎样阅读"，是阅读的方法。

"怎样阅读"和"阅读什么"一样，也是一个老问题，从来已有许多人对于这问题说过种种的话。我今天所讲的也并无前人所没有发表过的新意见、新方法，今天的话是对中学生诸君讲的，我只希望我的话能适合于中学生诸君就是了。

我在前回讲"阅读什么"的时候，曾经把阅读的范围划成三个方面：第一是职务上的书，第二是参考的书，第三是趣味修养的书。中学生的职务在学习，中学校的课程，中学校的各科教科书属于第一类；学习功课的时候须有别的书籍做参考，这些参考书属于第二类；在课外选择些合乎自己个人趣味或有关修养的书来阅读，这是第三类。今天讲"怎样阅读"，也仍想依据了这三个方面来说。

先讲第一类关于诸君职务的书，就是教科书。摆在诸君案头的教科书有两种性质可分，一种是有严密的系统的，一种是没有严密的系统的。如算学、理化、地理、历史、植物、动物等科的书，都有一定的章节，一定的前后次序，这是有系统的。如国文读本，如英文读本，就定不出严密的系统，一篇韩愈的《原道》可以收在初中国文第一册，也可以收在高中国文第二册；一篇富兰克林的传记，可以摆在初中英文第三册，也可以摆在高中英文第二册。诸君如果是对于自己所用着的教科书留心的，想来早已知道这情形。这情形并不是偶然的，可以说和学科的性质有关。有严密的系统的是属于一般的所

---

① 本文是向全国中学生作的广播稿，刊《中学生》第六十一期（1936 年 1 月）。

谓科学，像国文、英文之类是专以语言文字为对象的，除文法、修辞教科书外，一般所谓读本、教本，都是用来做模范做练习的工具的东西，所以本身就没有严密的系统了。教科书既然有这两种分别，阅读的方法就也应该有不同的地方。

如果把阅读分开来说，一般科学的教科书应该偏重于阅，语言文字的教科书应该偏重于读。一般科学的教科书虽也用了文字写着，但我们学习的目标并不在文字上，譬如说，我们学地理、学化学，所当注意的是地理、化学书上所记着的事项本身，这些事项除图表外原用文字记着，但我们不必专从文字上记忆揣摩，只要从文字去求得内容就够了。至于语言文字的学科就不同，我们在国文教科书里读到一篇文章——假定是韩愈的《画记》，这时我们不但该知道韩愈这个人，理解这篇《画记》的内容，还该有别的目标，如文章的结构、词句的式样、描写表现的方法等等，都得加以研究。如果读韩愈的《画记》，只知道当时曾有过这样的画，韩愈曾写过这样的一篇文章，那就等于不曾把这篇文章当作国文功课学习过。我们又在英文教科书里读华盛顿砍樱桃树的故事，目的并不在想知道华盛顿为什么砍樱桃树，砍了樱桃树后来怎样，乃是要把这故事当作学习英文的材料，收得英文上种种的法则。所以"阅读"两个字不妨分开来用，一般科学的教科书应懂它的内容，不必从文字上去瞎费力，只要好好地阅就行，像国文、英文两门是语言文字的功课，应在形式上多用力，只阅不够，该好好地读。

不论是阅或是读，对于教科书该毫不放松，因为这是正式功课，是诸君职务上的工作。有疑难，得去翻字典；有问题，得去查书。这就是所谓参考了。参考书是为用功的人预备的，因为要参考先得有参考的项目或问题，这些项目或问题，要阅读认真的人才会从各方面发生。这理由我在前回已经讲过，诸君听过的想尚还能记忆，不多说了。现在让我来说些阅读参考书的时候该注意的事情。

第一，我劝诸君暂时认定参考的范围，不要把自己所要参考的项目或问题抛荒。我们查字典，大概把所要查的字或典故查出了就满足，不会再分心在字典上的。可是如果是字典以外的参考书，一不小心，往往有辗转跑远的事情。举例来说，你读《桃花源记》，为了"乌托邦思想"的一个项目，去把马列斯的《理想乡消息》来做参考书读，是对的，但你得暂时记住，你所要参考的是"乌托邦思想"，不是别的项目。你不要因读了马列斯的这部《理想乡消息》就把心分到很远的地方去。马列斯是主张美术的，是社会思想家，你如果不留意，也许会把所读的《桃花源记》忘掉，在社会思想咧、美术咧等等的念头上打圈子，从甲方面转到乙方面，再从乙方面转到丙方面，结果会弄得头脑杂乱无章。我们和朋友谈话的时候，常有把话头远远地扯开去，忘记方才所谈的是什么的。这和因为看参考书把本来的题目抛荒，情形很相像。懂得谈话方法的人，碰到这种情形常会提醒对手把话说回来，回到所要谈的事情上去。看参考书的时候，也该有同样的注意，和自己所想参考的题目无直接关系的方面，不该去多分心。

第二，是劝诸君乘参考之便，留意一般书籍的性质和内容大略。除了查检字典和翻阅杂志上的单篇文字以外，所谓参考书者，普通都是一部一部的独立的书籍。一部书有一部书的性质、内容和组织式样，你为了参考，既有机会去见到某一部书，乘便把这一部书的情形知道一些，是并不费事的。诸君在中学里有种种规定要做的工作，课外读书的时间很少，有些书在常识上、将来应用上却非知道不可，例如，我们在中学校里不读"二十五史""十三经"，但"二十五史""十三经"是怎样的东西，却是该知道的常识。我们不做基督教徒，不必读圣书，但《新约》和《旧约》的大略内容，却是该知道的常识。如果你读历史课，对于"汉武帝扩展疆土"的题目，想知道得详细一点，去翻《史记》或是《汉书》，这时候你大概会先翻目录吧；你翻目录，一定会见到"本纪""列传""表""志"或"书"等等的名目，这就是《史记》或《汉书》的组织构造。你读了里面的《汉武帝本纪》一篇，或全篇里的几段，再把这些目录看过，在你就算是对于《史记》或《汉书》发生过关系，《史记》《汉书》是怎样的书，你可懂得大概了。再举一个例来说，你从植物学或动物学教师口头听到"进化论"的话，你如果想对这题目多知道些详细情形，你可到图书馆去找书来看。假定你找到了一本陈兼善著的《进化论纲要》，你可先阅序文，看这部书是讲什么方面的，再查目录，看里面有些什么项目。你目前所参考的也许只是其中的一节或一章，但这全书的概括知识，于你是很有用处的。你能随时留心，一年之中，可以收得许多书籍的概括的大略知识，久而久之，你就知道哪些书里有些什么东西，要查哪些事项，该去找什么书，翻检起来，非常便利。

以上所说的是关于参考书的话。参考书因参考的题目随时决定，阅读参考书的时候，要顾到自己所参考的题目，勿使题目抛荒，还要把那部书的序文、目录留心一下，记个大略情形，预备将来的翻检便利。

以下应该讲的是趣味修养的书，这类的书，我在上回曾经讲过，种数不必多，选择要精。一种书可以只管读，读到厌倦才止。这类的书，也该尽量地利用参考书。例如：你现在正读着杜甫的诗集，那么有时候你得翻翻杜甫的传记、年谱以及别人诗话中对于杜诗的评语等等的书。你如果正读着王阳明的《传习录》，你得翻翻王阳明的集子、他的传记以及后人关于程、朱、陆、王的论争的著作。把自己正在读着的书做中心，再用别的书来做帮助，这样，才能使你读着的书更明白，更切实有味，不至于犯浅陋的毛病。

上面所讲的是三种书的阅读方法。关于"阅读"两个字的本身，尚有几点想说说。我方才曾把教科书分为两种性质：一种是属于一般的科学的，有严密的系统；一种是属于语言文字的，没有严密的系统。我又曾说过，属于一般科学的该偏重在阅，属于语言文字的，只阅不够，该偏重在读。现在让我再进一步来说，凡是书都是用语言文字写成的，照普通的情形看来，一部书可以含有两种性质：书本身有着内容，内容上自有系统可寻，性质属于一般科学；书是用语言文字写着的，从形式上去推究，就属于语言文字了。一部《史记》，从其内容说是历史，但是也可以选出一篇来当作国文科教材。诸君所用的算学教科书，当然是属于科学一类的，但就语言文字看，也未始不可为写作上的参考模范。算学书里的文章，朴实正确，秩序非常完整，实是学术文的好模样。这样看来，任何书籍都可有两种说法，如果就内容说，只阅可以了，如果当作语言文字来看，那么非读不可。

这次播音，教育部托我担任的是中学国语科的讲话，我把我的讲话限在阅读方面。我所讲的只是一般的阅读情形，并未曾专就国语一科讲话。诸君听了也许会说我的讲话不合教育部所定的范围条件吧。我得声明，我不承认有许多独立存在的所谓国语科的书籍，书籍之中除了极少数的文法、修辞等类以外，都可以是不属于国语科的。我们能说《论语》《孟子》《庄子》《左传》是国语吗？能说《红楼梦》《水浒》《三国演义》是国语吗？可是如果从形式上着眼，当作语言文字来研究，那就没有一种不是国语科的材料，不但《论语》《孟子》《庄子》《左传》是国语，《红楼梦》《水浒》《三国演义》是国语，诸君的物理教科书、植物教科书也是国语，甚至于张三的卖田契、李四的家信也是国语了。我以为所谓国语科，就是学习语言文字的一种功课；把本来用语言文字写着的东西，当作语言文字来研究，来学习，就是国语科的任务。所以我只讲一般的阅读，不把国语科特别提出。这层要请诸位注意。

把任何的书，从语言文字上着眼去学习研究，这种阅读，可以说是属于国语科的工作。阅读通常可分为两种，一是略读，一是精读。略读的目的在理解，在收得内容；精读的目的在揣摩，在鉴赏。我以为要研究语言文字的法则，该注重于精读。分量不必多，要精细地读，好比临帖，我们临某种帖，目的在笔意相合，写字得它的神气，并不在乎抄录它的文字。假定这部帖里共有一千个字，我们与其每日瞎抄一遍，全体写一千个字，倒不如拣选十个或二十个有变化的有趣味的字，每字好好地临几遍，来得有效。诸君读小说，假定是茅盾的《子夜》，如果当作语言文字的学习的话，所当注意的不但该是书里的故事，对于书里面的人物描写、叙事的方法、结构照应以及用词、造句等等也该大加注意。诸君读诗歌，假定是徐志摩的诗集，如果当语言文字学习的话，不但该注意诗里的大意，还该留心它的造句、用韵、音节以及表现、对仗、风格等等的方面。语言文字上的变化技巧，其实并不十分多的，只要能留心，在小部分里也大概可以看得出来。假定一部书有五百页，每一页有一千个字，如果第一页你能看得懂，那么我敢保证，你是能把全书看懂的。因为全书所有的语言文字上的法则在第一页一千字里面大概都已出现。举例来说，文法上的法则，像动词的用法、接续词的用法、形容词的用法、助词的用法，以及几种句子的结合法，都已出现在第一页了。我劝诸君能在精读上多用力。

为了时间关系，我的话就将结束。我所讲的话，乱杂、疏漏的地方自己觉得很多，请诸君代去求教师替我修正。关于中学国语科的阅读，我几年前曾发表过好些意见，所说的话和这回大有些不同。记得有两篇文章，一篇叫作《关于国文的学习》，载在《中学各科学习法》（《开明青年丛书》之一）里，还有一篇叫《国文科课外应读些什么》，载在《读书的艺术》（《中学生杂志丛刊》之一）里，诸君如未曾看到过的，请自己去看看，或者对于我这回的讲话，可以得到一些补充。我这无聊的讲话，费了诸君许多课外的时间，对不起得很。

方法篇◎

第二章　怎样写作

作文论①

一　引言

人类是社会的动物，从天性上，从生活的实际上，有必要把自己的观察、经验、理想、情绪等等宣示给人们知道，而且希望愈广遍愈好。有的并不是为着实际的需要，而是对于人间的生活、关系、情感，或者一己的遭历、情思、想象等等，发生一种兴趣，同时仿佛感受一种压迫，非把这些表现成为一个完好的定形不可。根据这两个心理，我们就要说话、歌唱，做出种种动作，创造种种艺术；而效果最普遍、使用最利便的，要推写作。不论是愚者或文学家，不论是什么原料什么形式的文字，总之，都是由这两个心理才动手写作，才写作成篇的。当写作的时候，自然起一种希望，就是所写的恰正宣示了所要宣示的，或者所写的确然形成了一个完好的定形。谁能够教我们实现这种希望？只有我们自己，我们自己去思索关于作文的法度、技术等等问题，有所解悟，自然每逢写作，无不如愿了。

但是，我们不能只思索作文的法度、技术等等问题，而不去管文字的原料——思想、情感等等问题，因为我们作文，无非想着这原料是合理，是完好，才动手去作的。而这原料是否合理与完好，倘若不经考定，或竟是属于负面的也未可知，那就尽管在法度、技术上用功夫，也不过虚耗心力，并不能满足写作的初愿。因此，我们论到作文，就必须连带地论到原料的问题。

① 《作文论》，一九二四年四月由商务印书馆印行单行本，列为百科小丛书第四十八种。后收入《万有文库》第一集，于一九二九年十月出版。署名叶绍钧。

按：上海亚细亚书局曾于一九三五年九月出版过一本《作文概说》，也署名叶绍钧。那是出版者借用了"叶绍钧"这个名字，该书作者实际是另一个人。

思想构成的径路，情感凝集的训练，都是要讨究的。讨究了这些，才能够得到确是属于正面的原料，不致枉费写作的劳力。

或许有人说："这样讲，把事情讲颠倒了。本来思想情感是目的，而作文是手段，现在因作文而去讨究思想、情感，岂不是把它们看作作文的手段了么？"固然，思想、情感是目的，是生活里的事情，但是，要有充实的生活，就要有合理与完好的思想、情感；而作文，就拿这些合理与完好的思想、情感来做原料。思想、情感的具体化完成了的时候，一篇文字实在也就已经完成了，余下的只是写下来与写得适当不适当的问题而已。我们知道有了优美的原料可以制成美好的器物，不曾见空恃技巧却造出好的器物来。所以必须探到根本，讨究思想、情感的事，我们这工作才得圆满。顺着自然的法则，应当是这么讨究的，不能说这是目的手段互相颠倒。

所以在这本小书里，想兼论"怎样获得完美的原料"与"怎样把原料写作成文字"这两个步骤。

这个工作不过是一种讨究而已，并不能揭示一种唯一的固定的范式，好像算学的公式那样。它只是探察怎样的道路是应当遵循的，怎样的道路是能够实现我们的希望的；道路也许有几多条，只要可以达到我们的目的地，我们一例认为有遵循的价值。

至于讨究的方法，不外本之于我们平时的经验。自己的，他人的，一样可以用来作根据。自己或他人曾经这样地作文而得到很好的成绩，又曾经那样地作文而失败了，这里边一定有种种的所以然。如能寻出一个所以然，我们就探见一条道路了。所以我们应当寻得些根据（生活里的情况与名作家的篇章一样地需要），作我们讨究的材料。还应当排除一切固执的成见与固袭的教训，运用我们的智慧，很公平地从这些材料里做讨究的功夫，以探见我们的道路。这样，纵使所得微少，不过一点一滴，而因为得诸自己，将永远是我们的财宝，终身用之而不竭；何况我们果能努力，所得未必仅止一点一滴呢？

凡事遇到需求，然后想法去应付，这是通常的自然的法则。准此，关于作文的讨究似应在有了写作需要之后，没有写作需要的人便不用讨究。但是我们决不肯这样迟钝，我们能够机警地应付。凡是生活里重要的事情，我们总喜欢一壁学习一壁应用，非特不嫌多事，而且务求精详。随时是学，也随时是用。各学科的成立以此；作文的所以成为一个题目，引起我们讨究的兴趣，并且鼓动我们练习的努力，也以此。何况"想要写作"真是个最易萌生的欲望，差不多同想吃想喝的欲望一样。今天尚未萌生的，说不定明天就会萌生；有些人早已萌生，蓬蓬勃勃地几乎不可遏止了；又有些人因为不可遏止，已经做了许多回写作这件事了。不论是事先的准备，或是当机的应付，或是过后的衡量，只要是希望满足写作的愿望的，都得去做一番作文的讨究的功夫。可以说这也是生活的一个基本条件。

再有一个应当预先解答的问题，就是："这里所讨究的到底指普通文而言还是指文学而言？"这是一个很容易发生的疑问，又是一个不用提出的疑问。普通文与文学，骤然看来似乎是两件东西；而究实细按，则觉它们的界限很不清楚，不易判然划分。若论它们的原料，都是思想、情感。若论技术，普通文要把原料表达出来，而文学也要把原料表达出来。曾经有许多人给文学下过很细密很周详的界说，但是这些条件未尝不是普通文所期望的。若就成功的程度来分说，"达意达得好，表情表得妙，便是文学"，① 则是批评者的眼光中才有这程度相差的两类东西。在作者固没有不想竭其所能，写作最满意的文字的；而成功的程度究竟怎样，则须待完篇以后的评衡，又从哪里去定出所作的是什么文而后讨究其作法？况且所谓好与妙又是很含糊的，到什么程度才算得好与妙呢？所以说普通文与文学的界限是很不清楚的。

又有一派的意见，以为普通文指实用的而言。这样说来，从反面着想，文学是非实用的了。可是实用这个词能不能做划分的标准呢？在一般的见解，写作一篇文字，发抒一种情绪，描绘一种景物，往往称之为文学。然而这类文字，在作者可以留迹象，取快慰，在读者可以兴观感，供参考，何尝不是实用？至于议论事情、发表意见的文字，往往被认为应付实际的需用的。然而自古迄今，已有不少这类的文字被认为文学了。实用这个词又怎能做划分的标准呢？

既然普通文与文学的界限不易划分，从作者方面想，更没有划分的必要。所以这本小书，不复在标题上加什么限制，以示讨究的是凡关于作文的事情。不论想讨究普通文或文学的写作，都可以从这里得到一点益处，因为我们始终承认它们的划分是模糊的，泉源只是一个。

---

① 见《胡适文存》卷一第二九七页。

二 诚实的自己的话

我们试问自己，最爱说的是哪一类的话？这可以立刻回答，我们爱说必要说的与欢喜说的话。语言的发生本是为着要在人群中表白自我，或者要鸣出内心的感兴。顺着这两个倾向的，自然会不容自遏地高兴地说。如果既不是表白，又无关感兴，那就不必鼓动唇舌了。

作文与说话本是同一目的，只是所用的工具不同而已。所以在说话的经验里可以得到作文的启示。倘若没有什么想要表白，没有什么发生感兴，就不感到必要与欢喜，就不用写什么文字。一定要有所写才写。若不是为着必要与欢喜，而勉强去写，这就是一种无聊又无益的事。

勉强写作的事确然是有的，这或者由于作者的不自觉，或者由于别有利用的心思，并不根据所以要写作的心理的要求。有的人多读了几篇别人的文字，受别人的影响，似乎觉得颇欲有所写了；但是写下来的与别人的文字没有两样。有的人存着利用的心思，一定要写作一些文字，才得达某种目的；可是自己没有什么可写，不得不去采取人家的资料。像这样无意的与有意的勉强写作，犯了一个相同的弊病，就是模仿。这样说，无意而模仿的人固然要出来申辩，说他所写的确然出于必要与欢喜；而有意模仿的人或许也要不承认自己的模仿。但是，有一个尺度在这里，用它一衡量，模仿与否将不辩而自明，这个尺度就是："这文字里的表白与感兴是否确实是作者自己的？"拿这个尺度衡量，就可见前者与后者都只是复制了人家现成的东西，作者自己并不曾拿出什么来。不曾拿出什么来，模仿的讥评当然不能免了。至此，无意而模仿的人就会爽然自失，感到这必要并非真的必要，欢喜其实无可欢喜，又何必定要写作呢？而有意模仿的人想到写作的本意，为葆爱这种工具起见，也将遏抑利用的心思。直到确实有了自己的表白与感兴才动手去写。

像那些著述的文字，是作者潜心研修，竭尽毕生精力，获得了一种见解，创成了一种艺术，然后写下来的，写的自然是自己的东西。但是人间的思想、情感往往不甚相悬；现在定要写出自己的东西，似乎他人既已说过的，就得避去不说，而要去找人家没有说过的来说。这样，在一般人岂不是可说的话很少了么？其实写出自己的东西并不是这个意思；按诸实际，也绝不能像这个样子。我们说话、作文，无非使用那些通用的言词；至于原料，也免不了古人与今人曾经这样那样运用过了的，虽然不能说决没有创新，而也不会全部是创新。但是，我们要说这席话，写这篇文，自有我们的内面的根源，并不是完全被动地受了别人的影响，也不是想利用来达到某种不好的目的。这内面的根源就与著述家所获得的见解、所创成的艺术有同等的价值。它是独立的；即使表达出来恰巧与别人的雷同，或且有意地采用了别人的东西，都不应受到模仿的讥评；因为它自有独立性，正如两人面貌相似、性情相似，无碍彼此的独立，或如生物吸收了种种东西营养自己，却无碍自己的独立。所以我们只须自问有没有话要说，不用问这话是不是人家说过。果真确有要说的话，用以作文，就是写出自己的东西了。

更进一步说，人间的思想、情感诚然不甚相悬，但也决不会全然一致。先天的遗传，后天的教育，师友的熏染，时代的影响，都是酿成大同中的小异的原因。原因这么繁复，又是参伍错综地来的，这就形成了各人小异的思想、情感。那么，所写的东西只要是自己的，实在很难得遇到与人家雷同的情形。试看许多文家一样地吟咏风月，描绘山水，会有不相雷同而各极其妙的文字，就是很显明的例子。原来他们不去依傍别的，只把自己的心去对着风月山水；他们又绝对不肯勉强，必须有所写才写；主观的情思与客观的景物糅和，组织的方式千变万殊，自然每有所作都成独创了。虽然他们所用的大部分也只是通用的言词，也只是古今人这样那样运用过了的，而这些文字的生命是由作者给与的，终竟是唯一的独创的东西。

讨究到这里，可以知道写出自己的东西是什么意义了。

既然要写出自己的东西，就会连带地要求所写的必须是美好的：假若有所表白，这当是有关于人间事情的，则必须合于事理的真际，切乎生活的实况；假若有所感兴，这当是不倾吐不舒快的，则必须本于内心的郁积，发乎情性的自然。这种要求可以称为"求诚"。试想假如只知写出自己的东西而不知求诚，将会有什么事情发生？那时候，臆断的表白与浮浅的感兴，因为无由检验，也将杂出于笔下而不自觉知。如其终于不觉知，徒然多了这番写作，得不到一点效果，已是很可怜悯的。如其随后觉知了，更将引起深深的悔恨，以为背于事理的见解怎能够表白于人间，贻人以谬误，浮荡无着的偶感怎值得表现为定形，耗己之劳思呢？人不愿陷于可怜的境地，也不愿事后有什么悔恨，所以对于自己所写的文字，总希望确是美好的。

虚伪、浮夸、玩戏，都是与诚字正相反对的。在有些人的文字里，却犯着虚伪、浮夸、玩戏的弊病。这个原因同前面所说的一样，有无意的，也有有意的。譬如论事，为才力所限，自以为竭尽智能，还是得不到真际。就此写下来，便成为虚伪或浮夸了。又譬如抒情，为素养所拘，自以为很有价值，但其实近于恶趣。就此写下来，便成为玩戏了。这所谓无意的，都因有所蒙蔽，遂犯了这些弊病。至于所谓有意的，当然也如上文所说的那样怀着利用的心思，借以达某种的目的。或者故意颠倒是非，希望淆惑人家的听闻，便趋于虚伪；或者谀墓、献寿，必须彰善颂美，便涉于浮夸；或者作书牟利，迎合人们的弱点，便流于玩戏。无论无意或有意犯着这些弊病，都是学行上的缺失，生活上的污点。假如他们能想一想是谁作文，作文应当是怎样的，便将汗流被面，无地自容，不愿再担负这种缺失与污点了。

我们从正面与反面看，便可知作文上的求诚实含着以下的意思：从原料讲，要是真实的、深厚的，不说那些不可征验、浮游无着的话；从写作讲，要是诚恳的、严肃的，不取那些油滑、轻薄、卑鄙的态度。

我们作文，要写出诚实的、自己的话。

三 源头

"要写出诚实的、自己的话"，空口念着是没用的，应该去寻到它的源头，有了源头才会不息地倾注出真实的水来。从上两章里，我们已经得到暗示，知道这源头很密迩，很广大，不用外求，操持由己，就是我们的充实的生活。生活充实，才会表白出、发抒出真实的深厚的情思来。生活充实的含义，应是阅历得广，明白得多，有发现的能力，有推断的方法，情性丰厚，兴趣饶富，内外合一，即知即行，等等。到这地步，会再说虚妄不诚的话么？我们欢喜读司马迁的文，认他是大文家，而他所以至此，全由于修业、游历以及伟大的志操。我们欢喜咏杜甫的诗，称他是大诗家，而他所以至此，全由于热烈的同情与高尚的人格。假若要找反面的例，要找一个生活空虚的真的文家，我们只好说无能了。

生活的充实是没有止境的，因为这并非如一个瓶罐，有一定的容量，而是可以无限地扩大，从不嫌其过大过充实的。若说要待充实到极度之后才得作文，则这个时期将永远不会来到。而写作的欲望却是时时会萌生的，难道悉数遏抑下去么？其实不然。我们既然有了这生活，就当求它充实（这是论理上的话，这里单举断案，不复论证）。在求充实的时候，也正就是生活着的时候，并不分一个先，一个后，一个是预备，一个是实施。从这一点可以推知只要是向着求充实的路的，同时也就不妨作文。作文原是生活的一部分。我们的生活充实到某程度，自然要说某种的话，也自然能说某种的话。譬如孩子，他熟识了人的眨眼，这回又看见星的妙美的闪耀，便高兴地喊道："星在向我眨眼了。"他运用他的观察力、想象力，使生活向着充实的路，这时候自然要倾吐这么一句话，而倾吐出来的又恰好表达了他的想象与欢喜。大文家写出他每一篇名作，也无非是这样的情形。

所以我们只须自问，我们的生活是不是在向着求充实的路上？如其是的，那就可以绝无顾虑，待写作的欲望兴起时，便大胆地、自信地写作。因为欲望的兴起这么自然，原料的来源这么真切，更不用有什么顾虑了。我们最当自戒的就是生活沦没在虚空之中，内心与外界很少发生关系，或者染着不正当的习惯，却要强不知以为知，不能说、不该说而偏要说。这譬如一个干涸的源头，哪里会倾注出真实的水来？假若不知避开，唯有陷入模仿、虚伪、浮夸、玩戏的弊病里罢了。

要使生活向着求充实的路，有两个致力的目标，就是训练思想与培养情感。从实际讲，这二者也是互相联涉，分割不开的。现在为论列的便利，姑且分开来。看它们的性质，本应是一本叫作《做人论》里的章节。但是，因为作文是生活的一部分，所以它们也正是作文的源头，不妨在这里简略地讨究一下。

请先论训练思想。杜威一派的见解以为"思想的起点是实际上的困难，因为要解决这种困难，所以要思想；思想的结果，疑难解决了，实际上的活动照常进行；有了这一番思想作用，经验更丰富一些，以后应付疑难境地的本领就更增长一些。思想起于应用，终于应用；思想是运用从前的经验来帮助现在的生活，更预备将来的生活"。[①] 这样的思想当然会使生活的充实性无限地扩大开来。它的进行顺序是这样："（一）疑难的境地；（二）指定疑难之点究竟在什么地方；（三）假定种种解决疑难的方法；（四）把每种假定所涵的结果一一想出来，看哪一个假定能够解决这个困难；（五）证实这种解决使

---

① 见《胡适文存》卷二第一二六页。

人信用，或证明这种解决的谬误，使人不信用。"① 在这个顺序里，这第三步的"假设"是最重要的，没有它就得不到什么新东西。而第四、第五步则是给它加上评判和验证，使它真能成为生活里的新东西。所以训练思想的含义，"是要使人有真切的经验来作假设的来源；使人有批评、判断种种假设的能力；使人能造出方法来证明假设的是非真假"。②

至此，就得归根到"多所经验"上边去。所谓经验，不只是零零碎碎地承受种种见闻接触的外物，而是认清楚它们，看出它们之间的关系，使成为我们所有的东西。不论愚者和智者，一样在生活着，所以各有各的自得的经验。各人的经验有深浅广狭的不同。所谓愚者，只有很浅很狭的一部分，仅足维持他们的勉强的生活；除此以外就没有什么了。这个原因当然在少所接触；而接触的多少不在乎外物的来不来，乃在乎主观的有意与无意；无意应接外物，接触也就少了。所以我们要经验丰富，应该有意地应接外物，常常持一种观察的态度。这样，将见坏绕于四围的外物非常多，都足以供我们认识、思索，增加我们的财富。我们运用着观察力，明白它们外面的状况以及内面的情形，我们的经验就无限地扩大开来。譬如对于一个人，如其不加观察，摩肩相遇，瞬即东西，彼此就不相关涉了。如其一加观察，至少这个人的面貌、姿态在意念中留下一个印象。若进一步与他结识，更可以认识他的性情、品格。这些决不是无益的事，而适足以使我们获得关于人的种种经验，于我们持躬论人都有用处。所以随时随地留意观察，是扩充经验的不二法门。由多所观察，方能达到多所经验。经验愈丰富，则思想进行时假设的来源愈广，批评、判断种种假设的能力愈强，造出方法以证明假设的是非真假也愈有把握。

假如我们作文是从这样的源头而来的，便能表达事物的真际，宣示切实的意思，而且所表达、所宣示的也就是所信从、所实行的，所以内外同至，知行合一。写出诚实的话不是做到了么？

其次，论培养情感。遇悲喜而生情，触佳景而兴感，本来是人人所同的。这差不多是莫能自解的，当情感兴起的时候，浑然地只有这个情这个感，没有功夫再去剖析或说明。待这时候已过，才能回转去想。于是觉得先前的时

---

① 见《胡适文存》卷二第一二〇页。
② 见《胡适文存》卷二第一二七页。

候悲哀极了或者喜悦极了，或者欣赏了美的东西了。情感与经验有密切的关系。它能引起种种机会，使我们留意观察，设法试证，以获得经验；它又在前面诱导着，使我们勇往直进，全心倾注，去享用经验。它给我们极大的恩惠，使我们这世界各部互相关联而且固结不解地组织起来；使我们深入生活的核心，不再去计较那些为什么而生活的问题。它是粘力，也是热力。我们所以要希求充实的生活，而充实的生活的所以可贵，浅明地说，也就只为我们有情感。

情感的强弱周偏各人不同。有些人对于某一小部分的事物则倾致他们的情感，对其他事物则不然。更有些人对于什么都淡漠，不从这方面倾致，也不从那方面倾致，只是消极地对待，觉得什么东西总辨不出滋味，一切都是无边的空虚，世界是各不相关联的一堆死物，生活是无可奈何的消遣。所以至此的原因，在于与生活的核心向来不曾接近过，永久是离开得远远；而所以离开，又在于不多观察，少具经验，缺乏切实的思想能力。（因此，在前面说思想情感是"互相联涉，分割不开的"，原来是这么如环无端，迭为因果的呵。）于此可见我们如不要陷入这一路，就得从经验、思想上着手。有了真切的经验、思想，必将引起真切的情感；成功则喜悦，失败则痛惜，不特限于一己，对于他人也会兴起深厚的同情。而这喜悦之情的享受与痛惜之后的奋发，都足以使生活愈益充实。人是生来就怀着情感的核的，果能好好培养，自会抽芽舒叶，开出茂美的花，结得丰实的果。生活永远涵濡于情感之中，就觉这生活永远是充实的。

现在回转去论到作文。假如我们的情感是在那里培养着的，则凡有所写，都属真情实感；不是要表现于人前，便是吐其所不得不吐。写出诚实的话不是做到了么？

我们要记着，作文这件事离不开生活，生活充实到什么程度，才会做成什么文字。所以论到根本，除了不间断地向着求充实的路走去，更没有可靠的预备方法。走在这条路上，再加写作的法度、技术等等，就能完成作文这件事了。

必须寻到源头，方有清甘的水喝。

四　组织

我们平时有这么一种经验：有时觉得神思忽来，情意满腔，自以为这是值得写而且欢喜写的材料了。于是匆匆落笔，希望享受成功的喜悦。孰知成篇以后，却觉这篇文字并不就是我所要写的材料，先前的材料要胜过这成篇的文字百倍呢。因此爽然自失，感到失败的苦闷。刘勰说："方其搦翰，气倍辞前；暨乎篇成，半折心始。何则？意翻空而易奇，言征实而难巧也。"① 他真能说出这种经验以及它的由来。从他的话来看，可知所以至此，一在材料不尽结实，一在表达未得其道。而前者更重于后者。表达不得当，还可以重行修改；材料空浮，那就根本上不成立了。所以虽然说，如其生活在向着求充实的路上，就可以绝无顾虑，待写作的欲望兴起时，便大胆地、自信地写作，但不得不细心地、周妥地下一番组织的功夫。既经组织，假如这材料确是空浮的，便立刻会觉察出来，因而自愿把写作的欲望打消了。假如并非空浮，只是不很结实，那就可以靠着组织的功能，补充它的缺陷。拿什么来补充呢？这唯有回到源头去，仍旧从生活里寻找，仍旧从思想、情感上着手。

有人说，文字既然源于生活，则写出的时候只须顺着思想、情感之自然就是了。又说组织，岂非多事？这已在前面解答了，材料空浮与否，结实与否，不经组织，将无从知晓，这是一层。更有一层，就是思想、情感之自然未必即与文字的组织相同。我们内蓄情思，往往于一刹那间感其全体；而文字必须一字一句连续而下，仿佛一条线索，直到终篇才会显示出全体。又，蓄于中的情思往往有累复、凌乱等等情形；而形诸文字，必须不多不少、有条有理才行。因此，当写作之初，不得不把材料具体化，使成为可以独立而且可以照样拿出来的一件完美的东西。而组织的功夫就是要达到这种企图。这样才能使写出来的正就是所要写的；不致被"翻空"的意思所引诱，徒然因"半折心始"而兴叹。

所以组织是写作的第一步功夫。经了这一步，材料方是实在的，可以写下来，不仅是笼统地觉得可以写下来。经过组织的材料就譬如建筑的图样，依着图样，没有不成恰如图样所示的屋宇的。

---

① 见《文心雕龙·神思》。

　　组织到怎样才算完成呢？我们可以设一个譬喻，要把材料组成一个圆球，才算到了完成的地步。圆球这东西最是美满，浑凝调合，周遍一致，恰是一篇独立的、有生命的文字的象征。圆球有一个中心，各部分都向中心环拱着。而各部分又必密合无间，不容更动，方得成为圆球。一篇文字的各部分也应环拱于中心（这是指所要写出的总旨，如对于一件事情的论断，蕴蓄于中而非吐不可的情感之类），为着中心而存在。而且各部分应有最适当的定位列次，以期成为一篇圆满的文字。

　　至此，我们可以知道组织的着手方法了。为要使各部分环拱于中心，就得致力于剪裁。为要使各部分密合妥适，就得致力于排次。把所有的材料逐步审查，而以是否与总旨一致为标准，这时候自然知所去取，于是检定一致的、必要的，去掉不一致的、不切用的，或者还补充上遗漏的、不容少的，这就是剪裁的功夫。经过剪裁的材料方是可以确信的需用的材料。然后把材料排次起来，而以是否合于论理上的顺序为尺度，这时候自然有所觉知。于是让某部居开端，某部居末梢，某部与某部衔接；而某部与某部之间如其有复叠或罅隙，也会发现出来，并且知道应当怎样去修补。到这地步，材料的具体化已经完成了；它不特是成熟于内面的，而且是可以照样宣示于外面的了。

　　一篇文字的所以独立，不得与别篇合并，也不得剖分为数篇，只因它有一个总旨，它是一件圆满的东西，据此以推，则篇中的每一段虽是全篇的一部分，也必定自有它的总旨与圆满的结构，所以不能合并，不能剖分，而为独立的一段。要希望一段果真达到这样子，当然也得下一番组织的功夫，就一段内加以剪裁与排次。逐段经过组织，逐段充分健全，于是有充分健全的整篇了。

　　若再缩小范围，每节的对于一段，每句的对于一节，也无非是这样情形。唯恐不能尽量表示所要写出的总旨，所以篇、段、节、句都逐一留意组织。到每句的组织就绪，作文的事情也就完毕了。因此可以说，由既具材料到写作成篇，只是一串组织的功夫。

　　要实行这种办法，最好先把材料的各部分列举出来，加以剪裁，更为之排次，制定一个全篇的纲要。然后依着写作，同时再注意于每节每句的组织。这样才是有计划有把握的作文；别的且不讲，至少可免"暨乎篇成，半折心始"的弊病。

或以为大作家写作，可无须组织，纯任机缘，便成妙文。其实不然。大作家技术纯熟，能在意念中组织，甚且能不自觉地组织，所谓"腹稿"，所谓"宿构"，便是；而决非不须组织。作文的必须组织，正同作事的必须筹划一样。

五 文体

写作文字，因所写的材料与要写作的标的不同，就有体制的问题。文字的体制，自来有许多分类的方法。现存的最古的总集要推萧统的《文选》，这部书的分类杂乱而琐碎，不足为据。近代完善的总集要数姚鼐的《古文辞类纂》，分文字为十三类。① 这十三类或以文字写列的地位来立类，② 或以作者与读者的关系来立类，③ 或又以文字的特别形式来立类，④ 标准纷杂，也不能使我们满意。

分类有三端必须注意的：一要包举，二要对等，三要正确。包举是要所分各类能够包含该事物的全部分，没有遗漏；对等是要所分各类性质上彼此平等，绝不能以此涵彼；正确是要所分各类有互排性，绝不能彼此含混。其次须知道要把文字分类，当从作者方面着想，就是看作者所写的材料与要写作的标的是什么，讨究作文，尤其应当如此。我们知道论辩文是说出作者的见解，而序跋文也无非说出作者对于某书的见解，则二者不必判分了。又知道颂赞文是倾致作者的情感，而哀祭文也无非倾致作者对于死者的情感，则二者可以合并了。我们要找到几个本质上的因素，才可确切地定下文字的类别。

要实现上面这企图，可分文字为叙述、议论、抒情三类。这三类所写的材料不同，要写作的标的不同，既可包举一切的文字，又复彼此平等，不相含混，所以可认为本质上的因素。叙述文的材料是客观的事物（有的虽也出自虚构，如陶潜的《桃花源记》之类，但篇中人、物、事实所处的地位实与

----

① 十三类是论辩、序跋、奏议、书说、赠序、诏令、传状、碑志、杂记、箴铭、颂赞、辞赋、哀祭。

② 如序跋、碑志。

③ 如奏议、诏令。

④ 如箴铭、辞赋。

实有的客观的无异），写作的标的在于传述。议论文的材料是作者的见解，写作的标的在于表示。抒情文的材料是作者的情感，写作的标的在于发抒。

要指定某文属某类，须从它的总旨看。若从一篇的各部分看，则又往往见得一篇而兼具数类的性质。在叙述文里，常有记录人家的言谈的，有时这部分就是议论。① 在议论文里，常有列举事实作例证的，这等部分就是叙述。② 在抒情文里，因情感不可无所附丽，常要借述说或推断以达情，这就含有叙述或议论的因素了。③ 像这样参伍错综的情形是常例，一篇纯粹是叙述、议论或抒情的却很少。但只要看全篇的总旨，它的属类立刻可以确定。虽然所记录的人家的言谈是议论，而作者只欲传述这番议论，所以是叙述文。虽然列举许多事实是叙述，而作者却欲借此表示他的见解，所以是议论文。虽然述说事物、推断义理是叙述与议论，而作者却欲因以发抒他的情感，所以是抒情文。

文字既分为上述的三类，从写作方面讲，当然分为叙述、议论、抒情三事。这些留在以后的几篇里去讨究，在这里先论这三事相互间的关系。

第一，叙述是议论的基本，议论是从叙述进一步的功夫。因为议论的全部的历程就是思想的历程，必须有根据，才能产生假设，并且证明假设；所根据的又必须是客观的真实，方属可靠。而叙述的任务就在说出客观的真实。所以议论某项事物，须先有叙述所根据的材料的能力；换一句说，就是对于所根据的材料认识得正确清楚；即使不必把全部写入篇中，而意念中总须能够全部叙述。不然，对于所根据的材料尚且弄不明白，怎能议论呢？不能议论而勉强要议论，所得的见解不是沙滩上的建筑么？写作文字，本乎内面的欲求，有些时候，叙述了一些事物就满足了，固不必再发什么议论。但发议论必须有充分的叙述能力做基本，叙述与议论原来有这样的关系。

第二，叙述、议论二事与抒情，性质上有所不同。叙述或议论一事，意在说出这是这样子或者这应当是这样子。看这类文字的人只要求知道这是这样子或者这应当是这样子。一方面说出，一方面知道，都站在自己的静定的立足点上。这样的性质偏于理知。至于抒情，固然也是说出这是这样子或者

---

① 如《史记·鲁仲连列传》仲连新垣衍的言谈，便是议论文。

② 如《吕氏春秋·察征》列述许多故事，便是叙述文。

③ 如韩愈《祭十二郎文》差不多全是述说与推断。

这应当是这样子，但里面有作者心理上的感受与变动做灵魂。看这类文字的人便不自主地心理上起一种共鸣作用，也有与作者同样的感受与变动。一方面兴感，一方面被感，都足使自己与所谓这是这样子或者这应当是这样子融合为一。这样的性质偏于情感。若问抒情何以必须借径于叙述、议论而不径直发抒呢？这从心理之自然着想，就可以解答了。我们决没有虚悬无着的情感；事物凑合，境心相应，同时就觉有深浓的情感凝集拢来。所以抒情只须把事物凑合，境心相应的情况说出来。这虽然一样是叙述、议论的事，但已渗入了作者的情感，抒情化了。若说径直发抒，这样就是径直发抒。否则只有去采用那些情感的词语，如哀愁、欢乐之类。就是写上一大串，又怎样发抒出什么呢？

六 叙述①

供给叙述的材料是客观的事物，上章既已说过了。所谓客观的事物包含得很广，凡物件的外形与内容，地方的形势与风景，个人的状貌与性情，事件的原委与因果，总之离开作者而依然存在的，都可以纳入。在这些里面，可以分为外显的与内涵的两部：如外形、形势、状貌等，都是显然可见的；而内容的品德、风景的佳胜、性情的情状、原委因果的关系等都是潜藏于内面的，并不能一望而知。

要叙述事物，必须先认识它们，了知它们。这唯有下功夫去观察。观察的目标在得其真际，就是要观察所得的恰与事物的本身一样。所以当排除一切成见与偏蔽，平心静气地与事物接触。对于事物的外显的部分固然视而可见，察而可知，并不要多大的能耐，对于内涵的部分也要认识得清楚了，了知得明白，就不很容易了。必须审查周遍，致力精密，方得如愿以偿。其中尤以观察个人的性情与事件的原委、因果为最难。

个人的性情，其实就是这个人与别人的不同处；即非大不相同，也应是微异处。粗略地观察，好像人类性情是共通的，尤其在同一时代同一社会的人是这样。但再进一步，将见人与人只相类似而决非共通。因为类似，定有不同之点。不论是大不同或者微异，这就形成各人特有的个性。非常人如此，

① 此章持论与举例，多数采自梁启超《中学以上作文教学法》，见《改造》第四卷九、十两号。

平常人也如此。所以要观察个人的性情，宜从他与别人不同的个性着手。找到他的个性，然后对于他的思想言动都能举约御繁，得到相当的了解。

简单的事件，一切经过都在我们目前，这与外显的材料不甚相差，尚不难观察。复杂的事件经过悠久的时间，中间包含许多的人，他们分做或合做了许多的动作，这样就成为一组的事，互相牵涉，不可分割。要从这里边观察，寻出正确的原委、因果，岂非难事？但是凡有事件必占着空间与时间。而且凡同一时间所发生的事件，空间必不相同；同一空间所发生的事件，时间必不相同。能够整理空间时间的关系，原委、因果自然会显露出来了。所以要观察复杂的事件，宜从空间时间的关系入手。

我们既做了观察的功夫，客观的事物就为我们所认识、所了知了，如实地写录下来，便是叙述。也有一类叙述的文字是出于作者的想象的，这似乎与叙述必先观察的话不相应了。其实不然。想象不过把许多次数、许多方面观察所得的融和为一，团成一件新的事物罢了。假若不以观察所得的为依据，也就无从起想象作用。所以虚构的叙述也非先之以观察不可。

我们平时所观察的事物是很繁多的。要叙述出来，不可不规定一个范围。至若尚待临时去观察的，尤须划出范围，致力方能精审。划范围的标准就是要写作的总旨：要记下这件东西的全部，便以这件东西的全部为范围；要转述这人所作的某事，便以某事为范围；这是极自然的事，然而也是极重要的事。范围规定之后，才能下组织的功夫，剪裁与排次才有把握。凡是不在这范围以内的，就是不必叙述的，若偶有杂入，便当除去。而在范围以内的，就是必须叙述的，若尚有遗漏，便当补充。至于怎样排次才使这范围以内的事物完满叙出，也可因以决定。假如不先规定范围，材料杂乱，漫无中心，决不能写成一篇完整的文字。犯这样弊病的并不是没有，其故在忘记了要写作的总旨。只须记着总旨，没有不能规定所写材料的范围的。

假若规定以某事物的全部为范围而加以叙述，则可用系统的分类方法。把主从轻重先弄明白；再将主要的部分逐一分门立类，使统率其余的材料。这样叙述，有条有理，细大不遗，就满足了我们的初愿了。① 使我们起全部叙述的意念的材料，它的性质往往是静定的，没有什么变化；它的范围又出于

---

① 如韩愈《画记》用分类的方法，把画上人、马及其他动物、杂器物全部叙入，便是一个适例。教科书也往往用这一种叙述法。

本然，只待我们认定，不待我们界划。静定而不变化，则观察可以纤屑无遗；范围自成整个，则观察可以不生混淆。既如此，应用系统的分类叙述，自然能够胜任愉快了。

有些时候，虽然也规定以某事物的全部为范围，而不能逐一遍举；则可把它分类，每类提出要领以概其余。只要分类正确，所提出的要领决然可以概括其余的材料。这样，虽不遍举，亦叙述了全部。①

更有些时候，并不要把事物的全部精密地叙述出来，只须有一个大略（但要确实是全部的大略），则可用鸟瞰的眼光把各部分的位置以及相互的关系弄清楚，然后叙述。只要瞻瞩得普遍，提挈得得当，自能得一个全部的影子。②

至于性质多变化，范围很广漠的材料，假如也要把全部分纤屑不遗、提纲挈领地叙述下来，就有点不可能了。然而事实上也决不会起这种意念；如欲叙述一个人，决不想把他每天每刻的思想言动叙下来；叙述一件事，绝不想把它时时刻刻的微细经过叙下来；很自然地，只要划出一部分来做叙述的范围，也就满足了。范围既已划定，就认这部分是中心，必须使它十分圆满。至若其余的部分，或者带叙以见关系，或者以其不需要而不加叙述。这是侧重的方法。③ 大部分的叙述文都是用这个方法写成的。这正如画家的一幅画，只能就材料丰富、顷刻迁变的大自然中，因自己的欢喜与选择，描出其中一部分的某一时令间的印象。虽说"只能"，但是在画家也满足了。

以上所述，叙述的范围始终只是一个。所以作者的观点也只须一个；或站在旁侧，或升临高处，或精密地观察局部，或大略地观察全体，不须移动，只把从这观点所见的叙述出来就是了。但是有时候我们想叙述一事物的几方面或几时期，那就不能只划定一个范围，须得依着方面或时期划定几个范围。

---

① 如《史记·西南夷列传》把西南夷分为三大部，用土著、游牧及头发的装束等等做识别。每一大部中复分为若干小部，每小部举出一个或两个部落为代表。代表者的特殊地位固然见出，其余散部落亦并不遗漏。

② 这可举《史记·货殖列传》为例。此篇从"汉兴海内为一"起，至"燕代田畜而事蚕"止，讲的是当时经济社会的状况。虽然只是一个大概，但物的方面，把各地主要都市所在以及物产的区划、交通的脉络，人的方面，把各地历史的关系，人民性质遗传上好处坏处、习惯怎样养成、职业怎样分布都讲到了。

③ 如《史记·廉颇蔺相如列传》中叙廉颇，只侧重在与蔺相如倾轧而终于交欢的一件事；其余攻城破邑之功，仅是带叙而已。但就从这一件事，我们认识了廉颇了。

于是我们的观点就跟着移动，必须站在某一个适宜的观点上，才能叙述出某一范围的材料而无遗憾。这犹如要画长江沿途的景物，非移舟前进不可；又如看活动电影，非跟着戏剧的进行，一幕一幕看下去不可。像这样的，可称为复杂的叙述文，分开来就是几篇。但是并不把它们分开，仍旧合为一篇，那是因为它们彼此之间有承接，有影响，而环拱于一个中心之故。①

叙述的排次，最常用的是依着自然的次序；如分类观察，自会列出第一类第二类来，集注观察，自会觉着第一层第二层来，依着这些层次叙述，就把作者所认识、了知的事物保留下来了。但也有为了注重起见，并不依着自然的次序的。这就是把最重要的一类或一层排次在先，本应在先的却留在后面补叙。如此，往往增加文字的力量，足以引起读者的注意。但既已颠乱了自然的次序，就非把前后关系接榫处明白且有力地叙出不可，② 否则成为求工反拙了。

七　议论

议论的总旨在于表示作者的见解。所谓见解，包括对于事物的主张或评论，以及驳斥别人的主张而申述自己的主张。凡欲达到这些标的，必须自己有一个判断，或说"这是这样的"，或说"这不是那样的"。既有一个判断，它就充当了中心，种种的企图才得有所着力。所以如其没有判断，也就无所谓见解，也就没有议论这回事了。

议论一件事物只能有一个判断。这里所谓一个，是指浑凝美满，像我们前此取为譬喻的圆球而言。在一回议论里固然不妨有好几个判断，但它们总是彼此一致、互相密接的；团结起来，就成为一个圆球似的总判断。因此，它们都是总判断的一部分，各个为着总判断而存在。如其说有两个或两个以上的判断，一定有些部分与这个总判断不相关涉，或竟互相矛盾；彼此团结不成一个圆球，所以须另外分立。不相关涉的，何必要它？互相矛盾的，又

---

① 如《汉书·西域传》，先叙西域交通的两条大路；再入本文，就依着路线叙去。作者的观点与叙述的范围固然随地变更，但自有一个中心统摄着，就是叙述西域。

② 如《域外小说集》中《灯台守》一篇，先叙与本篇相关重要的老人应募守灯台事；及老人登台眺望，方追叙他的往事。其由说明他"回念前此漂流忧患，直可付之一笑"，因而追叙往事，由往事的最后，在"心冀安居"，因而接到现在的竟得安居，都是极完美的接榫方法。

何能要它？势必完全割弃，方可免枝蔓、含糊的弊病。因而议论一件事物只有而且只能有一个判断了。①

议论的路径就是思想的路径。因为议论之先定有实际上待解决的问题，这就是所谓疑难的境地。而判断就是既已证定的假设。这样，岂不是在同一路径上么？不过思想的结果应用于独自的生活时，所以得到这结果的依据与路径不一定用得到。议论的判断，不论以口或以笔表示于外面时，那就不是这样了。一说到表示，就含有对人的意思，而且目的在使人相信。假若光是给人一个判断，人便将说："判断不会突如其来的，你这个判断何所依据呢？为什么不可以那样而必须这样呢？"这就与相信差得远了。所以发议论的人于表示判断之外，再须担当一种责任：先把这些地方交代明白，不待人发生疑问。换一句说，就是要说出所以得到这判断的依据与路径来。譬如判断是目的地，这一种工作就是说明所走的道路。人家依着道路走，末了果真到了目的地，便见得这确是自然必至的事，疑问无从发生，当然唯有相信了。

议论里所用的依据当然和前面所说思想的依据一样，须是真切的经验，所以无非由观察而得的了知与推断所得的假设。论其性质，或者是事实，或者是事理。非把事实的内部外部剖析得清楚，认识得明白，事理的因果含蕴推阐得正确，审核得得当，就算不得真切的经验，不配做议论的依据。所以前边说过，"叙述是议论的基本"，这就是议论须先有观察功夫的意思。在这里又可以知道这一议论的依据有时就是别一议论（或是不发表出来的思想）的结果，所以随时须好好地议论（或者思想）。

所用的依据既然真切了，还必须使他人也信为真切，才可以供议论的应用。世间的事物，人己共喻的固然很多，用来做依据，自不必多所称论。但也有这事实是他人所不曾观察、没有了知的，这事理是他人所不及注意、未经信从的，假若用作依据，不加称论，就不是指示道路、叫人依着走的办法了。这必得叙述明白，使这事实也为他人所了知；论证如式，使这事理也为他人所信从。这样，所用的依据经过他人的承认，彼此就譬如在一条路上了。

---

① 如《胡适文存》卷三第四六页一，表示一个总判断，说文言中"凡询问代词用作止词时，都在动词之前"。以上论"何、谁、孰、奚、胡、曷"诸字的判断，都只是总判断的一部分。

依着走去，自然到了目的地。①

至于得到判断的路径，其实只是参伍错综使用归纳演绎两个方法而已。什么是归纳的方法？就是审查许多的事实、事理，比较、分析，求得它们的共通之点。于是综合成为通则，这通则就可以包含且解释这些事实或事理。什么是演绎的方法？就是从已知的事实、事理，推及其他的事实、事理。因此所想得的往往是所已知的属类，先已含在所已知之中。关于这些的讨论，有论理学担任。现在单说明议论时得到判断的路径，怎样参伍错综使用这两个方法。假如所用的一个依据是人己共喻的，判断早已含在里边，则只须走一条最简单的路径，应用演绎法就行了。② 假如依据的是多数的事实事理，得到判断的路径就不这么简单了。要从这些里边定出假设，预备作为判断，就得用归纳的方法。要用事例来证明，使这假设成为确实的判断，就得用演绎的方法。③ 有时，多数的依据尚须从更多数的事实、事理里归纳出来。于是须应用两重的归纳、再跟上演绎的方法，方才算走完了应走的路径。④ 这不是颇极参伍错综之致么？

在这里有一事应得说及，就是议论不很适用譬喻来做依据。通常的意思，似乎依据与譬喻可以相通的。其实不然，它们的性质不同，须得划分清楚。依据是从本质上供给我们以意思的，我们有了这意思，应用归纳或演绎的方法，便得到判断。只须这依据确是真实的，向他人表示，他人自会感觉循此路径达此目的地是自然必至的事，没有什么怀疑。至若譬喻，不过与判断的某一部分的情状略相类似而已，彼此的本质是没有关涉的；明白一点说，无论应用归纳法或演绎法，决不能从譬喻里得到判断。所以议论用譬喻来得出判断，即使这判断极真确，极有用，严格地讲，只能称为偶合的武断，而算

---

① 如汪荣宝论证歌、戈、鱼、虞、模韵的字，古时读 a 音（见北京大学《国学季刊》第一卷第二号），而列叙日本所译汉字的音、古代西人所译汉字的音、六朝及唐译佛经关于声音的义例以及当时译外国人名地名关于声音的义例，无非因别人不曾观察这些地方，须得详述，才能使人也信为真切。

② 这就如普通论理学书中所常用的例："凡人必死，故某必死。"岂非最简单么？

③ 如胡适《中国哲学史大纲》第二篇，论中国哲学的发生，先从《诗经》《国语》《左传》几部书中看出当时社会状态的不安，足以引出哲学思想，用的是归纳法；又说在这样的社会状态之下，便有忧时、愤世等等思潮，为哲学的先导，这就是演绎法了。

④ 如从许多文篇的摘句归纳出"何"字"谁"字等的用法；又从这些结果归纳出一个总判断，便是两重的归纳。

不得判断；因为它没有依据，所用的依据是假的。① 用了假的依据，何能使人家信从呢？又何能自知必真确、必有用呢？我们要知譬喻本是一种修辞的方法（后边要讨究到），用作议论的依据，是不配的。

现在归结前边的意思，就是依据、推论、判断这三者是议论的精魂。这三者明白切实，有可征验，才是确当的议论。把这三者都表示于人，次第井然，才是能够使人相信的议论。但是更有一些事情应得在这些部分以前先给人家：第一，要提示所以要有这番议论的原由，说出实际上的疑难与解决的需要。这才使人家觉得这是值得讨究的问题，很高兴地要听我们下个怎样的判断。第二，要划定议论的范围，说关于某部分是议论所及的；同时也可以撇开以外一切的部分，说那些是不在议论的范围以内的。这才使人家认定了议论的趋向，很公平地听我们对于这趋向所下的判断。第三，要把预想中应有的敌论列举出来，随即加以评驳，以示这些都不足以摇动现在这个判断。这才使人家对于我们的判断固定地相信（在辩论中，这就成为主要的一部分，否则决不会针锋相对）。固然，每一回议论都先说这几件事是不必的，但适当的需要的时候就得完全述说；而先说其中的一事来做发端，几乎是议论文的通例。这本来也是环拱于中心——判断——的部分，所以我们常要用到它来使我们的文字成为浑圆的球体。

还要把议论的态度讨究一下。原来说话、作文都以求诚为归，而议论又专务发现事实、事理的真际，则议论的目标只在求诚，自是当然的事。但是我们如为成见所缚，意气所拘，就会变改议论的态度；虽自以为还准对着求诚，实则已经移易方向了。要完全没有成见是很难的；经验的缺乏，熏染的影响，时代与地域的关系，都足使我们具有成见。至于意气，也难消除净尽；事物当前，利害所关，不能不生好恶之心，这好恶之心譬如有色的眼镜，从此看事物，就不同本来的颜色。我们固然要自己修养，使成见意气离开我们，不致做议论的障碍；一方面更当抱定一种议论的态度，逢到议论总是这样，庶几有切实的把握，可以离开成见与意气。

凡议论夹着成见、意气而得不到切当的判断的，大半由于没有真个认清

---

① 如《孟子》"饥者易为食，渴者易为饮，德之流行，速于置邮而传命"，不过说"德之流行很快"而已。饥渴的情形，并不是它的依据，因为彼此不相关涉。这只是一种譬喻，作用在使人家易于了解，而且感兴趣。

议论的范围；如论汉字的存废问题，不以使用上的便利与否为范围，而说汉字是中国立国的精华，废汉字就等于废中国，这就是起先没有认清范围，致使成见、意气乘隙而至。所以议论的最当保持的态度，就是认清范围，就事论事，不牵涉到枝节上去。认清范围并不是艰难的功课，一加省察，立刻觉知；如省察文字本是一种工具，便会觉知讨论它的存废，自当以使用上的便利与否为范围。觉知之后，成见、意气更何从搀入呢？

又议论是希望人家信从的，人家愿意信从真实确当的判断，尤愿意信从这判断是恳切诚挚地表达出来的，所以议论宜取积极的诚恳的态度。这与前面所说是一贯的，既能就事论事，就决然积极而诚恳，至少不会有轻薄、骄傲、怒骂等等态度。至于轻薄、骄傲、怒骂等等态度的不适于议论，正同不适于平常的生活一样，在这里也不必说明了。

八　抒情

抒情就是发抒作者的情感。我们心有所感，总要发抒出来，这是很自然的。小孩子的啼哭，可以说是"原始的"抒情了。小孩子并没有想到把他的不快告诉母亲，只是才一感到，就啼哭起来了。我们作抒情的文字，有时候很像小孩子这样自然倾吐胸中的情感，不一定要告诉人家。所谓"不得其平则鸣"，平是指情感的波澜绝不兴起的时候。只要略微不平，略微兴起一点波澜，就自然会鸣了。从前有许多好诗，署着"无名氏"而被保留下来的，它们的作者何尝一定要告诉人家呢？也只因情动于中，不能自已，所以歌咏出来罢了。

但是，有时我们又别有一种希望，很想把所感的深浓郁抑的情感告诉人，取得人家的同情或安慰。原来人类是群性的，我有欢喜的情感，如得人家的同情，似乎这欢喜的量更见扩大开来；我有悲哀的情感，如得人家的同情，似乎这悲哀不是徒然的孤独的了：这些都足以引起一种快适之感。至于求得安慰，那是怀着深哀至痛的人所切望的。无论如何哀痛，如有一个人，只要一个人，能够了解这种哀痛，而且说："世界虽然不睬你，但是有我在呢；我了解你这哀痛，你也足以自慰了。"这时候，就如见着一线光明，感着一缕暖气，而哀痛转淡了。有许多抒情文字就为着希望取得人家的同情或安慰而写作的。

前面说过，抒情无非是叙述、议论，但里面有作者心理上的感受与变动做灵魂。换一句说，就是于叙述、议论上边加上一重情感的色彩，使它们成为一种抒情的工具。其色彩的属于何种则由情感而定；情感譬如彩光的灯，而叙述、议论是被照的一切。既是被照，虽然质料没有变更，而外貌或许要有所改易。如同一的材料，当叙述它时，应该精密地、完整地写，而用作抒情的工具，只须有一个粗略的印象已足够了；当议论它时，应该列陈依据、指示论法，而用作抒情的工具，只须有一个判断已足够了。[①] 这等情形在抒情文字里是常有的。怎样选择取舍，实在很难说明；只要情感有蕴蓄，自会有适宜的措置，正如彩光的灯照耀时，自会很适宜地显出改易了外貌的被照的一切一样。

抒情的工作实在是把境界、事物、思想、推断等等，凡是用得到的、足以表出这一种情感的，一一抽出来，融和混合，依情感的波澜的起伏，组成一件新的东西。可见这是一种创造。但从又　方面讲，工具必取之于客观，组织又合于人类心情之自然，可见这不尽是创造，也含着摹写的意味。王国维说："自然中之物互相关系，互相限制。然其写之于文字及美术中也，必遗其关系、限制之处。故虽写实家亦理想家也。又虽如何虚构之境，其材料必求之于自然，而其构造亦必从自然之法则。故虽理想家亦写实家也。"[②] 他虽然不是讲抒情的情形，但如其把"自然"一词作广义讲，兼包人的心情在内，则这几句话正好比喻抒情的情形。

从读者方面说，因为抒情文字含着摹写的意味，性质是普遍的，所以能够明白了解；又因它是以作者的情感为灵魂而创造出来的，所以会觉着感动。所谓感动，与听着叙述而了知、听着议论而相信有所不同，乃是不待审度、思想，而恍若身受，竟忘其为作者的情感的意思。人间的情感本是相类似的，这人以为喜乐或哀苦的，那人也以为喜乐或哀苦。作者把自己的情感加上一番融凝烹炼的功夫，很纯粹地拿出来，自然会使人忘却人己之分，同自己感到的一样地感得深切。这个感动可以说是抒情文的特性。

抒情以什么为适当的限度呢？这不比叙述，有客观的事物可据，又不比

---

① 如李陵《答苏武书》中："凉秋九月，塞外草衰，夜不能寐；侧耳远听，胡笳互动，牧马悲鸣，吟啸成群，边声四起。"只叙述个粗略的印象，但居此境界中的人情感何似，已可见了。又如同篇中"人之相知，贵相知心"，乃是一个判断。但唯其这样，弥觉彼此之情亲密。

② 见《人间词话》。

议论，有论理的法则可准。各人的情感有广狭、深浅、方向的不同，千差万殊，难定程限，惟有反求诸己，以自己的满足为限度；抒写到某地步，自己觉得所有的情感倾吐出来了，这就是最适当的限度。而要想给人家读的，尤当恰好写到这限度而止。如或不及，便是晦昧，不完全，人家将不能感受其整体；如或太过，便是累赘，不显明，人家也不会感受得深切。

抒情的方法可以分为两种：如一样是哀感，痛哭流涕、摧伤无极地写出来也可以，微歔默叹、别有凄心地写出来也可以；一样是愉快，欢呼狂叫、手舞足蹈地写出来也可以，别有会心、淡淡着笔地写出来也可以。一种是强烈的，紧张的；一种是清淡的，弛缓的。紧张的抒写往往直抒所感，不复节制，想到什么就说什么，毫不隐匿，也不改易。这只要内蕴的情感真而且深，自会写成很好的文字。它对人家具有一种近乎压迫似的力量，使人家不得不感动。① 弛缓的抒写则不然，往往涵蕴的情感很多很深，而从事于敛抑凝集，不给它全部拿出来，只写出似乎平常的一部分。其实呢，这一部分正就摄取了全情感的精魂。这样的东西，对读者的力量是暗示的而不是压迫的。读者读着，受着暗示，同时能动地动起情感来，于是感到作者所有的一切了。所以也可以说，这是留下若干部分使人家自己去想的抒写方法。②

刘勰论胜篇秀句："并思合而自逢，非研虑之所求也。或有晦塞为深，虽奥非隐；雕削取巧，虽美非秀矣。"③ 我们可以借这话来说明抒情文怎么才得好。所谓"思合而自逢"，乃是中有至情，必欲宣发，这时候自会觉得应当怎样去抒写；或是一泻无余地写出来，或是敛抑凝集地写出来，都由所感的本身而定，并不是一种后加的做作功夫。这样，才成为胜篇秀句。至于"晦塞为深""雕削取巧"则是自己的情感不深厚，或竟是没有什么情感，而要借助于做作功夫。但是既无精魂，又怎么能得佳胜，感动人家呢？于此可知唯情感深厚，抒情文才得好；如其不从根本上求，却去做雕斫藻饰的功夫，只是徒劳而已。

取浑然的情感表现于文字，要使恰相密合，人家能觉此而感彼，差不多全是修辞的效力。这归入第十章中讨究。

---

① 如李陵《答苏武书》、司马迁《报任安书》都属此类。

② 如曹丕《与吴质书》便属此类。

③ 见《文心雕龙·隐秀》。

九 描写

描写一事，于叙述、抒情最有关系，这二者大部是描写的功夫；即在议论，关于论调的风格、趣味等等，也是描写的事；所以在这一章里讨究描写。

描写的目的是把作者所知所感密合地活跃地保存于文字中。同时对于读者就发生一种功效，就是读者得以真切了知作者所知，如实感受作者所感，没有误会、晦昧等等缺憾。

我们对于一切事物，自山水之具象以至人心之微妙，时相接触，从此有所觉知，有所感动，都因为有一个印象进入我们的心。既然如此，要密合而且活跃地描写出来，唯有把握住这一个印象来描写。描写这个印象，只有一种最适当的说法，正如照相器摄取景物，镜头只有一个最适当的焦点一样；除了这一种说法，旁的说法就差一点了。所以找到这一种最适当的说法，是描写应当努力的。

先论描写当前可见的境界。当前可见的境界给与我们一个什么印象呢？不是像一幅画图的样子么？画家要把它描写出来，就得相定位置，审视隐现，依光线的明暗、空气的稀密，使用各种彩色，适当地涂在画幅下。如今要用文字来描写它，也得采用绘画的方法，凡是画家所经心的那些条件，也得一样地经心。我们的彩色就只是文字；而文字组合得适当，选用得恰好，也能把位置、隐现等等都描写出来，保存个完美的印象。[1]

史传里边叙述的是以前时代的境界。如小说里边叙述的是出于虚构的境界，都不是当前可见的。但是描写起来也以作者曾有的印象为蓝本。作者把曾有的印象割裂或并合，以就所写的题材，那是有的，而决不能完全脱离印

---

[1] 我们读柳宗元的《小石潭记》："……伐竹取道。下见小潭，水尤清冽，全石以为底。近岸，卷石底以出，为坻，为屿，为嵁，为岩。青树翠蔓，蒙络摇缀，参差披拂。潭中鱼可百许头，皆若空游无所依。日光下澈，影布石上，佁然不动。俶尔远逝，往来翕忽，似与游者相乐。潭西南而望，斗折蛇行，明灭可见，其岸势犬牙差互，不可知其源。……"哪有不觉得他所得的印象鲜明地展示在我们面前呢？

象。完全脱离了便成空虚无物，更从哪里去描写呢？①

以上是说以静观境界，也以静写境界。也有些时候，我们对于某种境界起了某种情感，所得的印象就不单是一幅画图了，这画图中还搀和着我们的情感的分子。假如也只像平常绘画这样写出来，那就不能把捉住这个印象。必须融和别一种彩色在原用的彩色里（这就是说把情感融入描写用的文字），才能把它适当地表现出来。②

次论描写人物。人有个性，各个不同，我们得自人物的印象也各个不同。就显然的说，男女、老幼、智愚等等各有特殊的印象给我们；就是同是男或女，同是老或幼，同是智或愚，也会给我们特殊的印象。描写人物，假若只就人的共通之点来写，则只能保存人的类型，不能表现出某一个人。要表现出某一个人，须抓住他给予我们的特殊的印象。如容貌、风度、服饰等等，是显然可见的。可同描写境界一样，用绘画的方法来描写。至于内面的性情、理解等等，本是拿不出本体来的，也就不会直接给我们什么印象。必须有所寄托，方才显出来，方才使我们感知。而某一个人的性情、理解等等往往寄托于他的动作和谈话。所以要描写内面，就得着力于这二者。

在这里论描写而说到动作，这动作不是指一个人做的某一件事。在一件事里，固然大可以看出一个人的内面，但保存一件事在文字里是叙述的事情。这里的动作单指人身的活动，如举手、投足、坐、卧、哭、啼之类而言。这些活动都根于内面的活动，所以不可轻易放过，要把它们仔细描写出来。只要抓得住这人的特殊的动态，就把这人的内面也抓住了。③

描写动作，要知道这人有这样的动作时所占的空间与时间。如其当前描写，空间与时间都是明白可知的，那还不十分重要。但是作文里的人物往往

① 如《域外小说集》中《月夜》一篇，写月夜郊园，非常妙美，其实是作者曾有的印象："小园浴月，果树成行，小枝无叶，疏影横路。有忍冬一树，攀附墙上，即发清香，仍有花魂——飞舞温和夜气中也……瞻望四野，皎然一白，碧空无云，夜气柔媚。蛙蛤乱鸣，声声相续，如击金石。月光冶美，足移人情……更进，则有小溪曲流，水次列白杨数树。薄雾朦胧，承月光转为银白，上下弥曼，遍罩水曲，若被冰绡。"

② 如《水经注》描写巫峡这地方，"每至晴初霜旦，林寒涧肃，常有高猿长啸，属引凄异，空谷传响，哀转久绝"。说到"肃、凄异、哀转"，就融入了作者的情感了。

③ 如《史记·项羽本纪》写樊哙："哙即带剑拥盾入军门。交戟之卫士欲止不内。樊哙侧其盾以撞，卫士仆地。哙遂入，披帷西向立，瞋目视项王，头发上指，目眦尽裂。"我们读此，就认识了樊哙了。

不能够当前描写，如历史与小说中的人物，怎么能够当前描写呢？这就非注意空间与时间不可了。关于空间，我们可于意想中划定一处地方，这个地方的方向、设置都要认清楚；譬如布置一个舞台，预备演剧者在上面活动。然后描写主人翁的动作。他若是坐，就有明确的向背，他若是走，就有清楚的踪迹。这还是就最浅的讲呢。总之，唯能先划定一个空间，方使所描写的主人翁的动作一一都有着落，内面的活动一一与外面的境界相应。关于时间，我们可于意想中先认定一个季节、一个时刻，犹如编作剧本，注明这幕戏发生于什么时候一样。然后描写主人翁的动作。一个动作占了若干时间，一总的动作是怎样的次第，就都可以有个把握。这才合乎自然，所描写的确实表现了被描写的。①

在这里论到的谈话，不是指整篇的谈话，是指语调、语气等等而言。在这些地方正可以表现出各人的内面，所以我们不肯放过，要仔细描写出来。这当儿最要留意的：我们不要用自己谈话的样法来写，要用文中主人翁谈话的样法来写，使他说自己的话，不蒙着作者的色彩。就是描写不是当前的人物，也当想象出他的样法，让他说自己的话。在对话中，尤其用得到这一种经心。果能想象得精，把捉得住，往往在两三语中就把人物的内面活跃地传状出来了。②

至于议论文，那就纯是我们自己说话了。所以又只当用自己的样法来写，正同描写他人一样。

以上是分论描写境界和人物。而在一些叙述文里，特别是在多数的抒情文里，境界与人物往往是分不开的。境界是人物的背景；人物是境界的摄影者，一切都从他的摄取而显现出来。于是描写就得双方兼顾。这大概有两种趋向：一是境界与人物互相调和的，如清明的月夜，写情人的欢爱；苦雨的黄昏，写寄客的离绪。这就见得彼此成个有机的结合，情与境都栩栩有生气。一是境界与人物不相调和的，如狂欢的盛会，中有感愤的独客；肮脏的社会，

① 描写人物也有笼统地写，不划定空间、时间的，那又当别论。

② 如《史记·平原君列传》写毛遂定从一段："十九人谓毛遂曰：'先生上。'毛遂按剑历阶而上，谓平原君曰：'从之利害，两言而决耳。今日出而言从，日中而不决，何也？'楚王谓平原君曰：'客何为者也？'平原君曰：'是胜之舍人也。'楚王叱曰：'胡不下？吾乃与而君言，汝何为者也？'毛遂按剑而前曰：'……吾君在前，叱者何也？……吾君在前，叱者何也？'"诸人的短语都表现出内面的心情。

却有卓拔的佳士。这就见得彼此截然相反，而人物的性格却反衬得十分明显。这二者原没有优劣之别，我们可就题材之自然，决定从哪一种趋向。描写对应当注意的范围却扩大了；除却人物的个性以外，如自然界的星、月、风、云、气候、光线、声音、动物、植物、人为的建筑、器物，等等，都要出力地描写，才得表现出这个调和或不调和来。

末了，我们要记着把握住印象是描写的根本要义。恰当地把握得住，具体地诉说得出，描写的能事已尽了。从反面看，就可知不求之自己的印象，却从别人的描写法里学习描写，是间接的、寡效的办法。如其这么做，充其量也不过成了一件复制品。而自己的印象仿佛一个无尽的泉源，时时会有新鲜的描写流出来。①

十　修辞

现在要讨究造句用词了。我们所有的情思化成一句句话，从表现的效力讲，从使人家明了且感动的程度讲，就有强弱、适当不适当的差异。有的时候，写作的人并不加什么经心，纯任自然，直觉地感知当怎么写便怎么写，却果真写到刚合恰好的地步。但是有的时候，也可特意地经心去发现更强、更适当的造句用词的方法。不论是出于不自觉的或是出于特意的，凡是使一句句的话达到刚合恰好的地步，我们都称为修辞的功夫。

修辞的功夫所担负的就是要一句话不只是写下来就算，还要成为表达这意思的最适合的一句话。如是说明的话，要使它最显豁；如是指像的话，要使它最妙肖；意在刺激，则使它具有最强的刺激力；意在描摹，则使它含着最好的生动态；……因为要达到这些目的，往往把平常的说法改了，别用一种变格的说法。②

变格的说法有一种叫取譬。拿别一件事物来譬喻所说的事物，拿别一种动态来譬喻所说的动态，就是取譬。因为有时我们所说及的事物是不大容易指示的，所说及的动态是不能直接描绘的，所以只有用别的、不同的事物和

---

①　如《现代日本小说集》中《金鱼》一篇中"一到街上卖金鱼的这样青的长雨的时节"，这"青的雨"是作者从自己的印象中得来的新鲜的描写。

②　如"素月流天"一语，这"流"字就是变格的说法。

动态来譬喻。从此就可以悟出取譬的条件：所取譬的虽然与所说的不同，但从某一方面看，它们定须有极相似处，否则失却譬喻的功用，这是一。① 所取譬的定须比所说的明显而具体，这才合于取譬的初愿，否则设譬而转入晦昧，只是无益的徒劳而已，这是二。凡能合于这两个条件的就是适合的好譬喻。②

怎么能找到这等适合的好譬喻呢？这全恃作者的想象力；而想象力又不是凭空而至的，全恃平时的观察与体味而来。平时多为精密的观察、深入的体味，自会见到两件不同的事物的极相似处、两种不同的动态的可会通处，而且以彼视此，则较为明显而具体。于是找到适合的好譬喻了。

有的时候，我们触事接物，仿佛觉得那些没有知觉。情感的东西都是有知觉、情感的。有的时候，我们描写境界，又觉得环绕我们的境界都被着我们的情感的色彩。有的时候，我们描写人物，同时又给所写的境界被上人物的情感的色彩。这些也都来源于想象力；说出具体的话，写成真实的文句，就改变了平常的法则。③ 从事描写，所谓以境写人、以境写情等等，就在能够适当地使用这类的语句。

更有一种来源于想象的修辞法，可以叫作夸饰，就是言过其实，涉于夸大。这要在作者的意中先存着"差不多这样子"的想象；而把它写下来，又会使文字更具刺激和感动的力量，才适宜用这个方法。尤当注意的，一方面要使读者受到它的刺激和感动，一方面又要使读者明知其并非真实。④ 唯其如此，所以与求诚不相违背，而是修辞上可用的方法。

变格的说法有时是从联想来的。因了这一件，联想到那一件，便不照这一件本来的说，却拿联想到的那一件来说，这是常有的事。但从修辞的观点讲，也得有条件才行。条件无非同前边取譬、夸饰一样，要更明显，更具体，

---

① 《史记·刺客列传》载樊於期逃亡到燕国，太子丹容纳了他。鞠武以为不可。当时燕国这么弱，此事又足以激起秦国欲吞之心，正如投肉引虎，以毛抵火。所以鞠武用"委肉当饿虎之蹊""以鸿毛燎于炉炭之上"两语为喻。

② 只看上一个例，觉得两句譬喻把危险的情形明显且具体地表达出来了。所以它们是好譬喻。

③ 如说"天容愁惨"，这就把天真当作有情感的东西了。从实际讲，天容哪有愁惨不愁惨呢？又如说"胡笳互动，牧马悲鸣"，李陵把声音被上自己的情感的色彩了。从实际讲，他哪里会知道牧马因悲而鸣、鸣得很悲呢？

④ 如鲁迅《一件小事》，叙述一个车夫扶着受伤的老女人向巡警分驻所去，接着写作者的感想："我这时突然感到一种异样的感觉，觉得他满身灰尘的后影，刹时高大了，而且愈走愈大，须仰视才见。"这是夸大的说法，可使读者感到作者对于这"满身灰尘的后影"的感动，同时又使读者明知其并非真实，所以是好的修辞。

更有刺激和感动的力量，才可以用。① 唯其得自作者真实的联想，又合于增加效力的条件，就与所谓隶事、砌典不同。因为前者出于自然，后者出于强饰。出于强饰的隶事、砌典并非修辞，只是敷衍说话而已。王国维论作词用代字，说"其所以然者，非意不足，则语不妙也"，又说："果以是为工，则古今类书具在，又安用词为耶?"② 最是痛切的议论。

要在语句的语气、神情中间达出作者特殊的心情、感觉，往往改变了平常的说法，这也是修辞。如待读者自己去寻思，则出于含蓄，语若此而意更深；不欲直捷地陈说，则出于纡婉，语似淡而意却挚；意在讽刺，则出以反语、舛辞；情感强烈，则出以感叹、叠语。③ 这些都并非出于后添的做作，而是作者认理真确，含情恳切，对于这等处所，都会自然地写出个最适合的说法。

看了上面一些意思，可以知道从事修辞，有两点必须注意。一点是求之于己；因为想象、联想、语句的语气、神情，等等，都是我们自己的事情。又一点是估定效力；假若用了这种修辞而并不见得达到刚合恰好的地步，那就宁可不用。现成的修辞方法很多，在所有的文篇里都含蓄着；但是我们不该采来就用，因为它们是别人的。求之于己，我们就会铸出许多新鲜的为我们所独有的修辞方法；有时求索的结果也许与别人的一样，我们运用它，却与贸然采用他人者异致。更因出于自己，又经了估计，所以也不致有陈腐、不切等等弊病。

---

① 如不说老人而说联想到的"白头"，不说稚子而说联想到的"垂髫"，很可把老和幼的特点明显且具体地表达出来，类此的都可用。

② 见《人间词话》。

③ 如不说"贵在能行"，而说"非知之艰，行之惟艰"，便是含蓄。弦高不向秦军说"你们将去袭取郑国"，而说"寡君闻吾子将步师出于敝邑……"便是纡婉。《史记·滑稽列传》优孟谏楚庄王以大夫礼葬所爱马，而说"以大夫礼葬之，薄，请以人君礼葬之"，优旃谏秦二世漆其城，而说"佳哉，漆城荡荡，寇来不得上"都是反语。感叹语之例可以不举。

写作什么①

　　国文科牵涉到的事项很多，这儿只讲一点关于写作的话。分两次讲，这一次的题目是《写作什么》，下一次的题目是《怎样写作》。我的话对于诸位不会有直接的帮助，我只希望能有间接的帮助。就是说，诸位听了我的话，把应该留心的留心起来，把应该避忌的随时避忌，什么方面应该用力就多多用力，什么方面不必措意就不去白费心思。这样经过相当的时候，写作能力自然渐渐增进了。

　　诸位现在写作，大概有以下的几个方面：国文教师按期出题目，教诸位练习，就要写作了；听了各门功课，有的时候要作笔记，做了各种试验，有的时候要作报告，就要写作了；游历一处地方，想把所见所闻以及感想记下来，离开了家属和亲友，想把最近的生活情形告诉他们，就要写作了；有的时候有种种观感凝结成一种意境，觉得要把这种意境化为文字，心里才畅快，也就要写作了。

　　以上几方面的写作材料都是诸位生活里原有的，不是从生活以外去勉强找来的。换句话说，这些写作材料都是自己的经验。我们平时说话，从极简单的日常用语到极繁复的对于一些事情的推断和评论，都无非根据自己的经验。因为根据经验，说起来就头头是道，没有废话，没有瞎七搭八的无聊话。如果超出了经验范围，却去空口说白话，没有一点天文学的知识，偏要讲星辰怎样运行，没有一点国际政治经济的学问，偏要推断意阿战争、海军会议的将来，一定说得牛头不对马嘴，徒然供人家作为嗤笑的资料。一个人如有自知之明，总不肯做这样的傻事，超出了自己的经验范围去瞎说。他一定知道自己有多少经验，什么方面他可以说话，什么方面他不配开口。在不配开

---

　　① 原载作者与夏丏尊合著的《阅读与写作》。

口的场合就不开口，这并不是难为情的事，而正是一种诚实的美德。经验范围像波纹一样，越来越扩大。待扩大到相当的时候，本来不配开口的配开口了，那才开口，也并不嫌迟。作文原是说话的延续，用来济说话之穷，在说话所及不到的场合，就作文。因此作文自然应该单把经验范围以内的事物作为材料，不可把经验范围以外的事物勉强拉到笔底下来。照诸位现在写作的几个方面看，所有材料都是自己的经验，这正是非常顺适的事。顺着这个方向走去，是一条写作的平坦大路。

这层意思好像很平常，其实很重要。因为写作的态度就从这上边立定下来。知道写作原是说话的延续，写作材料应该以自己的经验为范围，这就把写作看作极寻常可是极严正的事。人人要写作，正同人人要说话一样，岂不是极寻常？不能超出自己的经验，不能随意乱道，岂不是极严正？这种态度是正常的，抱着这种态度的人，写作对于他是一种有用的技能。另外还有一种态度，把写作看作极特殊可是极随便的事。拿从前书塾里的情形来看，更可以明白。从前书塾里，学生并不个个作文。将来预备学工业、商业的，读了几年书认识一些字也就算了，只有预备应科举的几个才在相当的时候开始作文。开始作文称为"开笔"，那是一件了不得的事，开了笔的学生对先生要加送束脩，家长对人家说"我的孩子开笔了"，往往露出得意的笑容。这为什么呢？因为作了文可以应科举，将来的飞黄腾达都种因在这上边，所以大家都认为一件极特殊的事，这特殊的事并且是属于少数人的。再看开了笔作些什么呢？不是《温故而知新说》就是《汉高祖论》之类。新呀故呀翻来覆去缠一阵就算完了篇；随便抓住汉高祖的一件事情，把他恭维一顿，或者唾骂一顿，也就算完了篇。这些材料大部分不是自己的经验，无非仿效别人的腔调，堆砌一些毫不相干的意思，说得坏一点，简直是鹦鹉学舌，文字游戏。从这条路径发展下去，这就来了专门拼凑典故的文章，无病呻吟的诗词。自己的经验是这样，写出来却并不这样，或许竟是相反的那样。写作同实际生活脱离了关系，只成为装点生活的东西，又何贵乎有这种写作的技能呢？所以说，这种态度是极随便的。到现在，科举虽然废掉了，作文虽然从小学初年级就要开始，可是大家对于写作的态度还没有完全脱去从前的那种弊病。现在个个学生要作文，固然不再是少数人的特殊的事，但是往往听见学生说"我没有意思，没有材料，拿起笔简直写不出什么来"，或者说："今天又要作文了，真是讨厌！"这些话表示一种误解，以为作文是学校生活中的特殊的事，而且须离开自己的经验去想意思，去找材料，自己原有的经验好像不配作为意思、不配充当材料似的。再从这里推想开去，又似乎所谓意思、所谓材料是一种说来很好听、写来很漂亮但不和实际生活发生联系的花言巧语。这种花言巧语必须费很大的力气去搜寻，像猎犬去搜寻潜伏在山林中的野兽。搜寻未必就能得到，所以拿起笔写不出什么来，许多次老写不出什么来，就觉得作文真是一件讨厌的事。进一步说，抱着这样的态度作文，即使能够写出什么来，也不是值得欢慰的事。因为作文决不是把一些很好听、很漂亮的花言巧语写在纸上就算完事的，必须根据经验，从实际生活里流注出来，那才合乎所以要作文的本意。离开了自己的经验而去故意搜寻，虽然搜寻的功夫也许很麻烦，但是不能不说他把作文看得太随便了。把作文看得特殊又看得随便的态度使作文成为一种于人生无用的技能。这种态度非改变不可。诸位不妨自己想想：我把作文认作学校生活中的特殊的事吗？我离开了自己的经验故意去搜寻虚浮的材料吗？如果不曾，那就再好没有。如果确曾这样，而且至今还是这样，那就请立刻改变过来，改变为正当的态度，就是把作文看得寻常又看得严正的态度。抱着正当的态度的人决不会说没有意思、没有材料，因为他决不会没有经验，经验就是他的意思和材料。他又决不会说作文真是讨厌的事，因为作文是他生活中的一个项目，好比说话和吃饭各是生活中的一个项目，无论何人决不会说说话和吃饭真是讨厌。

以上说了许多话，无非说明写作材料应以自己的经验为范围。诸位现在写作的几个方面原都不出这个范围，只要抱正当的态度，动一回笔自然得到一回实益。诸位或者要问："教师命题作文，恐怕不属于我们的经验范围以内吧。"我可以这样回答，凡是贤明的国文教师，他出的题目应当不超出学生的经验范围，他应当站在学生的立脚点上替学生设想，什么材料是学生经验范围内的，是学生所能写的、所要写的，经过选择才定下题目来。这样，学生同写一封信、作一篇游记一样，仍然是为着发表自己的经验而写作，同时又得到了练习的益处。我知道现在的国文教师贤明的很多，他们根据实际的经验和平时的研究，断不肯出一些离奇的题目，离开学生的经验十万八千里，教学生搔头摸耳，叹息说没有意思、没有材料的。自然，也难免有一些教师受习惯和环境的影响，出的题目不很适合学生的胃口，我见过的《学而时习之论》就是一个例子。我若是学生，就不明白这个题目应该怎样地论。学而时习之，照常识讲，是不错的。除了说这个话不错以外，还有什么可说呢？

这种题目，从前书塾里是常出的，现在升学考试和会考也间或有类似的题目。那位教师出这个题目，大概就由于这两种影响。诸位如果遇见了那样的教师，只得诚诚恳恳地请求他，说现在学会作这样的题目，只有逢到考试也许有点用处，在实际生活中简直没有需要作这样题目的时候。即使您先生认为预备考试的偶尔有用也属必要，可否让我们少作几回这样题目，多作几回发表自己经验的文章？这样的话很有道理，并不是什么非分的请求。有道理的话，谁不愿意听？我想诸位的教师一定会依从你们的。

再说经验有深切和浅薄的不同，有正确和错误的不同。譬如我们走一条街道，约略知道这条街道上有二三十家店铺，这不能不算是经验。但是我们如果仔细考察，知道这二三十家店铺属于哪一些部门，哪一家的资本最雄厚，哪一家的营业最发达，这样的经验比前面的经验深切多了。又譬如我们小时候看见月食，老祖母就告诉我们，这是野月亮要吞家月亮，若不敲锣打鼓来救，家月亮真个要被吃掉的。我们听了记在心里，这也是我们的经验，然而是错误的。后来我们学了地理，懂得星球运行的大概，才知道并没有什么野月亮，更没有吞食家月亮这回事，那遮没了月亮的原来是地球的影子。这才是正确的经验。这不过是两个例子，此外可以依此类推。我们写作，正同说话一样，总希望写出一些深切的正确的经验，不愿意涂满一张纸的全是一些浅薄的错误的经验。不然，就是把写作看得太不严正，和我们所抱的态度违背了。

单是写出自己的经验还嫌不够，要更进一步给经验加一番洗练的功夫，才真正做到下笔绝不随便，合乎正当的写作态度。不过这就不止是写作方面的事了，而且也不止是国文科和各学科的事，而是我们整个生活里的事。我们每天上课，看书，劳作，游戏，随时随地都在取得经验，而且使经验越来越深切，越来越正确。这并不是为作文才这样做，我们要做一个有用的人，要做一个健全的公民，就不得不这样做。这样做同时给写作开了个活的泉源，从这个泉源去汲取，总可以得到澄清的水。所怕的是上课不肯好好地用功，看书没有选择又没有方法，劳作和游戏也只是随随便便，不用全副精神对付，只图敷衍过去就算，这样，经验就很难达到深切和正确的境界。这样的人做任何事都难做好，当然不能称为有用，当然够不上叫做健全的公民。同时他的写作的泉源干涸了，勉强要去汲取，汲起来的也是一盏半盏混着泥的脏水。写作材料的来源普遍于整个生活里，整个生活时时在那里向上发展，写作材料自会滔滔汩汩地无穷尽地流注出来，而且常是澄清的。有些人不明白这个道理，以为写作只要伏在桌子上拿起笔来硬干就会得到进步，不顾到经验的积累和洗练，他们没想到写作原是和经验纠结而不可分的。这样硬干的结果也许会偶尔写成一些海市蜃楼那样很好看的文字，但是这不过一种毫无实用的玩意儿，在实际生活里好比赘瘤。这种技术是毫无实用的技术。希望诸位记着写作材料的来源普遍于整个的生活，写作固然要伏在桌子上，写作材料却不能够单单从伏在桌子上取得。离开了写作的桌子，上课、看书、劳作、游戏，刻刻认真，处处努力，一方面是本来应该这么做，另一方面也就开凿了写作材料的泉源。

现在来一个结束。写作什么呢？要写出自己的经验。经验又必须深切，必须正确，这要从整个生活里去下功夫。有了深切的正确的经验，写作就不愁没有很好的材料了。

怎样写作①

　　这一次讲的题目是《怎样写作》。怎样写作，现在有好些作文法一类的书，讲得很详细。不过写作的时候，如果要临时翻查这些书，一一按照书里说的做去，那就像一手拿着烹饪讲义一手做菜一样，未免是个笑话了。这些书大半从现成文章里归纳出一些法则来，告诉人家怎样怎样写作是合乎法则的，也附带说明怎样怎样写作是不合乎法则的。我们有了这些知识，去看一般文章就有了一把量尺，不但知道某一篇文章好，还说得出好在什么地方，不但知道某一篇文章不好，还说得出不好在什么地方。自然，这些知识也能影响到我们的写作习惯，可是这种影响只在有意无意之间。写文章，往往会在某些地方写得不合法则，有了作文法的知识，就会觉察到那些不合法则的地方。于是特地留心，要把它改变过来。这特地留心未必马上就有成效，或许在三次里头，两次是改变过来了，一次却依然犯了老毛病。必须从特地留心成为不待经意的习惯，才能每一次都合乎法则。所以作文法一类书对于增强我们看文章的眼力有些直接的帮助，对于增强我们写文章的腕力只有间接的帮助。所以光看看这一类书未必就能把文章写好。如果临到作文而去翻查这些书，那更是毫无实益的傻事。

　　诸位现在都写语体文。语体文的最高的境界就是文章同说话一样。写在纸上的一句句的文章，念起来就是口头的一句句的语言，教人家念了听了，不但完全明白文章的意思，还能够领会到那种声调和神气，仿佛当面听那作文的人亲口说话一般。要达到这个境界，不能专在文字方面做功夫，最要紧的还在锻炼语言习惯。因为语言好比物体的本身，文章好比给物体留下一个影像的照片，物体本身完整而有式样，拍成的照片当然完整而有式样。语言

---

　　① 原载作者与夏丏尊合著的《阅读与写作》。

周妥而没有毛病，按照语言写下来的文章当然也周妥而没有毛病了。所以锻炼语言习惯是寻到根源去的办法。不过有一句应当声明，语言习惯是本来要锻炼的。一个人生活在人群中间，随时随地都有说话的必要，如果语言习惯上有了缺点，也就是生活技能上有了缺点，那是非常吃亏的。把语言习惯锻炼得良好，至少就有了一种极关重要的生活技能。对于作文，这又是一种最可靠的根源。我们怎能不努力锻炼呢？

现在小学里有说话的科目，又有演讲会、辩论会等的组织，中学里，演讲会和辩论会也常常举行。这些都是锻炼语言习惯的。参加这种集会，仔细听人家说的话，往往会发现以下的几种情形。说了半句话，缩住了，另外换一句来说，和刚才的半句话并没有关系，这是一种。"然而""然而"一连串，"那么""那么"一大堆，照理用一个就够了，因为要延长时间，等待着想下面的话，才说了那么许多，这是一种。应当"然而"的地方不"然而"，应当"那么"的地方不"那么"，只因为这些地方似乎需要一个词，叫是想不好该用什么词，无可奈何，就随便拉一个来凑数，这是一种。有一些话听去很不顺耳，仔细辨辨，原来里头有几个词用得不妥当，不然就是多用了或者少用了几个词，这又是一种。这样说话的人，他平时的语言习惯一定不很好，而且极不留心去锻炼，所以在演讲会、辩论会里就把弱点表露出来了。若教他写文章，他自然按照自己的语言习惯写，那就一定比他的口头语言更难使人明白。因为说话有面部的表情和身体的姿势作为帮助，语言虽然差一点，还可以使人家大体明白。写成文章，面部的表情和身体的姿势是写不进去的，让人家看见只是支离破碎前不搭后的一些文句，岂不教人糊涂？我由于职务上的关系，有机会读到许多中学生的文章，其中有非常出色的，也有不通的，所谓不通，就是除了材料不健全不妥当以外，还犯了前面说的几种毛病，语言习惯上的毛病。这些同学如果平时留心锻炼语言习惯，写起文章来就可以减少一些不通。加上经验方面的洗练，使写作材料健全而妥当，那就完全通了。所谓"通"原来不是什么高不可攀的境界。

锻炼语言习惯要有恒心，随时随地当一件事做，正像矫正坐立的姿势一样，要随时随地坐得正立得正才可以养成坐得正立得正的习惯。我们要要求自己，无论何时不说一句不完整的话，说一句话一定要表达出一个意思，使人家听了都能够明白；无论何时不把一个不很了解的词硬用在语言里，也不把一个不很适当的词强凑在语言里。我们还要要求自己，无论何时不乱用一个连词，不多用或者少用一个助词。说一句话，一定要在应当"然而"的地方才"然而"，应当"那么"的地方才"那么"，需要"吗"的地方不缺少"吗"，不需要"了"的地方不无谓地"了"。这样锻炼好像很浅近、很可笑，实在是基本的，不可少的。家长对于孩子，小学教师对于小学生，就应该教他们，督促他们，作这样的锻炼。可惜有些家长和小学教师没有留意到这一层，或者留意到而没有收到相当的成效。我们要养成语言这个极关重要的生活技能，就只得自己来留意。留意了相当时间之后，就能取得锻炼的成效。不过要测验成效怎样，从极简短的像"我正在看书""他吃过饭了"这些单句上是看不出来的。我们不妨试说五分钟连续的话，看这一番话里能够不能够每句都符合自己提出的要求。如果能够了，锻炼就已经收了成效。到这地步，作起文来就不觉得费事了，口头该怎样说的笔下就怎样写，把无形的语言写下来成为有形的文章，只要是会写字的人，谁又不会做呢？依据的是没有毛病的语言，文章也就不会不通了。

听人家的语言，读人家的文章，对于锻炼语言习惯也有帮助。只是要特地留意，如果只大概了解了人家的意思就算数，对于锻炼我们的语言就不会有什么帮助了。必须特地留意人家怎样用词，怎样表达意思，留意考察怎样把一篇长长的语言顺次地说下去。这样，就能得到有用的资料，人家的长处我们可以汲取，人家的短处我们可以避免。

写语体文只是十几年来的事。好些文章，哪怕是有名的文章家写的，都还不纯粹是口头的语言。写语体文的技术还没有练到极纯熟的地步。不少人为了省事起见，往往凑进一些文言的调子和语汇去，成为一种不尴不尬的文体。刚才说过，语体文的最高境界就是文章同说话一样。所以这种不尴不尬的文体只能认为过渡时期的产物，不能认为十分完善的标准范本。这一点认清楚了，才可以不受现在文章的坏影响。但是这些文章也有长处，当然应该摹仿；至于不很纯粹的短处，就努力避免。如果全国中学生都向这方面用功夫，不但自己的语言习惯可以锻炼得非常好，还可以把语体文的文体加速地推进到纯粹的境界。

从前的人学作文章都注重诵读，往往说，只要把几十篇文章读得烂熟，自然而然就能够下笔成文了。这个话好像含有神秘性，说穿了道理也很平常，原来这就是锻炼语言习惯的意思。文言不同于口头语言，非但好多词不同，一部分语句组织也不同。要学不同于口头语言的文言，除了学这种特殊的语言习惯以外，没有别的方法。而诵读就是学这种特殊的语言习惯的一种锻炼。所以前人从诵读学作文章的方法是不错的。诸位若要作文言，也应该从熟读文言入手。不过我以为诸位实在没有作文言的必要。说语体浅文言深，先习语体，后习文言，正是由浅入深，这种说法也没有道理。文章的浅深该从内容和技术来决定，不在乎文体的是语体还是文言。况且我们既是现代人，要表达我们的思想情感，在口头既然用现代的语言，在笔下当然用按照口头语言写下来的语体。能写语体，已经有了最便利的工具，为什么还要去学一种不切实用的文言？若说升学考试或者其他考试，出的国文题目往往有限用文言的，不得不事前预备，这实在由于主持考试的人太不明白。希望他们通达起来，再不要做这种故意同学生为难而毫没有实际意义的事。而在这种事还没有绝迹以前，诸位为升学计，为通过其他考试计，就只得分出一部分功夫来，勉力去学作文言。

以上说了许多话，无非说明要写通顺的文章，最要紧的是锻炼语言习惯。因为文章就是语言的记录，二者本是同一的东西。可是还得进一步，还不能不知道文章和语言两样的地方。前面说过，说话有面部的表情和身体的姿势作为帮助，但是文章没有这样的帮助，这就是两样的地方。写文章得特别留意，怎样适当地写才可以不靠这种帮助而同样可以使人家明白。两样的地方还有一些。如两个人闲谈，往往天南地北，结尾和开头竟可以毫不相关。就是正式讨论一个问题，商量一件事情，有时也会在中间加入一段插话，像藤蔓一样爬开去，完全离开了本题。直到一个人省悟了，说："我们还是谈正经话吧。"这才一刀截断，重又回到本题。作文章不能这样。文章大部分是预备给人家看的，小部分是留给自己将来查考的，每一篇都有一个中心，没有中心就没有写作的必要。所以写作只该把有关中心的话写进去，而且要配列得周妥，使中心显露出来。那些漫无限制的随意话，像藤蔓一样爬开去的枝节话，都该剔除得干干净净，不让它浪费我们的笔墨。又如用语言讲述一件事情，往往噜噜苏苏，细大不涓；传述一场对话，更是照样述说，甲说什么，乙说什么，甲又说什么，乙又说什么。作文章不能这样。文章为求写作和阅读双方的省事，最要讲究经济。一篇文章，把紧要的话都漏掉，没有显露出什么中心来，这算不得经济。必须把紧要的话都写进去，此外再没有一句噜苏的话。正像善于用钱的人一样，不该省钱的地方决不妄省一个钱，不该费钱的地方决不妄费一个钱，这才够得上称为经济。叙述一件事情，得注意详略。对于事情的经过不做同等分量的叙述，必须教人家详细明白的部分不惜费许多笔墨，不必教人家详细明白的部分就一笔带过。如果记人家的对话，就得注意选择。对于人家的语言不做照单全收的记载，足以显示其人的思想、识见、性情等等的才入选，否则无妨丢开。又如说话往往用本土的方言以及本土语言的特殊调子。作文章不能这样。文章得让大家懂，得预备给各地的人看，应当用各地通行的语汇和语调。本土的语汇和语调必须淘汰，才可以不发生隔阂的弊病。以上说的是文章和语言两样的地方。知道了这几层，也就知道作文技术的大概。由知识渐渐成为习惯，作起文来就有记录语言的便利而没有死板地记录语言的缺点了。

现在来一个结束。怎样写作呢？最要紧的是锻炼我们的语言习惯。语言习惯好，写的文章就通顺了。其次要辨明白文章和语言两样的地方，辨得明白，能知能行，写的文章就不但通顺，而且是完整而无可指摘的了。

挑能写的题目写

前一回我说值得写的题目很多，要挑了解得比较确切的，感受得比较深刻的来写。为什么这样说呢？

某个题目值得写是一回事，那个题目我能不能写又是一回事。譬如，创制新农具改良旧农具的事，目前正是风起云涌，这当然是个值得写的题目。我能不能写呢？那要看我了解得怎样。如果我了解一两种农具创制或改良的实际情形，或者了解创制或改良的一般倾向和所得效益，就能写。如果都不甚了了，就不能写。又如，参加修建十三陵水库的义务劳动，这当然是个值得写的题目。我能不能写呢？那要看我感受得怎样。如果我从集体劳动中确有体会，或者从工地上的某个场面受到深切的感动，就能写。如果没有什么体会，也并不怎样感动，就不能写。

总之，不但要挑值得写的题目，还要问那个题目自己能不能写。题目既然值得写，自己又能写，写起来就错不到哪儿去。辨别能不能写，只要问自己对那个题目是否了解得比较确切，感受得比较深刻。

了解和感受还没到能写的程度，只为题目值得写就写，这样的事也往往有。有时候一动手立刻碰到困难，一支笔好像干枯的泉源，渗不出一滴水来。还是用前边举过的例子来说。譬如写创制农具或改良农具的事，那农具的构造怎样，原理怎样，效用怎样，全都似懂非懂，不大清楚，那怎能写下去呢？又如写参加修建十三陵水库的事，除了"热烈""伟大""紧张"之类的形容词再没有什么感受可说的，专用一些形容词怎能成篇呢？存心要写这两个题目，当然有办法：暂且把笔放下，再去考察农具的创制或改良的实际情形，再去十三陵好好儿劳动几天。"再去"之后，有了了解和感受，自然就能写了。

题目虽然值得写，作者了解得不怎么确切，感受得不怎么深刻，就没法写。没法写而硬要写，那不是练习写东西的好办法，得不到练习的好处。咱们要养成这么一种习惯，非了解得比较确切不写，非感受得比较深刻不写，这才练习一回有一回的长进。（这儿用"练习"这个词，不要以为小看了咱们自己。咱们要学生练习作文，咱们自己每一回动笔，其实也是练习的性质。谁敢说自己写东西已经达到神乎其技的地步，从整个内容到一词一句全都无懈可击呢？）

写东西总是准备给人家读的，所以非为读者着想不可。读者乐意读的正是咱们的了解和感受。道理很简单，他们读了咱们所写的东西，了解了咱们所了解的，感受了咱们所感受的，思想感情起了交流作用，经验范围从而扩大了，哪有不乐意的？咱们不妨站在读者的地位问一问自己：如果自己是读者，对自己正要写的那篇东西是不是乐意读？读了是不是有一些好处？如果是的，写起来更可以保证错不到哪儿去。

想清楚然后写

想清楚然后写，这是个好习惯。养成了这个好习惯，写出东西来，人家能充分了解我的意思，自己也满意。

谁都可以问一问自己，平时写东西是不是想清楚然后写的？要是回答说不，那么写不好东西的原因之一就在这里了（当然还有种种原因）。往后就得自己努力，养成这个好习惯。

不想就写，那是没有的事。没想清楚就写，却是常有的事。自以为想清楚了，其实没想清楚，也是常有的事。

没想清楚也能写，那时候情形怎么样呢？边写边想，边想边写。这样地想，本该是动笔以前的事，现在却就拿来写在纸上了。假如动笔以前这样地想，还得有所增删，有所调整，然后动笔，现在却已经成篇了。

这样写下来的东西，假如把它看作草稿，再加上增删和调整的工夫才算数，也未尝不可。事实上确也有些人肯把草稿看过一两遍，多少改动几处的。但是有两点很难避免。既然写下来了，这就是已成之局，而一般心理往往迁就已成之局，懒得作太大的改动，因此，专靠事后改动，很可能不及事先通盘考虑的好，这是一点。东西写成了，需要紧迫，得立刻拿出去，连稍微改动一下也等不及，这是又一点。有这两点，东西虽然写成，可是自己看看也不满意，至于能不能叫人家充分了解我的意思，那就更难说了。

这样说来，自然应该事先通盘考虑，就是说，应该想清楚然后写。

什么叫想清楚呢？为什么要写，该怎样写，哪些必要写，哪些用不着写，哪些写在前，哪些写在后，是不是还有什么缺漏，从读者方面着想是不是够明白……诸如此类的问题都有了确切的解答，这才叫想清楚。

要写东西，诸如此类的问题都是非解答不可的。与其在写下草稿之后解答，不如在动笔以前解答。"凡事预则立"，不是吗？

想清楚其实并不难，只要抓住关键，那就是为什么要写。如果写信，为什么要写这封信？如果写报告，为什么要写这篇报告？如果写总结，为什么要写这篇总结？此外可以类推。

如果不为什么，干脆不用写。既然有写的必要，就不会不知道为什么。这个为什么好比是个根，抓住这个根想开来，不以有点儿朦胧的印象为满足，前边提到的那些问题都可以得到解答。这样地想，是思想方法上的过程，也是写作方法上的过程。写作方法跟思想方法原来是二而一的。

怕的是以有点儿朦胧的印象为满足。前边说的自以为想清楚了，其实没有想清楚，就指这种情形。

教学生练习作文，要他们先写提纲，就是要他们想清楚后写，不要随便一想就算，以有点儿朦胧的印象为满足。先写提纲的习惯养成了，一辈子受用不尽，而且受用不仅在写作方面。我们自己写东西，当然也要先想清楚，写下提纲，然后按照提纲顺次地写。提纲即使不写在纸上，也得先写在心头，那就是所谓腹稿。叫腹稿，岂不是已经成篇，不再是什么提纲了吗？不错，详细的提纲就跟成篇的东西相差不远。提纲越详细，也就是想得越清楚，写成整篇越容易，只要把扼要的一句化为充畅的几句，在需要接榫的地方适当地接上榫头就是了。

这样写下来的东西，还不能说保证可靠，得仔细看几遍，加上斟酌推敲的工夫。但是，由于已成之局的"局"基础好，大体上总不会错到哪里去。如果需要改动，也是把它改得更好些，更妥当些，而不是原稿简直要不得。

这样写下来的东西，基本上达到了要写这篇东西的目的，作者自己总不会感到太不满意。人家看了这样写下来的东西，也会了解得一清二楚，不发生误会，不觉得含糊。

想清楚然后写，朋友们如果没有这个习惯，不妨试一试，看效果怎样。

开头和结尾①

　　写一篇文章，预备给人家看，这和当众演说很相像，和信口漫谈却不同。当众演说，无论是发一番议论或者讲一个故事，总得认定中心，凡是和中心有关系的才容纳进去，没有关系的，即使是好意思、好想象、好描摹、好比喻，也得丢掉。一场演说必须是一件独立的东西。信口漫谈可就不同。几个人的漫谈，说话像藤蔓一样爬开来，一忽儿谈这个，一忽儿谈那个，全体没有中心，每段都不能独立。这种漫谈本来没有什么目的，话说过了也就完事了。若是抱有目的，要把自己的情意告诉人家，用口演说也好，用笔写文章也好，总得对准中心用功夫，总得说成或者写成一件独立的东西。不然，人家就会弄不清楚你在说什么写什么，因而你的目的就难达到。

　　中心认定了，一件独立的东西在意想中形成了，怎样开头怎样结尾原是很自然的事，不用费什么矫揉造作的功夫了。开头和结尾也是和中心有关系的材料，也是那独立的东西的一部分，并不是另外加添上去的。然而有许多人往往因为习惯不良或者少加思考，就在开头和结尾的地方出了毛病。在会场里，我们时常听见演说者这么说："兄弟今天不曾预备，实在没有什么可以说的。"演说完了，又说："兄弟这一番话只是随便说说的，实在没有什么意思，请诸位原谅。"谁也明白，这些都是谦虚的话。可是，在说出来之前，演说者未免少了一点思考。你说不曾预备，没有什么可以说的，那么为什么要踏上演说台呢？随后说出来的，无论是三言两语或者长篇大论，又算不算"可以说的"呢？你说随便说说，没有什么意思，那么刚才的一本正经，是不是逢场作戏呢？自己都相信不过的话，却要说给人家听，又算是一种什么态度呢？如果这样询问，演说者一定会爽然自失，回答不出来。其实他受的习

---

　　① 原载夏丏尊与作者合著的《文章讲话》，开明书店一九三九年五月出版。

惯的累，他听见人家都这么说，自己也就这么说，说成了习惯，不知道这样的头尾对于演说是没有帮助反而有损害的。不要这种无谓的谦虚，删去这种有害的头尾，岂不干净而有效得多？还有，演说者每每说："兄弟能在这里说几句话，十分荣幸。"这是通常的含有礼貌的开头，不能说有什么毛病。然而听众听到，总不免想："又是那老套来了。"听众这么一想，自然而然把注意力放松，于是演说者的演说效果就跟着打了折扣。什么事都如此，一回两回见得新鲜，成为老套就嫌乏味。所以老套以能够避免为妙。演说的开头要有礼貌，应该找一些新鲜而又适宜的话来说。原不必按照着公式，说什么"兄弟能在这里说几句话，十分荣幸"。

各种体裁的文章里头，书信的开头和结尾差不多是规定的。书信的构造通常分做三部分；除第二部分叙述事务，为书信的主要部分外，第一部分叫作"前文"，就是开头，内容是寻常的招呼和寒暄，第三部分叫作"后文"，就是结尾，内容也是招呼和寒暄。这样构造原本于人情，终于成为格式。从前的书信往往有前文后文非常繁复，竟至超过了叙述事务的主要部分的。近来流行简单的了，大概还保存着前文后文的痕迹。有一些书信完全略去前文后文，使人读了感到一种隽妙的趣味。不过这样的书信宜于寄给亲密的朋友。如果寄给尊长或者客气一点的朋友，还是依从格式，具备前文后文，才见得合乎礼意。

记述文记述一件事物，必得先提出该事物，然后把各部分分项写下去。如果一开头就写各部分，人家就不明白你在说什么了。我曾经记述一位朋友赠我的一张华山风景片。开头说："贺昌群先生游罢华山，寄给我一张十二寸的放大片。"又如魏学洢的《核舟记》，开头说："明有奇巧人曰王叔远，能以径寸之木为宫室、器皿、人物以至鸟、兽、木、石，罔不因势象形，各具情态，尝贻余核舟一，盖大苏泛赤壁云。"不先提出"寄给我一张十二寸的放大片"以及"尝贻余核舟一"，以下的文字事实上没法写的。各部分记述过了，自然要来个结尾。像《核舟记》统计了核舟所有人物器具的数目，接着说"而计其长曾不盈寸，盖简桃核修狭者为之"。这已非常完整，把核舟的精巧表达得很明显的了。可是作者还要加上另外一个结尾，说：

> 魏子详瞩既毕，诧曰：嘻，技亦灵怪矣哉！《庄》《列》所载称惊犹鬼神者良多，然谁有游削于不寸之质而须麋了然者？假有人焉，举我言

以复于我，亦必疑其诳，乃今亲睹之。繇斯以观，棘刺之端未必不可为
母猴也。嘻，技亦灵怪矣哉！

这实在是画蛇添足的勾当。从前人往往欢喜这么做，以为有了这一发挥，虽
然记述小东西，也可以即小见大。不知道这么一个结尾以后的结尾无非说明
那个桃核极小而雕刻极精，至可惊异罢了。而这是不必特别说明的，因为全
篇的记述都暗示着这层意思。作者偏要格外讨好，反而教人起一种不统一的
感觉。我那篇记述华山风景片的文字，没有写这种"结尾以后的结尾"，在写
过了照片的各部分之后，结尾说："这里叫作长空栈，是华山有名的险峻处
所。"用点明来收场，不离乎全篇的中心。

　　叙述文叙述一件事情，事情的经过必然占着一段时间，依照时间的顺序
来写，大致不会发生错误。这就是说，把事情的开端作为文章的开头，把事
情的收梢作为文章的结尾。多数的叙述义都用这种方式，也不必举什么例子。
又有为要叙明开端所写的事情的来历和原因，不得不回上去写以前时间所发
生的事情。这样把时间倒错了来叙述，也是常见的。如丰子恺的《从孩子得
到的启示》，开头写晚上和孩子随意谈话，问他最欢喜什么事，孩子回答说是
逃难。在继续了一回问答之后，才悟出孩子所以欢喜逃难的缘故。如果就此
为止，作者固然明白了，读者还没有明白。作者要使读者也明白孩子为什么
欢喜逃难，就不得不用倒错的叙述方式，回上去写一个月以前的逃难情形了。
在近代小说里，倒错叙述的例子很多，往往有开头写今天的事情，而接下去
却写几天前几月前几年前的经过的。这不是故意弄什么花巧，大概由于今天
这事情来得重要，占着主位，而从前的经过处于旁位，只供点明脉络之用的
缘故。

　　说明文大体也有一定的方式。开头往往把所要说明的事物下一个诠释，
立一个定义。例如说明"自由"，就先从"什么叫作自由"入手。这正同小学
生作"房屋"的题目用"房屋是用砖头木材建筑起来的"来开头一样。平凡
固然平凡，然而是文章的常轨，不能说这有什么毛病。从下诠释、立定义开
了头，接下去把诠释和定义里的语义和内容推阐明白，然后来一个结尾，这
样就是一篇有条有理的说明文。蔡元培的《我的新生活观》可以说是适当的
例子。那篇文章开头说：

> 什么叫作旧生活？是枯燥的，是退化的。什么叫作新生活？是丰富的，是进步的。

这就是下诠释、立定义。接着说旧生活的人不做工又不求学，所以他们的生活是枯燥的、退化的，新生活的人既要做工又要求学，所以他们的生活是丰富的、进步的。结尾说如果一个人能够天天做工求学，就是新生活的人，一个团体里的人能够天天做工求学，就是新生活的团体，全世界的人能够天天做工求学，就是新生活的世界。这见得做工求学的可贵，新生活的不可不追求。而写作这一篇的本旨也就在这里表达出来了。

再讲到议论文。议论文虽有各种，总之是提出自己的一种主张。现在略去那些细节且不说，单说怎样把主张提出来，这大概只有两种开头方式。如果所论的题目是大家周知的，开头就把自己的主张提出来，这是一种方式。譬如今年长江、黄河流域都闹水灾，报纸上每天用很多篇幅记载各处的灾况，这可以说是大家周知的了。在这时候要主张怎样救灾、怎样治水，尽不妨开头就提出来，更不用累累赘赘先叙述那灾况怎样地严重。如果所论的题目在一般人意想中还不很熟悉，那就先把它述说明白，让大家有一个考量的范围，不至于茫然无知，全不接头，然后把自己的主张提出来，使大家心悦诚服地接受，这是又一种方式。胡适的《不朽》是这种方式的适当的例子。"不朽"含有怎样的意义，一般人未必十分了然，所以那篇文章的开头说：

> 不朽有种种说法，但是总括看来，只有两种说法是真有区别的。一种是把"不朽"解作灵魂不灭的意思。一种就是《春秋左传》上说的"三不朽"。

这就是指明从来对于不朽的认识。以下分头揭出这两种不朽论的缺点，认为对于一般的人生行为上没有什么重大的影响。到这里，读者一定盼望知道不朽论应该怎样才算得完善。于是作者提出他的主张所谓"社会的不朽论"来。在列举了一些例证，又和以前的不朽论比较了一番之后，他用下面的一段文字作结尾：

> 我这个现在的"小我"，对于那永远不朽的"大我"的无穷过去，须

负重大的责任；对于那永远不朽的"大我"的无穷未来，也须负重大的责任。我须要时时想着，我应该如何努力利用现在的"小我"，方才可以不辜负了那"大我"的无穷过去，方才可以不遗害那"大我"的无穷未来？

这是作者的"社会的不朽论"的扼要说明，放在末了，有引人注意、促人深省的效果。所以，就构造说，这实在是一篇完整的议论文。

普通文的开头和结尾大略说过了，再来说感想文、描写文、抒情文、纪游文以及小说等所谓文学的文章。这类文章的开头，大别有冒头法和破题法两种。冒头法是不就触到本题，开头先来一个发端的方式。如茅盾的《都市文学》，把"中国第一大都市，'东方的巴黎'，——上海，一天比一天'发展'了"作为冒头，然后叙述上海的现况，渐渐引到都市文学上去。破题法开头不用什么发端，马上就触到本题。如朱自清的《背影》，开头说"我与父亲不相见已二年余了，我最不能忘记的是他的背影"，就是一个适当的例子。

曾经有人说过，一篇文章的开头极难，好比画家对着一幅白纸，总得费许多踌躇，去考量应该在什么地方下第一笔。这个话其实也不尽然。有修养的画家并不是画了第一笔再斟酌第二笔的，在一笔也不曾下之前，对着白纸已经考量停当，心目中早就有了全幅的布置了。布置既定，什么地方该下第一笔原是摆好在那里的事。作文也是一样。作者在一个字也不曾写之前，整篇文章已经活现在胸中了。这时候，该用什么方法开头，开头该用怎样的话，也都派定注就，再不必特地用什么搜寻的功夫。不过这是指有修养的人而言。如果是不能预先统筹全局的人，开头的确是一件难事。而且，岂止开头而已，他一句句一段段写下去将无处不难。他简直是盲人骑瞎马，哪里会知道一路前去撞着些什么？

文章的开头犹如一幕戏剧刚开幕的一刹那的情景，选择得适当，足以奠定全幕的情调，笼罩全幕的空气，使人家立刻把纷乱的杂念放下，专心一志看那下文的发展。如鲁迅的《秋夜》，描写秋夜对景的一些奇幻峭拔的心情，用如下的文句来开头：

在我的后园，可以看见墙外有两株树。一株是枣树，还有一株也是枣树。

"还有一株也是枣树"是并不寻常的说法，拗强而特异，足以引起人家的注意，而以下文章的情调差不多都和这一句一致。又如茅盾的《雾》，用"雾遮没了正对着后窗的一带山峰"来开头，全篇的空气就给这一句凝聚起来了。以上两例都属于显出力量的一类。另有一种开头，淡淡着笔，并不觉得有什么力量，可是同样可以传出全篇的情调，范围全篇的空气。如龚自珍的《记王隐君》，开头说：

> 于外王父段先生废簏中见一诗，不能忘。于西湖僧经箱中见书《心经》，蠹且半，如遇簏中诗也，益不能忘。

这个开头只觉得轻松随便，然而平淡而有韵味，一来可以暗示下文所记王隐君的生活，二来先行提出书法，可以作为下文访知王隐君的关键。仔细吟味，真有说不尽的妙趣。

现在再来说结尾。略知文章甘苦的人一定有这么一种经验：找到适当的结尾好像行路的人遇到了一处适合的休息场所，在这里他可以安心歇脚，舒舒服服地停止他的进程。若是找不到适当的结尾而勉强作结，就像行路的人歇脚在日晒风吹的路旁，总觉得不是个妥当的地方。至于这所谓"找"，当然要在计划全篇的时候做，结尾和开头和中部都得在动笔之前有了成竹。如果待临时再找，也不免有盲人骑瞎马的危险。

结尾是文章完了的地方，但结尾最忌的却是真个完了。要文字虽完了而意义还没有尽，使读者好像嚼橄榄，已经咽了下去而嘴里还有余味，又好像听音乐，已经到了末拍而耳朵里还有余音，那才是好的结尾。归有光《项脊轩志》的跋尾既已叙述了他的妻子与项脊轩的因缘，又说了修葺该轩的事，末了说：

> 庭有枇杷树，吾妻死之年所手植也，今已亭亭如盖矣。

这个结尾很好。骤然看去，也只是记叙庭中的那株枇杷树罢了，但是仔细吟味起来，这里头有物在人亡的感慨，有死者渺远的惆怅。虽则不过一句话，可是含蓄的意义很多，所谓"余味""余音"就指这样的情形而言。我曾经作过一篇题名《遗腹子》的小说，叙述一对夫妇只生女孩不生男孩，在绝望而纳妾之后，大太太居然生了一个男孩；不久那个男孩就病死了；于是丈夫伤心得很，一晚上喝醉了酒，跌在河里淹死了；大太太发了神经病，只说自己肚皮里又怀了孕，然而遗腹子总是不见产生。到这里，故事已经完毕，结句说：

> 这时候，颇有些人来为大小姐二小姐说亲了。

这句话有点冷隽，见得后一代又将踏上前一代的道路，生男育女，盼男嫌女，重演那一套把戏，这样传递下去，真不知何年何代才休歇呢。我又有一篇小说叫作《风潮》，叙述中学学生因为对一个教师的反感，做了点越规行动，就有一个学生被除了名；大家的义愤和好奇心就此不可遏制，捣毁校具，联名退学，个个人都自视为英雄。到这里，我的结尾是：

> 路上遇见相识的人问他们做什么时，他们用夸耀的声气回答道："我们起风潮了！"

这样结尾把全篇停止在最热闹的情态上，很有点儿力量，"我们起风潮了"这句话如闻其声，这里头含蓄着一群学生在极度兴奋时种种的心情。以上是我所写的两篇小说的结尾，现在附带提起，作为带有"余味""余音"的例子。

结尾有回顾开头的一式，往往使读者起一种快感：好像登山涉水之后，重又回到原来的出发点，坐定下来，得以转过头去温习一番刚才经历的山水一般。极端的例子是开头用的什么话结尾也用同样的话。如林嗣环的《口技》，开头说：

> 京中有善口技者。会宾客大宴，于厅事之东北隅施八尺屏幛，口技人坐屏幛中，一桌、一椅、一扇、一抚尺而已。

结尾说：

> 忽然抚尺一下，众响毕绝。撤屏视之，一人、一桌、一椅、一扇、一

抚尺而已。

前后同用"一桌、一椅、一扇、一抚尺而已",用设备的简单冷落反衬口技表演的繁杂热闹,使人读罢了还得凝神去想。如果只写到"忽然抚尺一下,众响毕绝",虽没有什么不通,然而总觉得这样还不是了局呢。

句子的安排

　　句子是文章的较大的单位。文章的研究，方面很多，从一句句的句子来考察，也是重要的着手方法。

　　句子的构造，大家从小学时代就学习。只要是懂得文法 ABC 的人，即会知道句子的成分和构造的式样。可是文法上讲句子是以独立的句子为对象的。从文章中把一句句的句子提了出来，说明它构造怎样，属于什么句式，合乎哪些律令，哪一部分是主语，哪一部分是述语，诸如此类，是文法所讨论的项目。至于一句句子摆入文章里面去是否妥当，在什么条件之下才合拍，是一概不管的。原来，文法上的句子和文章中的句子，研究目标彼此不同。从文法上看来毫无毛病的句子，摆入文章中去并不一定就妥帖。例如这里有两句句子：

　　　　三月廿九日七十二烈士在广州殉难。
　　　　革命军于十月十日起义于武昌。

这两句句子，在文法上是毫不犯律令的，我们如果在文章里把它联结起来，照一般的情形看，却不免有问题。

　　　　三月廿九日七十二烈士在广州殉难；
　　　　革命军于十月十日起义于武昌。……（甲）

连读起来，觉得两句句子各自独立，并未串成一气。本来有关系、相类似的事情，也像互相龃龉格格不相入了。如果把句子的式样改变，安排像下面各式，就不会有原来的毛病。例如：

　　三月廿九日七十二烈士在广州殉难；

　　十月十日革命军在武昌起义……（乙）

　　七十二烈士于三月廿九日在广州殉难；

　　革命军于十月十日在武昌起义……（丙）

乙丙两式比甲式调和，是显而易见的。由此可知，文法上通得过的句子，摆入文章中去看，因上文下文的情形，也许会通不过。要补救这毛病，唯一的方法是改变句式，使它合乎上文或下文的情形。

　　同是一句话，可有好几种的说法，所以一句句子可有种种的构造式样。越是成分复杂的句子，可变化的式样也越多。例如：

　　人来
　　　　　　}甲
　　来的是人

　　猫捉老鼠

　　猫是捉老鼠的

　　老鼠是猫捉的
　　　　　　　　}乙
　　猫所捉的是老鼠

　　老鼠被猫捉

　　捉老鼠的是猫

甲组句子的成分简单，可成两种句式，乙组就比较复杂，句式加多了。一组里面的句子，如果严密地吟味起来，意义并不完全一样，"人来"句是就了"人"而说他"来"，"来的是人"句是就了"来的"事物而说他"是人"。说话的方向、观点彼此不同，这是应该首先知道的。

　　依照这方法，把开端所引的两个例句改变种种的式样来看：

　　七十二烈士于三月廿九日殉难于广州。……（甲）

　　三月廿九日是七十二烈士在广州殉难的日子。……（乙）

　　广州是三月廿九日七十二烈士殉难的地方。……（丙）

　　三月廿九日在广州殉难的是七十二烈士。……（丁）

　　七十二烈士在广州殉难是三月廿九日。……（戊）

　　革命军于十月十日在武昌起义。……（甲）

　　十月十日是革命军在武昌起义的日子。……（乙）

　　武昌是十月十日革命军起义的地方。……（丙）

　　十月十日在武昌起义的是革命军。……（丁）

　　革命军在武昌起义是十月十日。……（戊）

为避繁计，上面只各写出五种句式。就这两组的句子加以吟味，彼此结合起来的时候，最自然最便当的是甲和甲，乙和乙，丙和丙，丁和丁，戊和戊的格式。此外尚有各种错综的结合方式，如甲和乙，戊和乙等等。这些错综的句式，在平常的情形之下颇不自然妥帖，在相当的条件下才适当。例如：戊和乙的结合：

　　七十二烈士在广州殉难是三月廿九日；十月十日是革命军在武昌起义的日子。

这结合照平常的情形看来是很不自然的。如果前面尚有文句，情形像下面的时候，也并不会觉得不自然。例如：

　　"十月十日是七十二烈士在广州殉难的日子吗?"

　　"七十二烈士在广州殉难是三月廿九日；十月十日是革命军在武昌起义的日子。"

在这段对话里，本来不大适当的句子，居然也可以通得过去，并不觉得有什么勉强的地方了。从此类推开去，只要情形条件相当，任何结合方式都可用，反之，便任何结合方式都不对。换句话来说，一句句子在文章里安排得好不好，问题不只在句子本身，还要看上下文的情形或条件。

　　写作文章，句子的安排是一种值得留意的功夫。要句子安排得适当，第一步是各种句式的熟习。一句句子摆上去，如果觉得不对，就得变更别种样式的句子来试，再不对，就得再变更样式来再试，直到和上下文适合才止。

越是熟习句式的人越能应用这方法。犹之下棋的名手能用有限的棋子布出各种各样的阵势，去应付各种各样的局面。

句式熟习以后，能自由把句子改变种种形状了，才可以讲到安排。安排的原则是谐和。一句句子和全篇文章许多句子能不冲突，尤其和上下文能合拍，这就是谐和的现象。要分别谐和不谐和，最好的方法是读。不论是别人所写的文章或是自己所写的文章，句子上如有毛病，只用眼睛来看不容易看出来，读下去才会自然发现。我所谓读，不一定要高声唱念，低声读或在心里默读也可以。就普通人的读书习惯来说，看和默读的两种工作是在同时进行的。古人练习写作，唯一的功夫就是读，读和写有密切的关系。文章的秘奥要用读的功夫才能发掘。"吟"字的对于诗有伟大的效用是颠扑不破的事实。所谓"吟"，无非最讲究最仔细的读法而已。

句子的安排以谐和为原则，谐和与否的识别方法是读。结果，所谓安排者就是调子问题。一句句子摆入文章里去，和上下文联结了读起来，调子适合的就是谐和，否则就是不谐和。关于句子的安排，自古未曾有人说过具体的方法。写文章的人在推敲时所依据的，只是笼统的个人的经验和习惯罢了。以下试就我个人平日所关心的方面，来提出几件可注意的事项。

第一，留心于句子的"单""排"。文章之中，有些是句句独立的，这句和那句并无关涉，每句可以读断，自成一个起讫，这叫单句。有些是几句成为一串，不句句独立，读起来几句成为一个起讫，这叫排句。例如：

> 睡了一夜，爸爸清早就跑出去。我不到学校，帮助妈妈理东西。一会儿爸爸回来了，说租定了朋友人家一间楼面，同时把搬运夫也雇了来。
>
> ——叶圣陶《邻家》

依照圈点来计算，上例共三句。句句可以独立，和旁的句子并无对待的关系。这是单句。又如：

> 他有一双眼睛，但看的不很清楚；有两只耳朵，但听的不很分明；有鼻子和嘴，但他对于气味和口味都不很讲究；他的脑子也不小，但他的记性却不很精明，他的思想也不很细密。

——胡适《差不多先生传》

这一串句子，情形就和前例不同，不能每句独立，要连读到底才能成一段落。所以中间不用"。"分割，只用"；"来隔开。这就是排句。一篇文章全部是单句或排句的并不多见，普通的文章里，往往有单句也有排句。又有一种句子，性质上只是一句，可是其中有一部分的成分却包含着许多同调子的分子。例如：

岸上四围的橘叶，绿的，红的，黄的，白的，一丛一丛的倒影到水中来。

——冰心《给小读者·通讯七》

你发愁时并不一定要著书，你就读几篇哀歌，听一幕悲剧，借酒浇愁，也可大畅胸怀。

——朱光潜《谈动》

我的生活曾是悲苦的黑暗的。然而朋友们把多量的同情，多量的爱，多量的眼泪都分给了我。

——巴金《朋友》

这种句子，原是由排句转变来的，如果把其中的成排的成分抽出来使它一一独立，就可造成一串的排句，如"朋友们把多量的同情，多量的爱，多量的眼泪都分给了我"一句分解起来，就得下面的排句了：

朋友们把多量的同情分给了我；把多量的爱分给了我；把多量的眼泪分给了我。

所以形式上虽然是单句，也可做排句看。

就普通的情形说，单句间忌用同一的字面，同一的句调。整篇文章之中，要全然避去同字面、同句调，原是不可能。不过，在同一行内或附近的地方，最好不使有同字面、同句调出现，否则就不容易谐和。例如：

烟酒都是要中毒的。我们吸烟饮酒，如果不加节制，我们的血液就要中毒的。这是非注意不可的。

　　×君××乡人，是一个很聪明的人。他的父亲是一个工人，对他期望很殷，苦心培植他，期望他将来是一个有出息的人。

上面两个例都是逐句在文法上并无毛病，而实际不谐和的。第一例"要中毒的"见两处，句末用"的"字见三处。第二例句末用"人"字见四处，"是一个……人"见三处。只要全体通读起来，就会发现重复隔阂的缺点，补救的方法，唯有把原来重复的字面、句法改换数处。改换的方式是多种多样的，下面所列的只是其中的一种改换法：删节原文处加括弧，换字处加黑点标出：

　　烟酒都是要中毒的。我们吸烟饮酒如果不加节制，（我们的）血液就要中毒（的）。这是非注意不可的事情。

　　×君，××乡人，（是一个）很聪明（的人）。他的父亲是一个工人，对他期望很殷，苦心培植他，（期）希望他（将来是）成为（一个）有出息的人物。

经过这样改换，原来的毛病已经除去，比较谐和得多了。

　　同字面、同句调在单句里应该力避，因了上面的引例已很明白了。可是在排句里，却不必忌用同字面或同句调。排句里面的同字面、同句调，读去并不会觉得不谐和。例如：

　　我们同住的三五个人就把白鲁威当作一个深山道院，巴黎是绝迹不去的，客人是一个不见的，镇日坐在一间开方丈把的屋子里头，傍着一个不生不灭的火炉，围着一张亦圆亦方的桌子，各人埋头埋脑做各自的功课。

　　　　　　　　　　　　——梁启超《欧游心影录·楔子》

　　朋友，闲愁最苦。愁来愁去，人生还是那么样一个人生，世界也还是那么样一个世界。假如把你自己看得伟大，你对于烦恼当有不屑的看待，假如把你自己看得渺小，你对于烦恼当有不值得的看待。我劝你多打网球，多弹钢琴，多栽花，多搬弄砖瓦。

　　　　　　　　　　　　——朱光潜《谈动》

上面两个例里，各有同字面、同句调，我们读起来并不觉得有什么阻碍，仍是很谐和的。这种例子，从来的名文里可常见到，欧阳修的《醉翁亭记》每节末句都用"也"字结尾，屈原的《离骚》，结尾都用"兮"字，就是好例。总之，成排的句子，字面、句调可以不嫌重复。所谓成排有各种的排法，上面所举的例都是排成一处，排句叠在上下的，其实，相隔若干距离也可成排，这时字面、句调相同也无损于谐和。例如《旧约·创世记》开端叙上帝创造万物共分六节，每节的起句都是"上帝说"，结末都用"这是第×日"就是。排句里不但不忌同字面、同句调，而且还以用同字面、同句调为宜，上面所引各例如果依了单句的办法，把同字面、同句调改换，反不谐和了。

一篇文章不能全用一种样式的排句来写，有时须转换成单句或别种样式的排句。换句话说，排句也得有完结改变的时候。冗长的呆板的排列，如果不在相当的地方加以变化，读起来也很不便，有碍于谐和。从来的作者对这种方面都很注意。例如前面所引胡适的《差不多先生传》里的一段：

> 他有一双眼睛，但看的不很清楚；有两只耳朵，但听的不很分明；有鼻子和嘴，但他对于气味和口味都不很讲究；他的脑子也不小，但他的记性却不很精明，思想也不很细密。

这里面写"眼睛"和"耳朵"是同调子的，写"鼻子"和"嘴"是改变句法了，写"脑子"又改变了一次句法。倘若照开始的句法一直写下去，也并非不可以，不过究竟没有原文样的谐和。这里面有着作者的技巧。又如：

> 通计一舟，为人五，为窗八，为箬篷，为楫，为炉，为壶，为手卷，为念珠各一；对联，题名并篆文，为字共三十有四。
>
> ——魏学洢《核舟记》

这一段句子，成排而不呆板，锤炼的苦心历历可见。韩愈的那一篇《画记》，在句子安排上是向被推为典型的作品的，可以参看。

句子的安排，因句子"单""排"而不同。这是就句子本身的性质说的。第二，应当注意的是句中所用的辞类的字数。我们的文字是方块字，可以用一个字来作一个辞儿，也可以用两个或三个、四个字来作一个辞儿，就一个"书"字说吧，英文里只有 book 一语，我们就有"书""书籍""书本"等等的说法。为了句调关系，有时可以通用，有时这里用着的，那里用了就读起来不便。例如：

> 你在读书吗？
> 书店是以刊行书籍为业的。
> 书本知识一出校门就无用处。

这三句话里的"书""书籍""书本"如果彼此互换，不是句调不顺，就是意义不合。这在文法上毫无理由可说，只可委之于习惯。在我国文字语言的习惯上，字数的奇偶很有问题。不论动词或名词，用在句子里，有时一个字就可以了，有时非加上一字拼成两个字就不合拍。例如：

> 笔砚精良，人生一乐。
> 闺房乐事有甚于画眉者。

"人生一乐"改作"人生一乐事"，"闺房乐事"改作"闺房乐"，读起来都不谐和，但倘若变更字数，改成：

> 笔砚精良，人生乐事。
> 闺房之乐有甚于画眉者。

似乎就通得过去了。由此可知，每个辞儿所含的字数，和句的谐和不谐和有重大关系。我国的辞类有许多是双字的，如：

> 聪明　正直　房屋　衣服　器具　事情　行为　议论　快乐　归还
> 嗜好

这些辞类，都把同义字凑成双数，大部分是古来的人为了谈话和写作上的便宜制成的。

除上面所举的同义字以外，为了调节句调起见，还有别种加字的方法。介词"之""的"，是常被用来作这调节的工具的。例如"王道"，读去很顺口，"先王道"就不顺口了，这时一般就加一个"之"字变成"先王之道"。"我家"是顺口的，"我家庭"就不顺口了，这时一般就加一个"的"字，变成"我的家庭"。此外还有种种加字的式样，如：

> 鞋子　帽子　刀子　（加子字）
> 鞋儿　帽儿　刀儿　（加儿字）
> 斧头　件头　话头　（加头字）
> 船只　纸张　银两　（加单位字）
> 看看　走走　谈谈　（加叠字）

这些双字的辞儿，若论意义，和单字的无大不同，可是在字数上却有奇偶的分别，因了句子的情形，有时应用单字，有时应用双字。例如：

> 请到我家里去坐坐。
> 我有事想和你谈谈。
> 关吏检查船只。
> 防止私运银两。

倘若把附加的字除去，念起来都不如原文谐和。反之，应该用单字的时候，用双字的辞儿也不妥当。

辞儿的字数可以影响到整句的字数，一句句子的字数，除诗歌韵文等外，原不必有一定的限制，但求念去读去谐和就够了。懂得字数的增减法，在造句的时候比较便宜得多。至于句的字数应怎样增减，到了怎样程度才算适当，这也说不出什么标准，唯一的方法仍是读。欧阳修的《昼锦堂记》的开端是"仕宦而至将相，富贵而归故乡"。据说当时写成的时候，是"仕宦至将相，富贵归故乡"。稿子已差人骑马送出了，经过了一会，忽然叫人用快马把那人追回，在开端两句里加添两个"而"字。这是相传的一个轶事，从来文章家对于一字增损的苦心，由此可以想见了。试取句调很好的名文一篇，逐句在文法许可的范围内，增加一字或减去一字，诵读起来就会觉得不若原来的谐和，可知原来的句子都是经过推敲，并非偶然的。

关于句子的安排，除上面所说的句式、字面和字数诸项以外，可考究的方面当然还有。并且对于这诸项，我所提出的都很粗显，并未涉及精密的探讨。有志写作文章的读者如果因了我这小小的示唆，引起兴味，留心到这些方面，也许在文章的阅读和写作上是一件有益的事。

句子的安排以谐和为原则，只合文法上的律令还是不够。话虽如此，文法上的律令究竟不失为起码的条件。凡是句子，第一步该合乎文法。古人尽有为了谐和而牺牲文法上的律令的事，如因为字须取偶数，把"司马迁""诸葛亮"无理地腰斩，改为"马迁""葛亮"（见刘知几《史通》）。明明应该说"孤臣坠涕，孽子危心"的，因为怕平仄不谐，硬把它改作"孤臣危涕，孽子坠心"（见江淹《恨赋》）。此外如杜甫的"香稻啄残鹦鹉粒，碧梧栖老凤凰枝"（照理应是"鹦鹉啄残香稻粒，凤凰栖老碧梧枝"）之类，也是为了谐和而牺牲文法的律令的好例。这种情形近乎矫揉造作，在从前的骈文和诗里也许可以原谅，依现代人的眼光看来，究竟是魔道，不足为法。这是应该注意的。

以画为喻①

　　咱们画图，有时候为的实用。编撰关于动物植物的书籍，要让读者明白动物植物外面的形态跟内部的构造，就得画种种动物植物的图。修建一所房子或者布置一个花园，要让住在别地的朋友知道房屋花园是怎么个光景，就得画关于这所房屋这个花园的图。这类的图，绘画动机都在实用。读者看了，明白了，住在别地的朋友看了，知道了，就体现了它的功能。

　　这类图决不能随便乱画，首先要把画的东西看得明白，认得确切。譬如画猫罢，它的耳朵怎么样，它的眼睛怎么样。你如果没有看得明白，认得确切，怎么能下手？随便画上猪的耳朵，马的眼睛，那是个怪东西，绝不是猫；人家看了那怪东西的图，决不能明白猫是怎样的动物。所以，要画猫就得先认清猫。其次，画图得先练成熟习的手腕，心里想画猫，手上就得画成一只猫。像猫这种动物，咱们中间谁还没有认清，可是咱们不能人人都画得成一只猫；画不成的原因，就在乎熟习的手腕没有练成。明知道猫的耳朵是怎样的，眼睛是怎样的，可是手不应心，画出来的跟知道的不相一致，这就成猪的耳朵马的眼睛，或者什么也不像了。所以，要画猫又得练成从心所欲的手腕。

　　咱们画图，有时候并不为实用。看见一个老头儿，觉得他的躯干，他的面部的器官，他的蓬松的头发跟胡子，线条都非常之美，配合起来，是一个美的和谐，咱们要把那美的和谐表现出来，就动手画那个老头儿的像。走到一处地方，看见三棵老柏树，那高高向上的气派，那倔强矫健的姿态，那苍然蔼然的颜色，都仿佛是超然不群的人格的象征，咱们要把这一点感兴表现出来，就动手画那三棵老柏树的图。这类的图，绘画的动机不为实用，可以

---

　　① 原载作者的《西川集》。

说无所为。但是也可以说有所为，为的是表出咱们所见到的一点东西，从老头儿跟三棵老柏树所见到的一点东西——"美的和谐""仿佛是超然不群的人格的象征"。

这样的图也不能随便乱画。第一，见到须是真切的见到。人家说那个老头儿很美，你自己不加辨认，也就跟着说那个老头儿很美，这就不是真切的见到。人家都画柏树，认为柏树的挺拔之概值得画，你就跟着画柏树，认为柏树的挺拔之概值得画，这就不是真切的见到。见到不真切，实际就是无所见，无所见可是还要画，结果只画了个老头儿，画不出那"美的和谐"来；只画了三棵老柏树，画不出那"仿佛是超然不群的人格的象征"来。必须要整个的心跟事物相对，又把整个的心深入事物之中，不仅认识它的表面，并且透达它的精蕴，才能够真切地见到些什么。有了这种真切的见到，咱们的图才有了根本，才真个值得动起手来。第二，咱们的图既以咱们所见到的一点东西为根本，就跟前一类的图有了不同之处：前一类的图只须见什么画什么，画得准确就算尽了能事；这一类的图要表现出咱们所见到的一点东西，就得以此为中心，对材料加一番选择取舍的功夫；这种功夫如果做得不到家，那么虽然确有见到，也还不成一幅好图。那老头儿一把胡子，工细的画来，不如粗粗的几笔来得好；那三棵老柏树交结着的桠枝，照样的画来，不如删去了来得好；这样的考虑就是所谓选择取舍的功夫。做这种功夫有个标准，标准就是咱们所见到的一点东西。跟这一点东西没有关系的，完全不要；足以表出这一点东西的，不容放弃；有时为了要增加表出的效果，还得以意创造，而这种功夫的到家不到家，关系于所见的真切不真切；所见越真切，选择取舍越有把握；有时几乎可以到不须思索的境界。第三，跟前边说的一样，得练成熟习的手腕。所见在心，表出在手腕，手腕不熟习，根本就画不成图，更不用说好图。这个很明白，无须多说。

以上两类图，次序有先后，程度有浅深。如果画一件东西不会画得像，画得准确，怎么能在一幅画中表出咱们所见到的一点东西？必须能画前一类图，才可以画后一类图。这就是次序有先后。前一类图只凭外界的事物，认得清楚，手腕又熟，就成。后一类图也凭外界的事物，根本却是咱们内心之所见；凭这一点，它才成为艺术。这就是程度有浅深。这两类图咱们都要画，看动机如何而定。咱们要记载物象，就画前一类图；咱们要表出感兴，就画后一类图。

我的题目"以画为喻",就是借画图的情形,来比喻文字。前一类图好比普通文字,后一类图好比文艺。普通文字跟文艺,咱们都要写,看动机如何而定。为应付实际需要,咱们得写普通文字;如果咱们有感兴,有真切的见到,就得写文艺。普通文字跟文艺次序有先后,程度有浅深。写不来普通文字的人决写不成文艺;文艺跟普通文字原来是同类的东西,不过多了咱们内心之所见。至于熟习的手腕,两方面同样重要;手腕不熟,普通文字跟文艺都写不好。手腕要怎样才算熟?要让手跟心相应,自由驱遣语言文字,想写个什么,笔下就写得出个什么,这才算是熟。我的话即此为止。

木炭习作和短小文字①

有些美术学生喜欢作整幅的画，尤其喜欢给涂上彩色，红一大块，绿一大块，对于油彩毫不吝惜。涂满了，自己看看，觉得跟名画集里的画幅有点儿相近，就十分满意；遇到展览会，当然非送去陈列不可。因此，你如果去看什么美术学校的展览会，红红绿绿的画幅简直叫你眼花；你也许会疑心看见了一个新的宗派——红红绿绿派。

整幅的彩色画所以被这些学生喜欢，并不是没有理由的。从效用上说，这可以表示作者从人生、社会窥见的一种意义；譬如灵肉冲突啊，意志难得自由啊，都会的罪恶啊，黄包车夫的痛苦啊，都是常见的题材。从技巧上说，这可以表示作者对于光跟色彩的研究功夫；人的脸上一搭青一搭黄，花瓶里的一朵大的花单是一团红，都是研究的结果。人谁不乐意把自己见到的、研究出来的告诉人家？美术学生会的是画画，当然用画来代替语言，于是拿起画笔来一幅又一幅地涂他们的彩色画。

但是从参观展览会的人这方面说，这红红绿绿派往往像一大批的谜。骤然看去，不知道画的什么，仔细看了一会，才约略猜得透大概是什么，不放心，再对准了号数检查手里的展品目录，也有猜中的，也有猜不中的。明明是一幅一幅挂在墙上的画，为什么看了还得猜？这因为画得不很像的缘故。画人不很像人，也许是远远的一簇树木；画花不很像花，也许是桌子上堆着几个绒线球。怎叫人不要猜？

像，在美术学生看来，真是不值得齿数的一个条件。他们会说，你要像，去看照相好了，不用来看画，画画的终极的目标就不在乎像。话是不错。然而照相也有两种：一种是普通照相；另一种是艺术照相。普通照相就只是个像；

---

① 原载一九三五年三月一日《中学生》第五三号。

艺术照相却还有旁的什么，可是也离开不了像。把画画得跟普通照相一样，那就近乎"匠"了，自然不好；但是跟艺术照相一样，除了旁的什么以外，还有一个条件叫作像，并没有辱没绘画艺术。并且，丢开了像，还画什么画呢？画画的终极的目标固然不在像，而画画的基础的条件不能不是这个像。

照相靠着机械的帮助，无论普通的、艺术的，你要它不像也办不到。画画全由于心思跟手腕的运用，你没有练习到像的地步，画出来就不像。不像，好比造房子没有打下基础，你却要造起高堂大厦来，怎得不一塌糊涂，完全失败？基础先打下了，然后高堂大厦凭你造。这必需的功夫就是木炭习作。

但是，听说美术学生最不感兴味的就是木炭习作。一个石膏人头，一朵假花，要一回又一回地描画，谁耐烦？马马虎虎敷衍一下，总算学过了这一门就是了。回头就嚷着弄彩色，画整幅。这是好胜的心肠，巴望自己创造出几幅有价值的画来，不能说不应该。然而未免把画画的基础看得太轻忽了。并且木炭习作不只使你落笔画得像，更能够叫你渐渐明白，画一件东西，哪一些烦琐的线条可以省掉，哪一些主要的线条一丝一毫随便不得。不但叫你明白，又叫你的手腕渐渐熟练起来，可以省掉的简直不画，随便不得的决不随便。这对于你极有益处，将来你能画出不同于照相可是也像的画来，基础就在乎此。

情形正相同，一个文学青年也得下一番跟木炭习作同类的功夫，那目标也在乎像而不仅在乎像。

文学的木炭习作就是短小文字，有种种名称，小品，随笔，杂感，速写，特写，杂文，此外大概还有。照编撰文学概念的说起来，这些门类各有各的定义跟范围，不能混同；但是，不多啰嗦，少有枝叶，有什么说什么，说完了就搁笔，差不多是这些门类的共通点，所以不妨并为一谈。若说应付实际生活的需要，惟有这些门类才真个当得起"应用文"三个字；章程、契券、公文之类实在只是"公式文"而已。同时，这些门类质地单纯，写作起来比较便于照顾，借此训练手腕，最容易达到熟能生巧的境界。

训练的目标在乎像。这话怎么说呢？原来简单得很：你眼前有什么，心中有什么，把它写下来，没有走样；拿给人家看，能使人家明白你眼前的、心中的是什么；这就行了。若把画画的功夫来比拟，不就是做到了一个像字吗？这可不能够三脚两步就达到。连篇累牍写了许多，结果自觉并没有把眼前的、心中的写下来，人家也不大清楚作者到底写的什么；这样的事情往往有之。所以，虽说是类乎木炭习作的短小文字，也非郑重从事不可。譬如写一间房间，你得注意各种陈设的位置，辨认外来光线的方向，更得捉住你从那房间得到的印象。譬如写一个人物，你得认清他的状貌，观察他的举动，更得发现他的由种种因缘而熔铸成功的性情。又譬如写一点感想，你得把握那感想的中心，让所有的语言都环拱着它，为着它而存在。能够这样当一回事做，写下来的成绩总会离像不远；渐渐进步到纯熟，那就无有不像——就是说，你要写什么，写下来的一定是什么了。

到了纯熟的时候，跟画画一样，你能放弃那些烦琐的线条，你能用简要的几笔画出生动的形象来，你能通体没有一笔败笔。你即使不去作什么长篇大品，这短小文字也就是文学作品了。文学作品跟普通文字本没有划然的界限，至多像整幅彩色画跟木炭习作一样而已。

画画不像，写作写不出所要写的，那就根本不成，别再提艺术啊文学啊那些好听的字眼。在基础上下了功夫，逐渐发展开去，却就成了艺术跟文学。舍此以外，没有什么捷径。谁自问是个忠实的美术学生或者文学青年的话，先在基础上下一番刻苦的功夫吧。

方法篇◎

第三章　好文章是改出来的

谈文章的修改

有人说，写文章只该顺其自然，不要在一字一语的小节上太多留意。只要通体看来没有错，即使带着些小毛病也没关系。如果留意了那些小节，医治了那些小毛病，那就像个规矩人似的，四平八稳，无可非议，然而也只成个规矩人，缺乏活力，少有生气。文章的活力和生气全仗信笔挥洒，没有拘忌，才能表现出来。你下笔，多所拘忌，就把这些东西赶得一干二净了。

这个话当然有道理，可是不能一概而论。至少学习写作的人不该把这个话作为根据，因而纵容自己，下笔任它马马虎虎。

写文章就是说话，也就是想心思。思想，语言，文字，三样其实是一样。若说写文章不妨马虎，那就等于说想心思不妨马虎。想心思怎么马虎的？养成了习惯，随时随地都马虎地想，非但自己吃亏，甚至影响到社会，把种种事情弄糟。向来看重"修辞立其诚"，目的不在乎写成什么好文章，却在乎决不马虎地想。想得认真，是一层。运用相当的语言文字，把那想得认真的心思表达出来，又是一层。两层功夫合起来，就叫作"修辞立其诚"。

学习写作的人应该记住，学习写作不单是在空白的稿纸上涂上一些字句，重要的还在乎学习思想。那些把小节小毛病看得无关紧要的人大概写文章已经有了把握，也就是说，想心思已经有了训练，偶尔疏忽一点，也不至于出什么大错。学习写作的人可不能与他们相比。正在学习思想，怎么能稍有疏忽？把那思想表达出来，正靠着一个字都不乱用，一句话都不乱说，怎么能不留意一字一语的小节？一字一语的错误就表示你的思想没有想好，或者虽然想好了，可是偷懒，没有找着那相当的语言文字：这样说来，其实也不能称为"小节"。说毛病也一样，毛病就是毛病，语言文字上的毛病就是思想上的毛病，无所谓"小毛病"。

修改文章不是什么雕虫小技，其实就是修改思想，要它想得更正确，更完美。想对了，写对了，才可以一字不易。光是个一字不易，那不值得夸耀。翻开手头一本杂志，看见这样的话："上海的住旅馆确是一件很困难的事，廉价的房间更难找到，高贵的比较容易，我们不敢问津的。"什么叫作"上海的住旅馆"？就字面看，表明住旅馆这件事属于上海。可是上海是一处地方，决不会有住旅馆的事，住旅馆的原来是人。从此可见这个话不是想错就是写错。如果这样想："在上海，住旅馆确是一件很困难的事"，那就想对了。把想对的照样写下来："在上海，住旅馆确是一件很困难的事"，那就写对了。不要说加上个"在"字去掉个"的"字没有多大关系，只凭一个字的增减，就把错的改成对的了。推广开来，几句几行甚至整篇的修改也无非要把错的改成对的，或者把差一些的改得更正确，更完美。这样的修改，除了不相信"修辞立其诚"的人，谁还肯放过？

思想不能空无依傍，思想依傍语言。思想是脑子里在说话——说那不出声的话，如果说出来，就是语言，如果写出来，就是文字。朦胧的思想是零零碎碎不成片段的语言，清明的思想是有条有理组织完密的语言。常有人说，心中有个很好的思想，只是说不出来，写不出来。又有人说，起初觉得那思想很好，待说了出来，写了出来，却变了样儿，完全不是那回事了。其实他们所谓很好的思想还只是朦胧的思想，就语言方面说，还只是零零碎碎不成片段的语言，怎么说得出来，写得出来？勉强说了写了，又怎么能使自己满意？那些说出来写出来有条有理组织完密的文章，原来在脑子里已经是有条有理组织完密的语言——也就是清明的思想了。说他说得好写得好，不如说他想得好尤其贴切。

因为思想依傍语言，一个人的语言习惯不能不求其好。坏的语言习惯会牵累了思想，同时牵累了说出来的语言，写出来的文字。举个最浅显的例子。有些人把"的时候"用在一切提冒的场合，如谈到物价，就说"物价的时候，目前恐怕难以平抑"，谈到马歇尔，就说"马歇尔的时候，他未必真个能成功吧"。试问这成什么思想，什么语言，什么文字？那毛病就在于沾染了坏的语言习惯，滥用了"的时候"三字。语言习惯好，思想就有了好的依傍，好到极点，写出来的文字就可以一字不易。我们普通人难免有些坏的语言习惯，只是不自觉察，在文章中带了出来。修改的时候加一番检查，如有发现就可以改掉。这又是主张修改的一个理由。

平时的积累

写任何门类的东西，写得好不好，妥当不妥当，当然决定于构思、动笔、修改那一连串的工夫。但是再往根上想，就知道那一连串的工夫之前还有许多工夫，所起的决定作用更大。那许多工夫都是在平时做的，并不是为写东西作准备的，一到写东西的时候却成了极关重要的基础。基础结实，构思、动笔、修改总不至于太差，基础薄弱，构思、动笔、修改就没有着落，成绩怎样就难说了。

写一篇东西乃至一部大著作虽然是一段时间的事，但是大部分是平时的积累的表现。平时的积累怎样，写作时候的努力怎样，两项相加，决定写成的东西怎样。

现在谈谈平时的积累。

举个例子，写东西需要谈到某些草木鸟兽的形态和生活，或者某些人物的状貌和习性，是依据平时的观察和认识来写呢，还是现买现卖，临时去观察和认识来写呢？回答大概是这样：多半依据平时的观察和认识，现买现卖的情形有时也有，但是光靠临时的观察和认识总不够。因为临时的观察认识不会怎么周到和真切。达到周到和真切要靠日积月累。日积月累并不为写东西，咱们本来就需要懂得某些草木鸟兽，熟悉某些人物的。而写东西需要谈到那些草木鸟兽那些人物，那日积月累的成绩就正好用上了。一般情形不是这样吗？

无论写什么东西，立场观点总得正确，思想方法总得对头。要不然，写下来的决不会是有意义的东西。正确的立场观点是从斗争实践中得来的。立场观点正确，思想方法就容易对头。这不是写东西那时候的事，而是整个生活里的事，是平时的事。平时不错，写东西错不到哪儿去，平时有问题，写东西不会没有问题。立场观点要正确，思想方法要对头，并不为写东西，咱们在社会主义社会里做公民本来应当这样。就写东西而言，唯有平时正确和对头，写东西才会正确和对头。平时正确和对头也就是平时的积累。

写东西就得运用语言。语言运用得好不好，在于得到的语言知识确切不确切，在于能不能把语言知识化为习惯，经常实践。譬如一个词或者一句成语吧，要确切地知道它的意义而不是望文生义，还要确切地知道它在哪样的场合才适用，在哪样的场合就不适用，知道了还要用过好些回，回回都得当，才算真正掌握了那个词或者那句成语。这一批词或者成语掌握了，还有其他的词或者成语没掌握。何况语言知识的范围很广，并不限于词或者成语方面。要在语言知识的各方面都有相当把握，显然不是一朝一夕的事，非日积月累不可。积累得多了，写东西才能运用自如。平时的积累并不是为了此时此刻要写某一篇东西，而是由于咱们随时要跟别人互通情意，语言这个工具本来就必须掌握好。此时此刻写某一篇东西，语言运用的得当，必然由于平时的积累好。

写东西靠平时的积累，不但著作家、文学家是这样，练习作文的小学生也是这样。小学生今天作某一篇文，其实就是综合地表现他今天以前知识、思想、语言等等方面的积累。咱们不是著作家、文学家，也不是小学生，咱们为了种种需要，经常写些东西，情形当然也是这样。为要写东西而注意平时的积累，那是本末倒置。但是知识、思想、语言等等方面本来需要积累，不写东西也需要积累，但是所有的积累，正是写东西的极重要的基础。

写东西有所为

写东西，全都有所为。如果无所为，就不会有写东西这回事。

有所为有好的一面，有不好的一面。咱们自然该向好的一面努力，对于不好的一面，就得提高警惕，引以为戒。

譬如写总结，是有所为，为的是指出过去工作的经验教训和今后工作的正确途径，借此推进今后的工作，提高今后的工作。譬如写通信报道，是有所为，为的是使广大群众知道各方面的实况，或者是思想战线方面的，或者是生产战线方面的，借此提高大家的觉悟，鼓动大家的干劲。譬如写文艺作品，诗歌也好，小说故事也好，戏剧曲艺也好，都是有所为，为的是通过形象把一些值得表现的人和事表现出来，不仅使人家知道而已，还能使人家受到感染，不知不觉中增添了前进的活力。要说下去还可以说许多。

就前边所举的来看，这些东西都是值得写的，所为的都是对社会主义革命社会主义建设有好处的。从前有些文章家号召"文非有益于世不作"。现在咱们也应该号召"文非有益于世不作"，当然，咱们的"益"和"世"跟前人说的不同。咱们写东西为的是有益于社会主义之世。

所为的对头了，跟上去的就是尽可能写好。还用前边所举的例子来说，写成的总结的确有推进工作提高工作的作用，写成的通信报道的确把某方面的实况说得又扼要又透彻，写成的文艺作品的确有感染人的力量，就叫写好。有所为里头本来包含这个要求，就是写好。如果不用力写好，或者用了力而写不好，那就是徒然怀着有所为的愿望，结果却变成无所为了。

从前号召"文非有益于世不作"的文章家看不起两类文章，一类是八股文，一类是"谀墓之文"。这两类文章他们也作，但是他们始终表示看不起。作这两类文章，为的是什么呢？为要应科举考试，取得功名利禄，就必须作八股文。为要取得些润笔（就是稿费），或者要跟人家拉拢一下，就不免作些

"谀墓之文"。

八股文什么样儿，比较年轻的朋友大概没见过。这儿也不必详细说明。八股文的题目有一定的范围，该怎样说也有一定的范围，写法有一定的程式。总之，要你像模像样说一番话，实际上可不要你说一句自己的真切的话。换句话说，就是要你像模像样说一番空话，说得好就可以考上，取得功名利禄。从前统治者利用八股文来笼络人，用心的坏就在此，八股精神的要不得也在此。现在不写八股文了，可是有"党八股"，有"洋八股"，这并非指八股文的体裁而言，而是指八股精神而言。凡是空话连篇，不联系实际，不解决问题，虽然不是八股文而继承着八股精神的，就管它叫"八股"。

"谀墓之文"指墓志铭、墓碑、传记之类。一个人死了，子孙要他不朽，就请人作这类文章。作文章的人知道那批子孙的目的要求，又收下了润笔，或者还有种种社会关系，就把一个无聊透顶的人写成足为典范的正人君子。这类文章有个共同的特点，满纸是假话。假话不限于"谀墓之文"，总之假话是要不得的。

从前的文章家看不起八股文和"谀墓之文"，就是不赞成说空话说假话，这是很值得赞许的。但是他们为了应试，为了润笔，还不免要写他们所看不起的文章，这样的有所为，为的无非"名利"二字，那就大可批评了。现在咱们写东西要有益于社会主义之世，咱们的有所为，为的唯此一点。如果自己检查，所为的还有其他，如"名利"之类，那就必须立即把它抛弃。唯有这样严格地要求自己，才能永远不说空话假话，写下来的东西才能多少有益于社会主义之世。

"通" 与 "不通"①

  讲到一篇文章，我们常常用"通"或"不通"的字眼来估量。在教师批改习作的评语里，这些字眼也极易遇见。我们既具有意思情感，提笔写作文章，到底要达到怎样的境界才算得"通"？不给这"通"字限定一个界域，徒然"通"啊"不通"啊大嚷一通，实在等于空说。假若限定了"通"字的界域，就如作其他事情一样定下了标准，练习的人既有用功的趋向，评判的人也有客观的依据。同时，凡不合乎这限定的界域的，当然便是"不通"。评判的人即不至单凭浑然的感觉，便冤说人家"不通"；而练习的人如果犯了"不通"的弊病，自家要重复省察，也不至茫无头绪。

  从前有一些骄傲的文人，放眼当世文坛，觉得很少值得称数的人，便说当世"通"人少极了，只有三五个；或者说得更少，就只有一个——这一个当然是自己了。这些骄傲的文人把个"通"字抬得那么博大高深，绝不是我们中学生作文的标准。我们只须从一般人着想，从一般人对自己的写作能力的期望着想来限定"通"字的界域，这样的界域就很够我们应用。我们中学生不一定要做文人，尤其不要做骄傲的文人。

  我们期望于我们的写作能力，最初步而又最切要的，是在乎能够找到那些适合的"字眼"也就是适合的"词"。怎样叫作适合呢？我们内面所想的是这样一件东西，所感的是这样一种情况，而所用的"词"刚好代表这样一件东西，这样一种情况，让别人看了不至感到两歧的意义，这就叫作适合。同时，我们还期望能够组成调顺的"语句"，调顺的"篇章"。怎样叫作调顺呢？内面的意思情感是浑凝的，有如球，在同一瞬间可以感知整个的含蕴；而语言文字是连续的，有如线，须一贯而下，方能表达全体的内容。作文同说话

---

  ① 原载中学生杂志社编的《写作的健康与疾病》。

一样，是将线表球的功夫，能够经营到通体妥帖，让别人看了便感知我们内面的意思情感，这就叫作调顺。适合的"词"犹如材料，用这些材料，结构为调顺的"篇章"，这才成功一件东西。

动笔写作之前，谁不抱着上面所说的期望呢？这种期望是跟着写作的欲望一同萌生的。唯有"词"适合，"篇章"调顺，方才真个写出了我们所想写的。否则只给我们的意思情感铸了个模糊甚至矛盾的模型而已。这违反所以要写作的初意，绝非我们所甘愿的。

在这里，所谓"通"的界域便可限定了。一篇文章怎样才算得"通"？"词"使用得适合，"篇章"组织得调顺，便是"通"。反过来，"词"使用得乖谬，"篇章"组织得错乱，便是"不通"。从一般人讲，只用这么平淡的两句话就够了。这样的"通"没有骄傲的文人所说的那样博大高深，所以是不论何人都可能达到的，并且是必须达到的。

既已限定了"通"的界域，我们写成一篇文章，就无妨自家来考核，不必待教师的批订。我们先自问，使用的"词"都适合了么？要回答这个问题，先得知道不适合的"词"怎样会参加到我们的文章里来。我们想到天，写下"天"字，想到汹涌的海洋，写下"汹涌的海洋"几个字，这其间，所写与所想一致，绝不会有不适合的"词"闯入。但在整篇的文章里，情形并不全是这么简单。譬如我们要形容某一晚所见的月光，该说"各处都像涂上了白蜡"呢还是说"各处都浸在碧水一般的月光里"？或者我们要叙述足球比赛，对于球员们奔驰冲突的情形，该说"拼死斗争"呢还是说"奋勇竞胜"？这当儿就有了斟酌的余地。如果我们漫不斟酌，或是斟酌而决定得不得当，不合适的"词"便溜进我们的文章来了。漫不斟酌是疏忽，疏忽常常是贻误事情的因由，这里且不去说它。而斟酌过了何以又会决定得不得当呢？这一半源于平时体认事物未能真切，一半源于对使用的"词"未能确实了知它们的意蕴。就拿上面的例来讲，"涂上白蜡"不及"浸在碧水里"能传月光的神态，假若决定的却是"涂上白蜡"，那就是体认月光的神态尚欠功夫；"拼死斗争"不及"奋勇竞胜"合乎足球比赛的事实，假若决定的却是"拼死斗争"，那就是了知"拼死斗争"的意蕴尚有未尽。我们作文，"词"不能使用得适合，病因全在这两端。关于体认的一点，只有逐渐训练我们的思考和观察力。这是一步进一步的，在尚不曾进一步的当儿，不能够觉察现在一步的未能真切。关于意蕴的一点，那是眼前能多用一些功夫就可避免毛病的。曾见有人用"聊寞"二字，他以为"无聊"和"寂寞"意义相近，拼合起来大概也就是这么一类的意义，不知这是使人不解的。其实他如果翻检过字典辞书，明白了"无聊"和"寂寞"的意蕴就不至写下这新铸而不通的"聊寞"来了。所以勤于翻检字典辞书，可使我们觉察哪些"词"在我们的文章里是适合的而哪些是不适合的。他人的文章也足供我们比照。在同样情形之下，他人为什么使用这个"词"不使用那个"词"呢？这样问，自会找出所以然，同时也就可以判定我们自己所使用的适合或否了。还有个消极的办法，凡意蕴和用法尚不能确切了知的"词"，宁可避而不用。不论什么事情，在审慎中间往往避去了不少的毛病。

其次，我们对自己的文章还要问，组织的"语句"和"篇章"都调顺了么？我们略习过一点文法，就知道在语言文字中间表示关系神情等，是"介词""连词""助词"等的重要职务。这些"词"使用得不称其职，大则会违反所要表达的意思情感，或者竟什么也不曾表达出来，只在白纸上涂了些黑字；小也使一篇文章琐碎涩拗，不得完整。从前讲作文，最要紧"虚字"用得通，这确不错；所谓"虚字"就是上面说的几类"词"。我们要明白它们的用法，要自己检查使用它们得当与否，当然依靠文法。文法能告诉我们这一切的所以然。我们还得留意我们每天每时的说话。说话是不留痕迹在纸面的文章。发声成语，声尽语即消逝，如其不经训练，没养成正确的习惯，随时会发生错误。听人家演说，往往"那么，那么""这个，这个"特别听见得多，颇觉刺耳。仔细考察，这些大半是不得当的，不该用的。只因口说不妨重复说，先说的错了再说个不错的，又有人身的姿态作帮助，所以仍能使听的人了解。不过错误终究是错误。说话常带错误，影响到作文，可以写得教人莫名所以。蹩脚的测字先生给人代写的信便是个适宜的例子；一样也是"然而""所以"地写满在信笺上，可是你只能当它神签一般猜详，却不能确切断定它说的什么。说话常能正确，那就是对于文法所告诉我们的所以然不单是知，并且有了遵而行之的习惯。仅靠文法上的知是呆板的，临到作文，逐处按照，求其不错，结果不过不错而已。遵行文法成为说话的习惯，那时候，怎么恰当地使用一些"虚字"，使一篇文章刚好表达出我们的意思情感，几乎如灵感自来，不假思索。从前教人作文，别的不讲，只教把若干篇文章读得烂熟。我们且不问其他，这读得烂熟的办法并不能算坏。读熟就是要把一些成例化为习惯。现在我们写的是"今话文"，假若说话不养成正确的习惯，虽讲求文法，也难收十分的效果。一方讲求文法，了知所以然，同时把了知的化为说话的习惯，平时说话总不与之相违背，这才于作文上大有帮助。我们写成一篇文章，只消把它诵读几遍，有不调顺的所在自然会发现，而且知道应该怎样去修改了。

"词"适合了，"篇章"调顺了，那就可以无愧地说，我们的文章"通"了。

这里说的"通"与"不通"，专就文字而言，是假定内面的思想情感没有什么毛病了的。其实思想情感方面的毛病尤其要避免。曾见小学生的练习簿，说到鸦片，便是"中国的不强皆由于鸦片"，说到赌博，便是"中国的不强皆由于赌博"。中国不强的缘由这样简单么？中国不强果真"皆由"所论到的一件事物么？这样一反省，便将自觉意思上有了毛病。要避免这样的毛病在于整个的生活内容的充实，所以本篇里说不到。

"好" 与 "不好"①

提笔作文，如果存心这将是"天地间之至文"，或者将取得"文学家"的荣誉，就未免犯了虚夸的毛病。"天地间之至文"历来就有限得很，而且须经时间的淘汰才会被评定下来。岂是写作者动笔的时候自己可以判定的？"文学家"呢，依严格说，也并不是随便写一两篇文章可以取得的——只有不注重批评的社会里才到处可以遇见"文学家"，这样的"文学家"等于能作文完篇的人而已。并且，这些预期与写作这件事情有什么关系呢？存着这些预期，文章的本身不会便增高了若干的价值。所以"至文"呀，"文学家"呀，简直不用去想。临到作文，一心一意作文就是了。作文是我们生活里的一件事情。我们作其他事情总愿望作得很好，作文当然也不愿望平平而止。前此所说的"通"，只是作文最低度的条件。文而"不通"，犹如一件没制造完成的东西，拿不出去的。"通"了，这其间又可以分作两路：一是仅仅"通"而已，这像一件平常的东西，虽没毛病，却不出色；一是"通"而且"好"，这才像一件精美的物品，能引起观赏者的感兴，并给制作者以创造的喜悦。认真不肯苟且的人，写一篇文章必求它"通"，又望它能"好"，是极自然的心理。自己的力量能够做到的，假若不去做到，不是会感到像偷工减料一般的抱歉心情么？

怎样才能使文章"好"呢？或者怎样是"不好"的文章呢？我不想举那些玄虚的字眼如"超妙""浑厚"等等来说，因为那些字眼同时可以拟想得很多，拿来讲得天花乱坠，结果把握不定它们的真切意义。我只想提出两点，说一篇文章里如果具有这两点，大概是可以称为"好"的了；不具有呢，那便是"不好"。这两点是"诚实"与"精密"。

---

① 原载中学生杂志社编的《写作的健康与疾病》。

　　在写作上，"诚实"是"有什么说什么"，或者是"内面怎样想怎样感，笔下便怎样写"。这个解释虽浅显，对于写作者却有一种深切的要求，就是文字须与写作者的思想、性情、环境等一致。杜甫的感慨悲凉的诗是"好"的，陶渊明的闲适自足的诗是"好"的，正因为他们所作各与他们的思想、性情、环境等一致，具有充分的"诚实"。记得十五六岁的时候，有一个同学死了，动手作挽文。这是难得遇到的题目。不知怎样写滑了手，竟写下了"恨不与君同死"这样意思的句子来。父亲看过，抬一抬眼镜问道："你真这样想么？"哪里是真？不过从一般哀挽文字里看到这样的意思，随便取来填充篇幅罢了。这些句子如果用词适合，造语调顺，不能说"不通"。然而"不好"是无疑的，因为内面并非真有这样的情感，而纸面却这样说，这就缺少了"诚实"。我又想到有一些青年写的文章。"人生没有意义"啊，"空虚包围着我的全身"啊，在写下这些语句的时候，未尝不自以为直抒胸臆。但是试进一步自问：什么是"人生"？什么是"有意义"？什么是"空虚"？不将踌躇疑虑，难以作答么？然而他们已经那么写下来了。这其间"诚实"的程度很低，未必"不通"而难免于"不好"。

　　也有人说，文章的"好""不好"，只消从它的本身评论，不必问写作者的"诚实"与否；换一句说，就是写作者无妨"不诚实"地写作，只要写来得法，同样可以承认他所写是"好"的文章。这也不是没有理由。古人是去得遥遥了，传记又多简略，且未能尽信；便是并世的人，我们又怎能尽知他们的心情身世于先，然后去读他们的文章呢？我们当然是就文论文；以为"好"，以为"不好"，全凭着我们的批评知识与鉴赏能力。可是要注意，这样的说法是从阅读者的观点说的。如果转到写作者的观点，并不能因为有这样的说法就宽恕自己，说写作无需乎一定要"诚实"。这其间的因由很明显，只要这样一想就可了。我们作文，即使不想给别人看，也总是出于这样的要求：自己有这么一个意思情感，觉得非把它铸成个定型不可，否则便会爽然若失，心里不舒服。这样提笔作文，当然要"诚实"地按照内面的意思情感来写才行。假若虚矫地搀入些旁的东西，写成的便不是原来那意思情感的定型，岂非仍然会爽然若失么？再讲到另一些文章，我们写来预备日后自己复按，或是给别人看的。如或容许"不诚实"的成分在里边，便是欺己欺人，那内心的愧疚将永远是洗刷不去的。爽然若失同内心愧疚纵使丢开不说，还有一点很使我们感觉无聊的，便是"不诚实"的文章难以写得"好"。我们不论做什么事情，发于自己的，切近于自己的，容易做得"好"；虚构悬揣，往往劳而少功。我们愿望文字写得"好"，而离开了自己的思想、性情、环境等，却向毫无根据和把握的方面乱写，怎能够达到我们的愿望呢？

到这里，或许有人要这样问：上面所说，专论自己发抒的文章是不错的，"不诚实"便违反发抒的本意，而且难以写得"好"；但是自己发抒的文章以外还有从旁描叙的一类，如有些小说写强盗和妓女的，若依上说，便须由强盗妓女自己动手才写得"好"，为什么实际上并不然呢？回答并不难。从旁描叙的文章少不了观察的功夫，观察得周至时，已把外面的一切收纳到我们内面。然后写出来，这是另一意义的"诚实"；同样可以写成"好"的文章。若不先观察，却要写从旁描叙的文章，就只好全凭冥想来应付，这是另一意义的"不诚实"。这样写成的文章，仅是缺乏亲切之感这一点，阅读者便将一致评为"不好"了。

所以，自己发抒的文字以与自己的思想、性情、环境等一致为"诚实"，从旁描叙的文章以观察得周至为"诚实"。

其次说到"精密"。"精密"的反面是粗疏平常。同样是"通"的文章，却有"精密"和粗疏平常的分别。写一封信给朋友，约他明天一同往图书馆看书，如果把这意思写了，用词造句又没毛病，不能不说这是一封"通"的信，但"好"是无法加上去的，因为它只是平常。或者作一篇游记，叙述到某地方去的经历，如果把所到的各地列举了，所见的风俗、人情也记上了，用词造句又没毛病，不能不说这是一篇"通"的游记，但"好"与否尚未能断定，因为它或许粗疏。文字里要有由写作者深至地发现出的、亲切地感受到的意思情感，而写出时又能不漏失它们的本真，这才当得起"精密"二字，同时这便是"好"的文章。有些人写到春景，总是说"桃红柳绿，水碧山青"，无聊的报馆访员写到集会，总是说"有某人某人演说，阐发无遗，听者动容"。单想敷衍完篇，这样地写固是个办法；若想写成"好"的文章，那是无论如何做不到的。必须走向"精密"的路，文章才会见得"好"。譬如柳宗元《小石潭记》写鱼的几句："潭中鱼可百许头，皆若空游无所依。日光下澈，影布石上，怡然不动，俶尔远逝，往来翕忽，似与游者相乐。"是他细玩潭中的鱼，看了它们动定的情态，然后写下来的。大家称赞这几句是"好"文字。何以"好"呢？因为能传潭鱼的神。而所以能传神，就在乎"精密"。

不独全篇整段，便是用一个字也有"精密"与否的分别。文学家往往教人家发现那唯一适当的字用入文章里。说"唯一"固未免言之过甚，带一点文学家的矜夸；但同样可"通"的几个字，若选定那"精密"的一个，文章便觉更好，这是确然无疑的。以前曾论过陶渊明《和刘柴桑》诗里"良辰入奇怀"的"入"字，正可抄在这里，以代申说。

这个"入"字下得突兀。但是仔细体味，却下得非常好。——除开"入"换个什么字好呢？"良辰感奇怀"吧，太浅显太平常了；"良辰动奇怀"吧，也不见得高明了多少。而且用"感"字用"动"字固然也是说出"良辰"同"奇怀"的关系，可是不及用"入"字来得圆融，来得深至。所谓"良辰"包举外界景物而言，如山的苍翠，水的潺湲，晴空的晶耀，田畴的欣荣，飞鸟的鸣叫，游鱼的往来，都在里头；换个说法，这就是"美景"，"良辰美景"本来是连在一起的。不过这"良辰美景"，它自己是冥无所知的：它固不曾自谦道"在下蹩脚得很，丑陋得很"，却也不曾一声声勾引人们说"此地有良辰美景，你们切莫错过"。所以有许多人对于它简直没有动一点心：山苍翠吧，水潺湲吧，苍翠你的，潺湲你的，我自耕我的田，钓我的鱼，走我的路，或者打我的算盘。试问，如果世人全属此辈，"良辰美景"还在什么地方？不过，全属此辈是没有的事，自然会有些人给苍翠的山色、潺湲的水声移了情的。说到移情，真是个不易描摹的境界。勉强述说，仿佛那个东西迎我而来，倾注入我心中，又仿佛我迎那个东西而去，倾注入它的底里；我与它之外不复有旁的了。而且浑忘了我与它了：这样的时候，似乎可以说我给那个东西移了情。山也移情，水也移情，晴空也移情，田畴也移情，游鱼也移情，一切景物融和成一整个而移我们的情时，我们就不禁脱口而出："好个良辰美景呵！"这"良辰美景"，在有些人原是视若无睹的；而另有些人竟至于移情，真是"嗜好与人异酸咸"，这种襟怀所以叫作"奇怀"。到这里，"良辰"同"奇怀"的关系已很了然。"良辰"不自"良"，"良"于人之襟怀；寻常的襟怀未必能发现"良辰"，这须得是"奇怀"；中间缀一个"入"字，于是这些意思都含蓄在里头了。如其用"感"字或者"动"字，除开不曾把"良辰"所以成立之故表达外，还有把"良辰"同"奇怀"分隔成离立的两个之嫌。这就成一是感动者，一是被感动者；虽也是个诗的意境，但多少总有点索然。现在用的是"入"字。

看字面，"良辰"是活泼泼地流溢于"奇怀"了。翻过来，不就是"奇怀"沉浸在"良辰"之中么？这样，又不就是浑泯"辰"与"怀"的一种超妙的境界么？所以前面说用"入"字来得圆融而深至。

从这一段话看，"良辰入奇怀"的所以"好"，在乎用字的"精密"。文章里凡能这般"精密"地用字的地方，常常是很"好"的地方。

要求"诚实"地发抒自己，是生活习惯里的事情，不仅限于作文一端。要求"诚实"地观察外物，"精密"地表出情意，也不是临作文时"抱佛脚"可以济事的。我们要求整个生活的充实，虽不为着预备作文，但"诚实"的"精密"的"好"文章必导源于充实的生活，那是无疑的。

"上口"与"入耳"

《文字改革》今年第三期登了吕叔湘先生的一篇文章，题目叫《拼音字母和文风》。吕先生说"文章的风格跟所用的文字的形式密切相关"。他拿两段文章做例子，一段文章用汉字写用拼音字母写都成，另一段文章如果不用汉字而用拼音字母写，"可能有些读者对于里边的某些词语始终弄不明白是怎么回事"。

吕先生的看法我完全赞同。我很早就这么想，假如使用拼音文字，文章的风格必然要有所改变，决不能完全照现在的样子。现在的文章是依靠汉字的，放弃汉字，改用拼音，如果原封不动，把一个个汉字拼出来，作者自己准不会满意。那时候作者一定想到一个问题，像这样的拼音文字的文章，能使读者完全看懂，不感觉一点障碍，不发生一点误会吗？回答的话就跟在后头，未必能使读者完全看懂吧。未必能使读者完全看懂的文章，认真负责的作者怎么会满意呢？于是知道改用拼音不仅是把汉字改成拼音文字的事，更重要的是文章的风格也得改。

说现在的文章依靠汉字，就是说，咱们看了一连串的汉字，只要认得字形，了解字义，就能领会全篇的意义。这一连串的汉字组织起来，固然按照汉语的规律，可是不很顾到"上口"和"入耳"两个条件，换句话说，不很顾到便于说和听。这是很自然的事，并非作者存心贪懒。有汉字摆在那里，只要看就是了，说起来拗口不拗口，听起来陌生不陌生，似乎都不关重要。

使用拼音文字，情形就不同了。拼音文字当然也有定形，也是某个定形表示某个意义。但是就整篇文章说，必须充分顾到"上口"和"入耳"两个条件，说起来挺顺当，听起来不含糊，才能使读者完全懂。拼音文字的文章着重依靠声音，所以要禁得起说和听的考验。写拼音文字的文章，只要顾到这一点，风格自然不能跟用汉字写的文章完全一样。

以下另外说一点意思。

现在咱们写文章用汉字，不用拼音文字，是不是也该充分顾到"上口"和"入耳"两个条件，也该要求禁得起说和听的考验呢？我想是应该的，因为情势已经发展到这样地步，文章不光是用眼睛看看就算，需要放到嘴上去说，用耳朵来听的场合太多了。

读报小组，读书小组，大会发言，广播，朗诵，诸如此类的场合，不都是由一个人或者几个人拿现成的文章放到嘴上去说，此外多数人就用耳朵来听吗？说出来的只是一连串声音，听到的就是这一连串声音，汉字不再起媒介的作用。这时候，听的人能否完全听懂，要看说的人能否尽量说好，更要看拿来说的文章能否尽量写好。要是文章不很顾到"上口"这个条件，说起来即使格外努力，多方注意，想把它说好，也不能使听的人句句"入耳"，完全听懂。这样的经验，做广播员的，当朗诵者的，印象最深刻。咱们在收音机旁边，在小组或者大会的会场里，静心细听，也常常会感觉文章确实要顾到"上口"和"入耳"，才能充分地起交流思想的作用。

"上口"是就说的方面说，"入耳"是就听的方面说，其实是一回事。"上口"的文章必然"入耳"，反过来，不怎么"入耳"的文章就因为它不怎么"上口"。既然文章应用在说和听的场合越来越广，写文章就有顾到"上口"和"入耳"的必要。关键在乎"上口"，前边已经说过，"上口"的文章必然"入耳"。

文章当然要加工，但是要在平常说话习惯的基础上加工，做到比平常说话更好。无论斟酌用修辞手段或者描写技巧，考虑用简练的短句还是繁复的长句，准备用文言词语或者如吕先生所说的"发掘口语潜力"，总之抓紧一点：是不是合乎平常说话习惯。平常有这么说的，习惯这么说的，并不是生撰生造，才决定用上，否则一概不用。真能做到这一点，写成的文章就禁得起说和听的考验，说起来"上口"，听起来"入耳"。有些文章禁不起这个考验，多半由于只照顾到内容，可是疏忽了平常说话习惯。或者也注意了加工，可是疏忽了要在平常说话习惯的基础上加工。

现在咱们写文章用汉字，是不是可以拿汉字当拼音文字看待呢？当然可以。拼音文字表音，汉字也表音。只要设想改用拼音文字的时候文章该怎么写就怎么写，不就可以用汉字而避免依靠汉字的弊病，形成便于说和听的新风格了吗？这个话说说容易，实践起来并不简单。但是我相信，为了使文章充分地起交流思想的作用，凡是执笔的人，作者，记者，编辑员，一切文件的撰稿者，都愿意朝这个方向努力。

准确·鲜明·生动

写东西全都有所为，要把所为的列举出来，那是举不尽的。总的说来，所为的有两项，一项是有什么要通知别人，一项是有什么要影响别人。假如什么也没有，就不会有写东西这回事。假如有了什么而不想通知别人或者影响别人，也不会有写东西这回事。写日记和读书笔记跟别人无关，算是例外，不过也可以这样说，那是为了通知将来的自己。

通知别人，就是把我所知道的告诉别人，让别人也知道。影响别人，就是把我所相信的告诉别人，让别人受到感染，发生信心，引起行动。无论是要通知别人还是要影响别人，只要咱们肯定写些什么总要有益于社会主义之世，就可以推知所写的必须是真话、实话，不能是假话、空话。假话、空话对别人毫无好处，怎么可以拿来通知别人呢？假话、空话对别人发生坏影响，那更糟了，怎么可以给别人坏影响呢？这样想，自然会坚决地作出判断，非写真话、实话不可。

真话、实话不仅要求心里怎样想就怎样说，怎样写。譬如不切合实际的认识，不解决问题的论断，这样那样的糊涂思想，我心里的确是这样想的，就照样说出来或者写下来，这是真话、实话吗？不是。真话、实话还要求有个客观的标准，就是准确性。无论心里怎样想，必须所想的是具有准确性的，照样说出来或者写下来才是真话、实话。不准确，怎么会"真"和"实"呢？"真"和"实"是注定跟准确连在一起的。

立场和观点正确的，一步一步推断下来像算式那样的，切合事物的实际的，足以解决问题的，诸如此类的话就是具有准确性的，就是名实相符的真话、实话。

准确性这个标准极重要。发言吐语，著书立说，都需要用这个标准来衡量。具有准确性的话才是真话、实话，才值得拿来通知别人，才可以拿来影响别人。

除了必须具有准确性而外，还要努力做到所写的东西具有鲜明性和生动性。

鲜明性的反面是晦涩、含糊。生动性的反面是呆板、滞钝。要求鲜明性和生动性，就是要求不晦涩，不含糊，不呆板，不滞钝。这好像只是修辞方面的事，其实跟思想认识有关联。总因为思想认识有欠深入处，欠透彻处，表达出来才会晦涩、含糊。总因为思想认识还不能像活水那样自然流动，表达出来才会呆板、滞钝。这样说来，鲜明性、生动性跟正确性分不开。所写的东西如果具有充分的准确性，也就具有鲜明性、生动性了。具有鲜明性、生动性，可是准确性很差，那样的情形是不能想象的。在准确性之外还要提出鲜明性和生动性，为的是给充分的准确性提供保证。

再就是为通知别人或者影响别人着想。如果写得晦涩、含糊，别人就不能完全了解我的意思，甚至会把我的意思了解错。如果写得呆板、滞钝，别人读下去只觉得厌倦，不发生兴趣，那就说不上受到感染，发生信心，引起行动。这就可见要达到通知别人或者影响别人的目的，鲜明性和生动性也是必不可少的。

文体篇◎

第一讲　文章面面观

　　文章是记载世间事物、事理和抒述作者意思、情感的东西。每一篇文章有着内容与形式的两方面，某篇文章记载着什么事物、事理或抒述着什么意思、情感，那事物是什么样子，事理是否真确，意思是否正当，情感是否真挚，又，那些事物、事理或意思、情感对于世间有什么关系，对于我们有什么益处：诸如此类是内容上的探究。同是记载事物、事理或抒述意思、情感，在文章上有多少方式，怎样说起，怎样接说下去，什么地方说得简单，什么地方说得繁复，到末了又怎样收场，以及怎样用词，怎样造句，怎样分段落，怎样定题目，加标点：诸如此类是形式上的探究。

　　每读一篇文章该作内容的与形式的两种探究。文章的内容包括世间一切，它的来源是实际的生活经验，不但在文章上。至于文章的形式纯是语言、文字的普通法式，除日常的言语以外，最便利的探究材料就是所读的文章。

　　中学里国文科的目的，说起来很多，可是最重要的目的只有两个，就是阅读的学习和写作的学习。这两种学习，彼此的关系很密切。都非从形式的探究着手不可。

　　从古到今，文章不知有多少，读也读不尽这许多。取少数的文章来精读，学得文章学上的一切，这才是经济的办法。你读一篇文章的时候，除内容的领受以外，有许多形式上的项目应当留意；对于各个项目能够逐一留意到，结果就会得到文章学的各部门的知识。

　　一、这篇文章属于哪一类？和哪一篇性质相似或互异？这类文章有什么特性和共通式样？（文章的体制）

　　二、文章里用着的词类，有否你所未见的或和你所知道的某词大同小异的？（语汇的搜集）

　　三、文章里词和词或句和句的结合方式有否特别的地方？你能否一一辨

认，并且说出所以然的缘故？（文法）

四、文章里对于某一个意思用着怎样的说法？那种说法有什么效力？和别种说法又有什么不同？（修辞）

五、文章里有什么好的部分？好在哪一点？有什么坏的部分？坏在哪一点？（鉴赏与批评）

六、这篇文章和别人所写的同类的东西有什么不同？你读了起什么感觉？（风格）

七、从开端到结尾有什么脉络可寻？有否前后相关联的部分？哪一部分是主干？哪些部分是旁枝？（章法布局）

别的项目当然还有，以上所举的是最重要的几个，每个项目代表文章的探究的一个方面。能从多方面切实留意，才会得到文章上的真实知识，有益于阅读和写作。

第二讲　文言体和语体（一）

　　现在我国的文章有文言体和语体两种。小学里读的都是语体文，一到中学校，就要兼读文言体的文章了。

　　文章本是代替言语的东西，凡是文章，应该就是言语，不过不用声音说出来而用文字写出来罢了；言语以外决不会另有文章。所谓文言，其实就是古代的言语。

　　言语是会变迁的。古代的人依了当时的言语写成文章，留传下来，后代的人依样模仿，不管言语的变迁不变迁；于是言语自言语，文章自文章，明明是后代人，写文章的时候偏不依当时的言语，定要依古人的言语才算合式。因而就有了文言体。这情形各国从前也曾有过，不但我国如此。

　　我国现在行用语体文了，但年数还不长久，从前传下来的书籍都是用文言体写的，社会上有一部分的文章也还沿用着文言体。所以，我们自己尽可以不再写文言体的文章，但为了要阅读一般书籍和其他用文言体写的文章，仍非知道文言体不可。

　　文言体和语体的划分，越到近代越严密，这显然和科举的考试制度有关。古人所写的文章时时流露着当时言语的分子，近代的文章，只要是与科举考试无关的，也常常可以在文言里看出言语的成分来。文言体、语体混合的文章，自古就很多。

　　举一个例说，曲剧里的词曲大都是文言体，而说白却大都是语体，白话的"白"字就是从这里来的。这显然是文言体和语体混合的明证。此外如演义体的小说，如宋元以来的语录，如寻常家书等类的文章，里边都保存着许多言语的原样子。

　　这文言体和语体的混合，可以看作从文言体改革到语体的桥梁。

第三讲　文言体和语体（二）

假如这里有两篇写同一事情的文章，一篇是用语体写的，一篇是用文言体写的，把这两篇文章一句句一字字地对照了看，就容易看出语体和文言体的区别来。

语体和文言体的区别在哪里？不消说在词的用法和句子的构造上。从文言体到语体，词的用法的变迁有下面的几条路径。

一、由简单而繁复。有许多一个字的词，文言体里常常单独用的，语体里却要配上一个字成为两个字的词才用。例如"衣"字，在文言体里可以单用；语体里就要加上一个字，成为"衣服""衣裳"或"衣着"才明白。一个"道"字，在文言体里常常单用的，有时作"道德"解，有时作"道理"解，又有时作"道路"解；语体里就不能这样含糊，道德是"道德"，道理是"道理"，道路是"道路"，要分得清清楚楚。语体用字比文言体繁多些，字所表达的意义比文言体明确些。

二、由繁复而简单。有一些字，在文言体里原有好几种解释，一到了语体里，解释就比较简单起来。例如一个"修"字有许多解释，其中有一个是"高长"；可是语体里只在"修理""修饰"等意思上用到"修"字，"高长"的一部分意思是被除去了。又如"戾"字的解释，有一个是"到"和"及"的意思；语体里的"戾"字，这个解释也没有了。可见同样一个字，在解释上，语体比较文言体简单些。还有，文言体里的代名词是很繁复的，在语体里却很简单。语体里只是一个"我"字，在文言体里就有"吾""我""余""予"等字；语体里只是一个"你"字，在文言体里就有"尔""汝""子""若""而""乃"这许多；文言体里的"是""此""斯""兹"一串的指示代名词，在语体里只须用一个"这个"或"这"就够了。可见在词的范围上，语体比文言体也简单得多。

三、由古语到今语。文言体里所用的词有许多是语体里绝对不用的，这由于古今言语的根本两样。例如文言体里的"曰"，语体里改用"说"了；文言体里的"矣"，语体里改用"了"了。此外，文言体里还有一类的词，如作小马解的"驹"，作小牛解的"犊"，在语体里决不会用到，因为我们日常言语上早已不用这两个词，要么说"牛犊""马驹"，或者爽脆地说"小马""小牛"了。

句的构造的不同，当然有许多方式，最显著的是成分的颠倒。"有这个"在文言体是"有之"，"不曾有这个"却是"未之有也"；"你回上海"是"子归上海"，"你回哪里去"却是"子安归"。这种成分颠倒的例子是常见的，都和代名词的用法有关系。

第四讲　作者意见的有无

　　凡是文章，都是从作者的笔下写出来的，作者在自己的经验范围以内，对于一事、一物或一理、一情，有话要告诉大家，这才写出文章来代替言语。这样说来，文章里所写的当然都是作者的话了。

　　可是实际上，我们的说话之中，有许多话是自己说的。有许多话并不是自己说的。例如说："昨晚十二时光景，东街一家木作店起火，延烧了许多房了，到天明才熄。据某人说，损失合计在五万元以上。"又如说："我家有一幅新罗山人的画，画着几株垂柳，柳岸近处泊着一只渔船，一个老渔夫曲着身子睡在船梢，神情安闲得很。"火烧的话是关于事的，一幅画的话是关于物的，这许多话，其实都只是一种报告，只要事、物是真确的，无论叫任何人来说都可得同样的结果。把这些写入文章里，表面上好像句句是作者在说话，但是作者只担任了据实报告的职务，并不曾说出什么属于自己的东西来。假如说："昨晚十二时光景东街一家木作店起火，延烧了许多房子，到天明才熄。据某人说，损失合计在五万元以上。本城消防设备不完全，真可担忧，我们应该大家起来妥筹保障安全的方法才好。""我家有一幅新罗山人的画，画着几株垂柳，柳岸近处泊着一只渔船，一个老渔夫曲着身子睡在船梢，神情安闲得很。近来有许多人都赞美西洋画，我却喜欢这样的中国画，中国画的价值全在诗趣，西洋画在诗趣上和中国画差得很远很远。"这里面就有作者自己的东西了。作者对于火烧，对于画，在报告以外还发表意见，这意见才是真正的作者的话，叫另一个人来说，未必就是这样。因为事物是同一的，而对于事物的意见人人可以不同的缘故。

　　在有些文章里，作者从开始到完结只是报告，自己不加意见，不说一句话。有些文章里，作者在报告以外还附加着意见，说着几句话。我们读文章的时候，要留心哪些是作者的报告，哪些是作者的意见，以及作者在文章里究竟有他自己的意见没有。

第五讲　文章的分类

　　文章究竟有多少种类，中外古今说法不一。最基本的分类法把文章分为两种。一种是作者自己不说话的文章；一种是作者自己说话的文章。前者普通叫做记叙文；后者普通叫做论说文。

　　记叙文的目的在把事物的形状或变化写出来传给大家看，叫大家看了文章，犹如亲身经验到的一样。作者用不着表示意见，只须站在旁观的地位，把那事物的形状或变化的所有情形报告明白就好了。

　　论说文是作者对于事物的评论或对于事理的说明，目的在叫大家信服，理解。作者在报告事物的情形以外，还要附带说述自己的意见。

　　如果再分得细些，从这两种里把"记"和"叙"、"说"和"论"分开，就成四种：

　　一、记叙文——记事物的形状、光景。

　　二、叙述文——叙事物的变化经过。

　　三、说明文——说明事物和事理。

　　四、议论文——评论事物，发表主张。

　　这种分类都不过是大概的说法，指明文章有这几种性质而已。实际上一篇普通的文章往往含有两种以上的性质，或者在记述之外兼有叙述、说明的分子，或者在叙述之外兼有记述、议论的分子，全篇纯是一种性质的文章不能说没有，可是很少见。例如我们听了演说，提起笔来写道："演说台上摆着一张小桌子，桌子上摊着雪白的布，左边陈设个花瓶，满插着草花。右边是水壶和杯子。讲演者×××先生年纪在五十左右，中等身材，眉毛浓浓的，看去似乎是一个饱经世故的人。"这是写事物的形状和光景的，属于记述文。接着说："他先在黑板上写了'中国青年的责任'几个字，就开口演说，从世界大势讲到中国目前的危机，又讲到别国困难时的青年界以及中国青年界的现状，末了归结到青年与国家的关系……"这是叙事物的变动的，属于叙述文。再接下去，如果说："这场演说很警策，论到我国青年界的现状这一段尤其痛切，我听了非常感动……"这是议论文。如果再说一点所以感动的理由，那就是说明文了。

每篇文章的性质虽然难得全体一致，但各部分究竟逃不出上面所讲的四种或两种的范围。哪一种成分较多，就属于哪一种。我们平常所谓记述文或叙述文，就是记叙成分较多的文章，所谓说明文或议论文，就是论说成分较多的文章。

第六讲　应用文

　　文章的种类，除了上面所讲过的分为四种（或两种）以外，如果用另外的标准，又可以分为普通文和应用文两种。

　　除了学生在学校里练习的写作以外，凡是文章，都是作者感到有写出的必要才写成的。作者对于一种事物或事理觉得有话要向大家说，而且觉得非说不可，这才提起笔来写文章。在这意义上，可以说一切文章都是应用的，世间断不会有毫无目的漫然写文章的作者。

　　可是另有一种文章是专门应付生活上当前的事务的，写作的情形和普通的文章不同。作者写普通的文章，或者想报告自己的经验，或者想抒述自己的心情，或者想发表自己的意见，原都是有用的，不过究竟要写或不写全是作者的自由，作者面前并没有事务来逼迫着他，使他非应付不可。

　　我们在实际生活中，为了事务的逼迫而写作文章的时候很多，文人以外的一般人，毕生写作的差不多全是应付事务的文章。我们有事情要向不在眼前的朋友接洽，就得写书信；向别人赁房屋或田地，就得写租契；和别人有法律交涉，就得做状子；和别人合作一桩事业，就得订议约或合同；此外如官吏的批公文，草法规，工商界的写单据，做广告，都是应付当前事务的工作，并非自己有意要写文章，然而不得不写。这种文章特别叫做应用文。对于应用文而言，其余的文章都叫做普通文。

　　应用文的目的在应付实际事务，有的属于交际方面，有的属于社会约束方面，和我们的实际生活关系很密切，所以都有一定的形式。我们写普通文，不论是记述文、叙述文或是说明文、议论文，都可自由说话，不受刻板的形式的限制；唯有写应用文不能不遵守形式，否则就不合适。普通文以一般的读者为对手，内容比较广泛，所以写作起来比较自由。应用文的对手往往是特定的某一个人或若干人，而内容又多牵涉到实际生活上的事务，写作起来须顾虑到社交上、法律上、经济上的种种关系，所以限制就严密了。

第七讲　书信的体式

应用文中最普通的是书信，别种应用文也许有人可以不写，至于书信，几乎任何人非写不可。有人说："现代的厨子，书信来往比古代的大臣要多。"在现代生活中，我们差不多每天要写书信，书信的繁忙是现代生活的特征之一。

书信的目的在接洽事务，写书信给别人，情形和登门访问面谈要事一样。因此，登门访问时的谈话态度，就可适用于书信。

书信的构造通常可分为三部分：第一部分叫做"前文"，内容是寻常的招呼和寒暄；第二部分是事务，这是书信的最主要的部分；第三部分仍是寒暄和招呼，叫做"后文"。

这三部分的组织是很自然的。我们写书信给别人，目的原为接洽事务，但是不能开端就突然提出事务，事务接洽完毕以后，也不能突然截止，不再讲些别的话。这只要看访问时的谈话情形就可以明白。假如我们想向朋友借书，到他家里去找他谈话，见到的时候，决不能突然说"把×书借给我"；如果是彼此好久不曾看见了，自然会说："××兄，久不见了，你好！"如果是昨天才见过的，就会说："××兄，听说你已入××大学了，功课忙吗？"这些话就相当于前文。以后才谈到借书的事情上去。那位朋友答应借书了，我们也不会拿了书就走。总得说几句话。"今天来吵你，对不起"，"这本书我借去，过几天亲自来奉还"，"那么我把书拿去了，再会"，这就是"后文"了。

前文与后文的繁简，因对手的亲疏而不同。从前的书信，往往有前文、后文，很郑重累赘，看了一张八行信笺还不知信中的要事是什么的；近来却流行简单的了。但无论如何简单，一封书信中，三部分的组织是仍旧存在的。

第八讲　书信与礼仪

凡是文章，都假想有读者的，写作的态度和方法因读者的不同而变换。说话也是这样，同是一场演说，对中学生讲和对社会大众讲，内容尽可不变，可是用辞的深浅，引例的难易以及口吻、神情等等都该不一样才对。

书信的读者是限定的特殊的个人，作者自己和这个人的关系，写作的时候须加以注意。写给老朋友的信和写给未曾见面的陌生人的信应该不同，写给长辈的信和写给平辈或下辈的信也应该不同。言语上的一切交际礼仪，在书信中差不多完全适用。

从一方面说，书信比言语更要注意礼仪。因为我们当面对人说话的时候，除了声音以外，还有举动、神情、态度等等帮助。学生拿了书本对先生说："给我解答一个问题!"这明明是命令口气，但那学生如果是鞠着躬用着请求的态度说的，先生听了决不会动气。在书信里就不然了，书信是用文字写成的，除了文字以外没有举动、神情、态度等等帮助，一不小心就失了礼仪，使读者不快。所以"给我解答这个问题"这一句话，在书信里非改作"请给我解答这个问题"不可。历来书信多用敬语，原因就在这上面。

书信里的称呼向来是很复杂的。称对手的有"仁兄大人""阁下""足下""执事""台端""左右"等等，自称的有"愚弟""鄙人""不佞"等等。现在改得简单了，除彼此有特殊称呼的（如母舅和外甥、表兄和表弟、叔叔伯伯和侄等）以外，一般的尊称是"先生"，知友称"兄"，自称是"鄙人"或"弟"。"我"字向来是不常用的，现在不妨用了。"你"字有"你""您"两个，称同辈以上该用"您"，称同辈以下不妨用"你"。

书信通常用请安问好作结，署名下常用"顿首""敬启""拜启""敬上"等字样。这种敬语，在最初也许是表示真实的情意的，流传下来，成了习惯，就是一种礼仪的虚伪了。在可能的范围内，这等地方应该力求简单合理。

　　书信在文章以外，还有许多事项应该注意，如书写的行款、信笺的折法、信封的写法以及邮票的粘贴方位等等都是。这些事项大概可以依从一般的习惯，而且与文章本身无关，所以这里不多说了。

第九讲　书信和诸文体

　　书信以应付当前的事务为目的，这所谓事务，范围很广。我们向书店卖书是事务，得写信；接受朋友的要求，解释书上的疑难也是事务，也得写信。到了某处，向父母报告行程是事务，得写信；把某处的地方情形、名胜大概和自己近来的感想报告给要好朋友知道，也是事务，也得写信。事务因各人的生活情形而不同。主妇的柴米琐屑和学者的研究讨论，同样是事务。事务的种类五花八门，书信的内容也就非常丰富了。

　　普通文章的种类，有记述、叙述、说明、议论四种（或记叙、论说二种），书信中各种都有。普通文是以一般人为读者的，指不出读者是谁；如果读者是一定的人（一人或二人以上）的时候，普通文也就成了书信了。

　　书信和普通文的区别，只在体式上，并不在内容上。书信可以是记叙文，也可以是叙述文，也可以是说明文或议论文。书信如果是写某一件东西或某地方的风景的，就是记述文；如果是述某一件事的经过的，就是叙述文；如果是说述某种理由或是自己对于某事的主张的，就是说明文或议论文。

　　有些书信只要把书信特有的头尾部分除掉，就是普通的文章，或是游记、地方调查记，或是学问上的说明，或是关于人生及国家大事的议论。古今流传名文，有许多本是书信，经后人删去头尾，或节取其中的一部分，就成普通文的形式。纯文艺作品如小说之类，用书信体写成的也很多。这就足见书信文范围的广泛和运用的便利了。

　　书信在应用文中是最基本的一种，也是内容最丰富的一种，它在应用文中和普通文最接近，而且包含着普通文的各种类。所以，书信是值得重视值得好好学习的。

第十讲　记述和叙述

作者自己不表示意见的文章叫做记叙文。再细加分析，可得记述文与叙述文两种。

我们对于外界事物有两种看法，一是从它的光景着眼，一是从它的变化着眼。对于某种事物，说述它的形状怎样，光景怎样，是记述；说述它的变迁怎样，经过情形怎样，是叙述。前者是空间的，静的；后者是时间的，动的。用比喻来说，记述文是静止的照片，叙述文是活动的电影。静止照片所表示的是事物一时的光景，电影所表示的是事物在许多时候中的经过情形。

我们写一个人，如果写他的面貌怎样，穿的是什么衣服，正在做什么事，周围有着什么东西，诸如此类，都关于那个人的一时的光景，是记述；如果写他幼年怎样，求学时代怎样，学校毕业以后先做什么事，后来改做什么事，诸如此类，都关于那个人的一生或某期间的变化，是叙述。我们写一处地方，如果写当时可见到的风景，是记述；如果把那地方历来的状况详细说述，古时叫什么名称，曾经出过多少名人，在某次变乱中遭到怎样的破坏，经过怎样的改革才成现在的样子，这就是叙述了。

前面曾以普通照片比记述，以活动电影比叙述。我们倘若不把那长长的活动电影片放到放映机上去，看起来就是许多张普通的照片。从此说来，叙述其实是许多记述的连续。我们出去游玩，经过某山某水，一一写记，就成一篇游记。这游记从全篇说，是写出游的经过情形的，是叙述；若把其中写某山或某水的一段抽出来说，是写某山或某水的一时的光景的，就是记述了。

记述和叙述的分别原是很明白的，这两种成分常常混合在一篇文章里，纯粹记述或纯粹叙述的文章，实际上并不多见。我们把记述分子较多的叫做记述文，叙述分子较多的叫做叙述文。有些人为简便计，不分记述、叙述，就概括地叫做记叙文。

第十一讲　记述的顺序

记述文是写事物的光景的，事物在空间的一切形状，就是记述文的材料。事物的材料原都摆在我们面前，并不隐藏，可是我们要收得事物的材料，却非注意观察不可。自然界的事物森罗万象，互相混和着，我们要写某事物，先得把某事物从森罗万象中提出来看；又，一件事物，内容性质无限，方面也很多，我们要写这件事物，须把它的纠纷错杂的状况归纳起来，分作几部分来表出。这些都是观察的工夫。

记述文可以说是作者对于某事物观察的结果。观察的顺序就是记述的顺序。

事物在空间，有许多是并无统属的位次，我们随便从哪一方看起从哪一方说起都可以的。例如我们记春日的风景，说"桃红柳绿"，记山水的特色，说"山高月小"，前者先说桃后说柳，后者先说山后说月；如果倒过来说"柳绿桃红""月小山高"，也没有什么不妥当。这因为桃和柳，山和月，在空间是平列的，其间并无统属的关系。

有许多事物是有统属关系的，我们观察的时候要从全体看起，顺次再看各部分，否则就看不明白，说不清楚。例如我们要写述一间房子，必须先写房子的名称、方位、形状等等，然后顺次写客室的陈设、卧室的布置，或厨房中的状况；要写述一株植物，必须先提出那植物的名称和全体的大概，高多少，看去像什么，然后再写干、枝、叶、花、果等等。如果写房子的时候，先写客室的陈设，写植物的时候，先写叶子的形状，或者东说一句，西说一句，毫无秩序，别人就不会明白了。

记述文里所写的是事物的光景，要想把事物的光景明白传出，有两个最重要的条件。一个是着眼在位次，把事物所包含的千头万绪的事项，依照了自然的顺序，分别述说。写植物的时候，把关于干、枝、叶、花、果的许多事项，各集在一处说，说花的地方不说干，说果的地方不说叶。一个是着眼在特点，把事物的重要的某部分详细述说，此外没甚特色的部分就只简略地带过。写房子的时候，如果那房子是学者的住宅，就应该注重书斋的记述，其余如客室、厨房之类不妨从略，因为这些处所并不是特色所在的缘故。在保持事物的自然顺序的范围以内，尽量删除那些无关特色的分子，事物的特色才能格外显出。

顺序不乱特色明显的，才是好的记述文。

第十二讲　叙述的顺序

　　叙述文所写的是事物的变化。同样写事物，记述文所写的是事物的光景、状态，叙述文所写的是事物的变迁、经过。如果用水来比喻，记述文是止水，叙述文是流水。

　　变化、变迁、经过都是关于时间的事，所以时间是叙述文的重要元素。我们叙一个人，说他幼年怎样，长大以后怎样，什么时候死去；叙一件事，说那事怎样开始，后来怎样，结局怎样：都离不开时间，离开了时间就无法叙述。

　　叙述文是事物在某时间中的经过的记录，时间的顺序，可以说就是叙述的顺序。我们写一天所做的事，必得从早晨写起，顺次写到午前、午后，再写到临睡为止；写旅行的情形，必得从起程写起，什么时候起程，先到什么地方，见到什么，次到什么地方，遇到什么事情，最后从什么地方回来。如果不依时间的顺序，只是颠颠倒倒地写，那就很不自然了。

　　普通的叙述文，依照时间的顺序来写，大致不会发生错误。时间这东西是无始无终，连续不断的，如果严密地说起来，任何一件细小的事情都和永远的过去、永远的将来有关。所以我们叙述一件事情，须用剪裁的功夫，从无限的时间中，切取与那件事情最有关系的一段，从那件事情开始的时候写起，写到那件事情完毕的时候为止。那前前后后的无大关系的时间，都可以不必放在眼里。

　　对于切取来的一段时间的各部分，也不必平等看待。我们叙述事物变化、经过，目的在于把特点传出。写一天所做的事，不必刻板地从刷牙齿、吃早饭写起，直到就眠为止，只要把他那天特有的事件叙述明白就够了。写一个人的生活，不必刻板地从他出生、上学写起，直到后来生病、死去为止，只要把那人一生最有特色的几点叙述明白就够了。无关特色的材料越少，特色越能显露出来。这情形和记述文一样，不过记述文是空间的，叙述文是时间的罢了。

第十三讲 记叙的题材

记叙和叙述都是以事物为题材的。一个人每天看到的就很多，听到或想到的更是不计其数，这许多事物是否都是记叙的题材？换句话说，选取题材该凭什么做标准？

文章本和言语一样，写文章给人看，等于对别人谈话。我们对别人谈话，如果老是说一些对手早已知道的东西或事情，那就毫无意义，听的人一定会厌倦起来。对久住在南京的人说中山陵的工程怎样，气象怎样，对同级的学友说学校里上课的情形怎样，都是没有意义的事。

平凡的人人皆知的事物，不能做记叙的题材，实际上，作者也决不会毫无意义地把任何平凡的事物来写成文章的。作者有兴致写某种事物，必然因为那事物值得写给大家看，能使读者感到新奇的意味的缘故。

事物的新奇的意味，可分两方面来说。一是事物本身的不平凡，如远地的景物、风俗，奇巧的制作，国家的大事故，英雄、名人的事迹，复杂的故事等等，这些当然值得写。一是事物本身是平凡的，但是作者对于这平凡的事物却发见了一种新的意味，这也值得写。从来记叙文的题材不外这两种。其实，除应用文以外，一切文章的题材也就是这两种。

本身不平凡的事物，实际不常有，普通人在一生中未必常能碰到。我们日常所经验的无非平凡的事物而已。可是平凡的事物含有无限的方面或内容，如果能好好观察，细细体会，随时可以发掘到新的意味，这新的意味就是文章的题材。从来会写文章的人，可以说，大概是能从平凡的事物里发见新的意味的人。陈旧的男女"恋爱"，人人皆知的"花"和"月"，不知被多少文人利用过，写成了多少好文章。

新的意味是记叙文的题材的生命。事物的新的意味，要观察、体会才能发见。所以观察、体会的修炼，是作记叙文的基本功夫。

第十四讲　材料的判别和取舍

　　记叙文的题材是作者认为有新的意味的事物，关于那事物的一切事项，当然都是文章的材料了。一件事物的事项，可以多至无限。所以，材料不愁没有，问题只在怎样判别，怎样取舍。

　　作者对于某事物自以为发见了某种新的意味了，要写成文章告诉大家，这所谓新的意味，大概可归纳为三种性质：一是某种新的知识，二是某种新的情味，三是某种新的教训。一篇文章之中有时可兼有两种以上的性质。总而言之，记叙文所给与读者的，无非是知识、情味、教训三种东西。如果把记述文和叙述文分开来说，那么记述文所给与读者的普通只有知识、情味两种，不能给与教训。叙述文却三种都有。

　　材料的判别和取舍，完全要看文章本身的意味如何。文章本身的意味就是决定材料的标准。同是写"月"，天文学书里所取的材料和诗歌里所取的材料不同。天文学书里的"月"是知识的，它怎样生成，经过什么变化，直径若干，形状怎样，光度怎样，怎样绕着地球运转，运转的速度若干等等是适当的材料。诗歌里的"月"是情味的，或者说它如"弓"，如"蛾眉"，或者把它当做人，"把酒问月"，说它在那里"窥人"，或者把它的"圆缺"来作离合悲欢的譬喻，所取的完全是和天文学里不同的材料。同是写岳飞，《宋史》和《精忠传》以及《少年丛书》，材料的性质及轻重也各各不同。《宋史》里写岳飞以历史的知识为主，教训、情味次之；《精忠传》里写岳飞以情味为主，教训、知识次之；《少年丛书》里写岳飞以教训为主，知识、情味次之。意味不同，材料的判别取舍也就不一样。知识上重要的材料，在教训或情味上也许并不重要，或竟是无用的东西；教训或情味上重要的材料，在知识上也许是不正确的或非科学的东西。

　　依了文章的意味，从题材所包含的事项里选取一群适宜的材料，这是第一步。第二步就得把意味再来分析，同是知识，方面有许多种，同是情味或教训，性质也并不单纯。要辨别得清清楚楚，然后从选好的一群材料里，精选出适切的材料来运用。材料本身有大有小，但写入文章里去，大的并非就是重要的，小的并非就是不重要的。仅只荆棘中的"铜驼"，可以表出国家的灭亡；仅只镜中的"白发"，可以表出衰老的光景。任何微小的事项，只要运用得适合，就会成为很重要的材料。

第十五讲　叙述的快慢

　　叙述文所写的是事物的变化、经过。一件事物先怎样，后来怎样，结果怎样，这里面有着一种流动。事物的变化、经过，是事物本身在时间上的流动，把这流动写记出来，就是叙述文。所以流动是叙述文的特性。

　　事物本身的流动有快有慢，原来不是等速度进行的。写入文章里面，因为要使事件的特色显出，就得把不必要的材料删去，在流动上更分出人为的快慢来。文章里叙述一件事物，往往各部分详略不同，只把力量用在最重要的一段经过上，其余的各段，有的只是一笔表过，但求保存着原因和结果的关系就算，有的竟全然略掉。假如用三千字来写一个人的传记，尽可以费去二千字以上的篇幅写他一生中的某一天，其余长长的几十年，只用几百字来点缀。用五千字来写一篇旅行记，假定所经过的地方有五处，也不必每处平均花一千字，对于重要的地方应该不惜篇幅，详细叙述，不重要的地方，不妨竭力减省字数。同样叙述事物的一段经过，详细地写，流动就慢了，简略地写，流动就快了。

　　快的叙述，便于报告事件进行的梗概；慢的叙述，便于表现事件进行时的状况。例如写一个人的病死，说"某人因用功过度，久患肺病，医药无效，于×日午后死在××病院里"。这是快的叙述。如果把其中的一段——假定是临死的一段来详写，病人苦痛的光景，家人绝望的神情，医生和看护妇的忙碌，以及那时候特有的病室里的空气，诸如此类，一一写述无遗，这就是慢的叙述。我们从前者只得到事件的梗概，知道某人死的原因、时间和地点；从后者可以知道他死时的实际状况。前者是抽象的，概念的；后者是具体的，特性的。

　　快的叙述和慢的叙述各有用处，不能说哪一种好，哪一种不好。一篇叙述文里头，什么地方该快，什么地方该慢，这要看文章本身的意味如何而定。

总而言之，占中心的重要的部分该慢，不重要的部分该快。快慢就是详略，把不重要的部分略写，重要的部分详写，都是为了想显出特色的缘故。

第十六讲　叙述的倒错

叙述文所写的是事物在某时间中的经过、变化。时间有自然的先后顺序，例如一九三四年之后是一九三五年，过了五月，才到六月，无法叫它错乱。事物的经过、变化也依着时间的顺序。所以依照了时间的先后叙述事物，是最自然最普通的方式。

可是，我们在谈话或写作里叙述一件事的时候，时间倒错的事情是常有的。例如说："同学××君死了，三天前我到医院里去看他，他还能躺在床上看书呢。他一向很用功，不喜欢运动。去年冬天，因为感冒引起了长期的咳嗽，今年春天就吐起血来。据说，他在十二岁那一年曾有过吐血的毛病的，这次是复发。在家里养了几个月仍旧不见复原，不得已进医院去，结果还是无效。"这一段叙述里面，就有好几处先后倒错的地方，但是我们看了也并不觉得不合理，可见叙述文里把时间倒错是可能的。从来文言文当叙述倒错的时候，常用"初""先是"等辞来表示，在近代小说里，倒错的例子更多。

叙述可以倒错，但倒错的说法究竟是变格，遇必要时才可以用，胡乱的倒错，那是徒乱秩序，毫无效果的。我们叙述一件事，为要使事件的特色显出，必须淘汰无关紧要的闲话。倒错的叙述，无非是淘汰闲文，显出特色的一种方法。一件事情的经过、变化本来有时间的顺序，但是时间这东西是一直连续下来的，而事件的原因也许起在很早的时候，我们写作、谈话时只把其中最重要的一段来叙述，在这一段以前的事项，如果有必要，也非追叙不可，这就用得着倒错的说法了。还有，事件的进行往往有着好几个方面的。儿子在学校寄宿舍里的灯下写家信的时候，母亲正在家里替儿子缝寒衣。要把这情形叙述清楚，就得两面分写。如果说"母亲接到儿子的信的时候，早已把寒衣缝好寄出了。她一个月前自己上城去买了材料来，足足花了三个半夜的工夫才缝成，尺寸还是儿子暑假回来的时候依了校服量定的"，这也是倒错的说法。复杂的事件，关涉的方面很多。往往须分头叙述；因为要减少闲文，不妨把一方面作主，其余的方面作宾，运用着适当的倒错法。

第十七讲　过去的现在化

　　记述文是看了事物的光景写记的，所写的是作者对于事物的观察、经验，是一时的。叙述文所写的是事物在某期间的经过、变化，这经过、变化大抵是既往的事情，是连续的，过去的。

　　文章和说话，依照普通的习惯，都须表明时间，过去的用过去的说法，现在的用现在的说法。例如"十二点钟早已敲过了"是过去的说法，"正敲着十二点钟"是现在的说法。叙述文里所说的事都是过去的，照理每句话都该用过去的说法才对。可是实际不是这样，作者所叙述的明明是几年前几十年前几百年前的事，而所用的却是现在的说法，作者和所叙述的事件，仿佛在同一时代似的。例如《水浒》里叙述武松打虎说："……武松走了一程，酒方发作，焦热起来，一只手提着哨棒，一只手把胸膛前袒开，踉踉跄跄，直奔过乱林来；见一块光挞挞大青石，把那哨棒倚在一边，放翻身体，却待要睡，只见发起一阵狂风。那一阵风过了，只听得乱树背后扑的一声响，跳出一只吊睛白额大虫来。武松见了，叫声'啊呀'，从青石上翻将下来……"作者施耐庵和武松并不在同一时代，可是他叙述武松的行动，宛如亲眼看见一样，用的大概是现在的说法。对于过去的事用现在的说法来写，不但小说如此，史传也如此。这叫做过去的现在化。

　　叙述文所以要把过去现在化，不但为了想省去每句的"已""曾""了"等表明过去字眼，避免重复，实在还有一个很重要的理由。我们写作文章，原是假想有读者，以读者为对象的。叙述文的目的无非要把事物的经过、变化传述给读者知道。人差不多有一种天性，对于过去的决定了的事件，不大感到兴味，对于亲眼看见的事件，常会注意它的进展，以浓厚的兴味去看它的结果如何。把过去现在化，可以使读者忘却所叙述的是几十年几百年几千年以前的事件，而当作现在的事件来追求它的结果，这增加兴味不少。人又有一种自负的心理，凡事喜欢自己占有地位，不愿一味受他人指示。作者如果将自己熟知的过去事件，这样那样如此如彼地向读者絮说，使读者只居听受的地位，并无自己参与的机会，就有损读者的自负心了。旧小说里，作者把明明晓得的结果故意不说出来，每回用"未知以后如何，且听下回分解"来结束，是熟悉读者心理的。过去的事件用现在的笔法叙述，读者读去的时候，就好像和作者同在看一件事的进展，事件的结果的发见，好像不只是由于作者的提示，读者自己也曾有发见的劳力在内。这样，读者的兴味就能增进了。

任何文章，都预想有读者，一切所谓文章的法则，目的无非是便利读者，过去的现在化只是其中的一种而已。

第十八讲　观点的一致与移动

　　事物有许多部分或方面，一件东西，可以从各部分各方面来记述。例如记述某处风景，所要写的有山、水、树、田野、村落等等，先写什么，后写什么，有先后的推移；同是写山，有形势、地位、冈、麓等等，先写什么，后写什么，也有先后的推移。一件事情，可以从各方面来叙述。例如叙述甲乙二人打架，说："甲向乙讨债，乙说没有钱，还不出，甲骂乙不守信义，乙也还骂，于是两个人就打拢来了。"这段叙述里，第一句就甲方面说，第二句就乙方面说，第三句再就甲方面说，第四句再就乙方面说，这也是一种推移。所谓推移，换句话说，就是作者观点的移动。作者的眼睛或心意，好比照相机的镜头，是可以任意转动，更换方面的。

　　作者的观点，在可能范围内，须叫它一致。如果移动得太厉害，那么，在复杂的记述或叙述里面，就会头绪纷乱，弄不清楚。我们记叙某地方的风景，如果一句说山，一句说树，一句说水，下面又是一句山，一句树，一句水，结果山、树、水的事项非常零乱，读去就弄不清头绪了。应该把关于山、树、水的事项各并在一起记述，使观点的移动减少。叙述一件事情，如果那事情像甲乙二人打架的样子，是很简单的，那么东说一句西说一句也许不要紧，但是比较复杂的事件就不能这样了。应该选定一方面为主，将观点放在这方面，随时把其余的方面穿插进去。

　　记述文是写述光景的，光景都在作者眼前，要使头绪清楚，只有把同类的事项归并了来写，使每段的观点得以统一。叙述文是述经过、变化的，性质比较复杂，同样一件事往往可以用几个观点来写。例如上面的甲乙二人打架的事件，把观点放在甲的方面或者乙的方面都可以叙述的。

　　"甲向乙讨债，听见乙说'没有钱，还不出'，就骂他'不守信义'，因为乙也还骂，结果和乙打拢来了。"（观点放在甲的方面）

"乙对向他讨债的甲说'没有钱，还不出'，被甲骂说'不守信义'，就也还骂，结果和甲打拢来了。"（观点放在乙的方面）

在复杂的叙述文里，一定要把观点放在一方面，强求一致，对于事件的表现也许不方便。例如一个人的心理上的变化经过，在别方面是无法表现的。观点原可以移动，但不要无意义地移动。

第十九讲　日记

日记是把每天自己的见闻、行事或感想等来写述的东西，性质属于叙述文。凡是文章，都预想有读者；日记是不预借给他人看的（名人所写的日记后来虽被人印出来给大家阅读，但这并非作者当时的本意），所谓读者就是作者自己。因为除自己外没有读者，所以写述非常自由，用不着顾忌什么，于是日记就成为赤裸裸的自传。

日记写作的目的，第一是备查检。某人关于某件事曾于某日来信，自己曾于某日怎样答复他，某日曾下过大雨，某一件东西从何处购得，价若干，钱是从哪里来的，诸如此类的事，只要写上日记，一查便可明白。第二是助修养。我们读历史，可以得到鉴戒。日记是自己的历史，赤裸裸地记着自己的行事，随时检阅，当然可以发觉自己的缺点所在。

日记除了上面所讲的两种功用以外，还可以做练习写作的基础。"多作"原是学习写作的条件之一，日记是每天写的，最适合于这个条件。又，日记除自己以外不预想有读者，写作非常自由；所写的又都是自身的经验，容易写得正确明了。所以一般人都认为记日记是学习写作的切实的手段。

日记的材料是个人每天的见闻、行事或感想。我们日常的生活，普通平板单调的居多，如果一一照样写记，不特不胜其烦，也毫无趣味。日记是叙述文，该用叙述文的选材方法，并且要简洁地写。我们写日记，大概只在临睡前或次日清晨的几分钟，时间有限，写作的方法自不得不力求简洁；把认为值得记人的几件事扼要写记，把平板的例定的事件一律舍去。否则不但会把该记的要事反而漏掉，还会叫你不能保持每天记日记的好习惯。

日记有许多种类。商人的商用日记，医生的诊断日记，主妇的家政日记，和普通的所谓日记目标大异：前者实用分子较重，近乎应用文，后者实用分子较轻，近乎普通文。普通的日记包括事务、感想、趣味等复杂的成分。因了作者的种类，所轻重又有不同：学生的日记中事务分子较少，文人的日记中趣味分子较多，就是一个例子。

第二十讲　游记

　　和日记最相近的是游记，有许多游记就是用日记体写成的。游记有两种：一种只记某一名迹或某一园林、寺观，题材比较简单；一种记某一地方、山岳或都市，题材比较阔大。普通所谓游记指前者，旅行记则指后者。

　　游记之中含有两种成分，就是作者自己的行动和所游境地的光景。游记和日记不同，是预想有读者的文章。读者所想知道的是所游境地的光景，不是作者自己的行动。所以，关于作者自己的行动须写得简略，而关于所游境地的光景须写得详细。如"星期日没有事""几点钟出发""经过什么地方，碰到朋友某君，邀他同去""这日天气很好"之类的话，如果和正文没甚关系，都该省去。

　　可是从别一方面说，写作者自己的行动是动的，是叙述；写所游境地的光景是静的，是记述。游记在性质上属于叙述文，目的在借文字"引人入胜"，生命全在流动的一点上。死板地去写记所游境地的光景，结果会使流动随时停止，减少趣味。最好的方法是将作者的行动和所游境地的光景合在一处写；这就是说，写作者行动的时候要和境地的光景有关联，写境地的光景的时候也要和作者的行动有关联。从前读过的文章中，属于游记一类的有朱自清氏的《卢参》[1]，冰心氏的《寄小读者·通讯七》[2] 有几处也近于记游。现在从这两篇文章各举一处作例。

　　　　卢参在瑞士中部，卢参湖的西北角上。出了车站，一眼就看见那汪汪的湖水和屏风般立着的青山，真有一股爽气扑到人的脸上。

——朱自清《卢参》

---

[1]　见本书附录。
[2]　见本书附录。

　　……出了吴淞口，一天的航程，一望无际尽是粼粼的微波，凉风习习，舟如在冰上行。到过了高麓界，海水竟似湖光，蓝极绿极，凝成一片。斜阳的金光，长蛇般自天边直接到栏边人立处。上自穹苍，下至船前的水，自浅红至于深翠，幻成十色，一层层，一片片的漾了开来。

　　　　　　　　　　　　　　　　——冰心《寄小读者·通讯七》

　　这里面写所游境地的光景，都是从作者眼中看到或是心上感得的。这就把作者的行动和境地的光景打成一片了，所以读去很觉生动，并不嫌静止呆板。

　　游记是记述和叙述两种成分糅合的文章，一切记述和叙述的法则，如写述的顺序、要点的把捉等等，都可应用。说明及议论，如非必要，可以不必加入。(《卢参》中关于冰河有许多说明，是恐怕一般读者不知道冰河的情形，所以特加解释，对于读者可以说是必要的。) 最要紧的是作者的行动和境地的光景的融合以及流动的持续。

第二十一讲 随笔

日记和游记都是生活的记述，日记以时日为纲领，游记以地域为纲领，范围都比较有一定。文章中还有写述随时随地的片段的生活的，叫做随笔，或者叫做小品。

随笔的题材，什么都可以做。读书的心得，新奇的见闻，对于事物的感想或意见，生活上所感到的情味等等，无论怎样零碎琐屑，都是随笔的题材。随笔的用途极其广阔，可以叙事，可以抒情，可以状物写景，可以发表议论。至于体式更不拘一格，长短也随意。真是一种极便利自由的文章。

随笔和别的文章的不同：（一）形式上在不必拘泥全篇的结构。一般的文章大概是有结构的，如传记须把人物的各方面按照时间先后大体叙述，游记须把游览的程序和游览的地方顺次写记，随笔却可以只写小小的一片段，不一定要涉及全体。（二）题材上在发端于实际生活。随笔中尽可发抒各种关于政治社会的大意见、关于宇宙人生的大道理，但往往并不预定了题目凭空立说，而只从自己实生活上出发。例如我们因了自己的生活，也许写一则随笔说到运动的好处，但并不是《运动有益论》，或者说到光阴逝去的迅速，但并不是《惜阴说》。

随笔自古就有人写作，近来尤其流行。古代传下来的随笔很不少，有的记读书心得，有的记随时的见闻。自科举制度废了以后，文章已不以应试为目标，除了有系统的学术文、有韵律的诗歌、有结构的小说或剧本、有定式的应用文以外，一般人所写的差不多都是随笔一类的东西。

绘画里有一种叫做速写，把当前的景物用简略的笔法很快速地描写个大概或其一部分。画家常以这种练习为创作大幅的准备。随笔是文章上的速写；独立地看来，固然自成一体，但同时又可做写作长篇的基本练习。一般人要练习写作，每苦没有可写的材料；随笔是从日常生活出发的东西，只要能在生活方面留心去体察、玩味，就决不至于愁没有材料。所以写随笔和写日记一样，是练习写作的好方法。

一切文章都需要有新鲜味，尤其是随笔。随笔所关涉的是日常生活，日常生活大概是板定的，平凡的，如果写的人自己不感兴趣，写了出来，也决不会使读者感兴趣。好的随笔所着眼的常是一向被自己或一般人所忽略的方面。平凡的生活中不知蕴藏着多少新鲜的东西，等待我们自己去发掘。学写随笔的第一步功夫，就是体察、玩味自己的生活，在自己的生活上作种种的发掘。

第二十二讲　直接经验和间接经验

我们记述一件东西或叙述一件事情，所依据的是我们的经验。如果对于那所要记述的东西所要叙述的事情不曾经验过，就无从记述、叙述。照此说来，没有到过某地方的人就不能记述某地方的境况，没有参与过某次战争的人就不能叙述某次战争的情形。

可是，我们的经验有两种，一种是亲自经历得来的，一种是从书本上或旁人口头上得来的；普通所谓"见闻"，就把这两种都包括在内。前者叫做直接经验；后者叫做间接经验。直接经验当然最确实可靠，只是范围较狭；间接经验很广，只是有时不十分确实可靠，须仔细加以辨别。

记述文是可以专用直接经验做依据的。至于叙述文，除叙述自己的事情以外，就非取间接经验不可。记述文所写的是事物的一时的光景，可以亲自去经历。叙述文所写的是一件事情的经过，有些事情经过很长久，我们无法完全接触到，有些事情的发生和经过远在我们未出世之时，当然更无从去直接经验了。所以间接经验不但可以作文章的材料，而且在一般的文章中，间接经验实在占着大部分。有许多文章，作者所写的就全部是间接经验。

间接经验原非作者亲身的经历，可是作者把它写入文章中去的时候，普通常和直接经验同样处置，也像写自己的经历一般写去，仿佛都是亲眼见过的样子。小说不必说了，连传记也往往这样。这并不是全是作者的卖弄乖巧，实在是有理由的。第一，作者写一件事情或叙一个人物，经验的来处不一，就书本说，有从甲书得来的，有从乙书得来的，就人物说，有从甲的口头上得来的，有从乙的口头得来的；若一一要声明来源，不但不胜其烦，并且必须添出许多闲话，割断了文章的联络。第二，普通读者所希望得到的乃是某一事件、某一人物的整个经过，并不要想知道琐屑的证据，世间尽有注重证据、出处的文章（如年谱及考证文等），但普通的文章是不在此列的。

　　一篇文章中，作者往往把间接经验和直接经验混合了写，或把间接经验当作直接经验来写。我们读文章的时候，要加以分辨，看出哪些是作者的间接经验，哪些是作者的直接经验。

第二十三讲　间接经验的证明

　　间接经验可以和直接经验同等看待，写入文章去，但作者为取得读者的信用起见，也有时说明来历，证明他所说的事件是真实的。

　　原来，间接经验只能知道事件的轮廓，事件的微细部分是无法知道的。例如甲因事入了牢狱，后来死在牢狱里，这是可凭间接经验知道的。可是甲在牢狱里，某一天心中想些什么，乙去探问他时，他见了乙心里觉得怎样，其时乙又觉得怎样……这一些，凭了间接经验，究竟无法知道。又如写战争，甲乙两军于某日在什么地方打仗，甲胜乙败，或者甲败乙胜，死了多少人，这是可由间接经验知道的。至于战场上实际光景怎样，参战的某一个兵士作战的经过怎样，当时他心里愤怒或恐怖到何等程度……凭了间接经验，也无法知道。这还是就作者同时代的事件说的。那发生在作者未出世以前的事件，当然更渺茫了。

　　间接经验无法明了事件的微细部分，是很明白的。而作者在叙述文中为要传出真相，使读者领会，往往非凭了想象把事件的微细部分一并写述不可。本来无法明了的事，怎能写述呢？作者对于这一点，通常有两种办法。一是不顾一切，老老实实把间接经验当作自己的直接经验来写。二是在文章中表明经验的由来，说他所叙述的依据着某人的话或某书的记载，有时或仅在文章末尾加一"云"字（这常见于文言文），表示他的话有所依据，并非自己假造。这"云"字在语言是"据说"的意思，非常活动，不必明说这经验从何人或何书得来，总之表示有依据罢了。

　　在叙述文里，这两种方法都可用。就大体说，注重在趣味的文章如小说，本来应有依据的文章如历史，多用前一法，把间接经验当作直接经验来写述，不加证明——证明了反会减少趣味或价值。至于述奇异的故事，叙可惊可愕的轶闻，恐事件太不寻常，未易取信，就用后一法，把经验的来源说明，使读者相信确有其事。

第二十四讲　第一人称的立脚点

作者可有三种立脚点：（一）第一人称的立脚点；（二）第二人称的立脚点；（三）第三人称的立脚点。

以第一人称为立脚点的文章，作者是从"我"出发的，作者处处把自己露出在文章里。日记、自叙传等写自己的情形的文章固然是从第一人称立脚点写作的，别的种类的文章也可有第一人称的写法。写别人的情形，只要那情形是自己经验过的，不论直接或间接经验，都可从第一人称的立脚点来写。实际上这类的文章是很多的。

从第一人称的立脚点写述，最适宜的不消说是写自己的情形的文章。别人的情形，有许多地方——如心理方面——用第一人称去写，是很难表达的。例如：我们要写一个朋友的病况，如果用"朋友某君病了，我今天去望他……"一类的笔调写去，那位朋友患的什么病，病况大概怎样等等当然是写得出的，至于那位朋友所受到的痛苦，只能从他的呻吟、谈话、神情等看得出的方面作想象猜测的记叙，说些"我看他苦闷得很厉害""他握住了我的手，好像见了亲人似的"一类的话而已。真能表达出那位朋友的痛苦的，可以说只有他自己。他从第一人称的立脚点，写出自己病中的状况来，才会毫无隔膜，直接痛快。因此，小说中为想求描写深切起见，作者常有故意代了小说的主人公用第一人称来写述的事。那时文章中的所谓"我"并非作者自己，是很明白的。

从第一人称的立脚点写文章，全体都须统一，不可把立脚点更动。最该注意的是人和地方的称呼。人和地方的称呼是因了说话的人的立脚点而不同的。例如：张三称张一叫"大哥"，不叫"张一"，可是在李四口里说起来，和张一对面的时候，叫"你"或"张一兄"，不在一处的时候，叫"张一"或"他"了。同是一个地方，因了说话的人立脚点不同，可以叫"这里"，也可以叫"那里"。在普通的文章中，用第一人称写的时候，"我"就是作者自己，对于人和地方的称呼都该和作者的地位一致到底，不得有一点混乱。混乱了就会失却统一，令人不懂。

用第一人称写文章，情形好比一个人用独白的态度讲话，独白可长可短，所以这类文章里面尽可有很长的东西。

第二十五讲　第二人称的立脚点

第一人称的文章好比独白，第二人称的文章好比对话。用第二人称的立脚点写文章，是从"你"（或"君""兄""先生"等尊称）出发的，这所谓"你"就是读者。

这类文章最普通的是书信，其他为特定的对手写的文章像祭文、训辞、祝辞等也属于这一类。第一人称的文章，不论写到如何长，通体可以用同一立脚点，从头到尾由"我"出发，不必更动。第二人称的文章是对话式的，不能只就对手说，有时非更换立脚点不可，因为听者不能和说者或其他的人没有关系。所以第二人称的文章不如别的立脚点的文章的能够统一，长篇文章全体用第二人称写的很少见。又，在表达的程度上，第二人称的文章也颇有不便利的地方。对手的心理情形只好作表面的叙述，无法彻底表达。

第二人称的文章虽非书信，但总得取书信的态度。故应用范围不如别的文章之广。可是近来却常有人应用，甚至应用到小说方面去。这可认为书信文范围的扩充。近来有一些文章，本来应该用第一人称或第三人称写的，却故意用第二人称的写法，随处点出"你"字。例如在对一般人讲卫生的文章里，说"快乐可以使你的健康增进，烦恼可以损坏你的健康"；在叙述某山情形的文章里，说"山上夏期还有积雪，你到最高峰去，六月里也要着棉衣"。这里面的所谓"你"，并不专指某一人而是指一般的人，连"我"也在内。如果把"人"或"我""我们"代人，也没有什么不可以。

我们在古来的诗歌、格言里，常碰到"君不见……"或"劝君……"的笔调，这也是第二人称的说法，那里面的所谓"君"，往往也是泛指一般"人"的。可是普通文章里并不常见这情形。近来作者的故意在文章中用"你"，实受着西洋文的影响。西洋文中常有这样的写法。

文章原是以读者为对象的，不拘任何人，当他和文章接触的时候，就是作者的对手了。因此，作者对读者不妨称"你"。这比较泛称"人"来得亲切，用在劝诱文、说明文中很适当。

第二十六讲　第三人称的立脚点

　　第一人称的立脚点便于写出自己，第二人称的立脚点便于告语特定的对手，都要受到种种的限制。比较自由的是第三人称的立脚点。第三人称的文章是从"他"或那人的真姓名出发的，普通以用真姓名的占多数。如"武松在路上行了几日，来到阳谷县地面。……""这人姓王名冕，在浙江绍兴府诸暨县乡村里住。……"都是用第三人称的立脚点写的文章。

　　用第三人称的立脚点写文章，作者可取的有两种态度：一是客观的态度，一是全知的态度。

　　客观的态度是知道什么写什么，看到什么写什么，作者对于所叙述的人物或事件，不说任何想象揣测的话。这适宜于事实的叙述，我们平常所写作的叙述文，都属于这一类。在这种态度之下，一切以作者的直接经验为基础，作者的叙述中如有非直接经验的事项（即间接经验），须说明来历，否则就不相应了。

　　全知的态度是作者除写一些亲见亲闻的事物以外，更凭着想象的揣测立言，表示他无所不知。在这种态度之下，作者好似全知全能的神，从天上注视下界，一切人物的内心秘密，他无不知道。他不但能知道某一方面的人物的内心秘密，还能同时知道某方面的人物的各种情形。这常应用于小说、历史、传记等。小说一方面写男主人公在外面干什么或想什么，接着就写女主人公这时候正在家里干什么或想什么，历史中叙两军战争的情况，传记中记一个人与他人对话的口吻，这种地方作者如果不取全知的态度，是无法自圆其说的。尤其是在叙述复杂的心理的文章中，作者必须取这态度，才能不受拘束。

　　用第三人称的立脚点写文章，因为有全知的态度可取，所以非常便利。但须注意，全知的态度适宜于离开作者自己较远的叙述。如果叙述一件目前的事情或一个眼前的人物，漫然地用全知的态度来写，就会到处发生不合理的地方，倒不如取客观的态度的好。

除创作小说外，作者虽用全知的态度叙述事或人物，但大体须有依据。历史、传记都如此：作者从种种方面收得了间接经验，把它综合起来，然后用全知的态度来写成文章，并非一味由自己虚构的。

第二十七讲　叙述的场面

　　记述文和叙述文都要有一定的观点，观点在某程度内宜一致，必要时不妨移动。这是前面已说过了的。① 记述文所写的是事物的一时的光景，一件事物现出在作者的眼前，作者对于那事物的各部分，虽顺次移动自己的观点一一写记，时间上和空间上都相差不远。至于叙述文是写事物的变化、经过的，一种东西或一件事情的变化、经过，往往牵涉到很多的方面，关系到很久的时日，在时间上、空间上都不像记述文那样简单。

　　在叙述文中，一段连续的时间和一个特定的空间为一个场面。这一个场面犹之戏剧里的一幕。时间、空间有变动了，就要另换场面。遇到复杂的事情，须要叙述的方面越多，场面也自然越要更换得多。

　　但所谓叙述，并非完全是事件的依样抄录。对于一件事情的经过，倘若一一要把各方面的情形分头改换了场面来写，遇到复杂的事情，那就不胜其烦了。这时候须用剪裁的工夫，选定几个主要的场面，其余的零星事项，如果不是必要的就舍去，如果是必要的就穿插在别的场面里，不叫它独占一个场面。戏剧中有所谓独幕剧的，只是一个场面，靠着剧中人的说话和表演，能把过去种种复杂的经过情形表达明白，效力和把全体事件演出一样。足见场面是可以因了剪裁的技巧而减少的。叙述一件事情，各关系方面的情形往往须交代明白，原不必一定要像作独幕剧的样子，把场面限到一个。但必须用剪裁的工夫，把场面严密选择，省去那些不必要的场面。选择场面的标准有二：一要看事件的全经过中，哪些是主要部分；二要看有关系的人物中，哪几个是主要人物。把场面配在事件的主要部分和主要人物上，就不至大错了。

---

　　① 参见本书第十八讲。

　　文章遇到改换场面的时候，必须交代清楚，否则就难叫读者明了。戏剧中换场面的时候，是用闭幕的办法的。文章中换场面的表示法有两种：一是分段另写；一是用一句话来点明，如"武松在路上行了几日，来到阳谷县地面""王冕自此在秦家放牛"之类。前者常用以表示大段落，犹之戏剧中闭幕分隔，是近来流行的方法。后者常用以表示小段落，从前的人写文章，连写下去，不分段落，这方法尤常见。

第二十八讲　事物与心情

以前曾经说过，在有些文章里，作者从开始到完结只是报告，自己不加意见，不说一句话。在另外一些文章里，作者除报告以外还附加着意见，说着几句话。前者就是记叙文；后者就是论说文。

照这样说，好像记叙文完全是照抄客观的事物，作者自己没有一点主观的东西在里头了。其实并不然。试取同一题材教两个作者去记叙，依理说，大家都是照抄，写成的文章应该彼此相同。但是实验的结果却往往彼此互异——学校里逢到作文课，几十个同学写同一题材的记叙文，写成之后彼此调看，竟难看到完全相同的两篇：这不是大家都有的经验吗？为什么会彼此互异？第一，记叙的顺序不同，写成的文章就互异了。第二，对于材料的取舍，各人未必一致，因此，写成的文章就互异了。第三，对于同一材料，各人又有各人的看法，看法不一样，写成的文章也就互异了。以上第一项是属于技术方面的事；第二、第三两项都源于作者的心情，心情是所谓主观方面的东西。客观的事物呈现在作者的面前，作者把主观的心情照射上去，然后写述出来。这虽不是发表什么意见，却也和呆板地照抄不同。正惟如此，所以两个作者记叙同一的题材，写成的文章总是彼此互异的。

如果用照相的事情来比况，这个道理将更见明白。照相，通常都认为照抄客观事物的一种手段。但是，对于同一的事物，几个照相家可以照成各不相同的相片。甲把焦点放在事物的这一部分；乙把焦点放在事物的那一部分；丙呢，把光线弄得柔和一点，他以为这样才能显出那事物的神情；丁却把光线弄得非常强烈，他以为非如此不足以显出那事物的精彩。冲洗出来的结果，四张照片各不相同，那是不消说的。所要说的是四个照相家定焦点、采光线为什么会不同。这就由于他们心情不同的缘故，说得详细一点，就是他们主观的心情不同，所以对于客观的事物所感到的意趣也不同，他们各凭自己的意趣来照相，成绩自然互异了。被认为照抄客观事物的照相尚且如此，记叙文常和心情有关也就可想而知。

生性缜密的人常欢喜写事物的优美的部分；生性阔大的人常欢喜写事物的壮伟的部分；一个闲适的人听了烦嚣的蝉声也会说它寂静；一个忧愁的人看了娇艳的春花也会感到凄凉。事物还是客观的事物，一经主观的心情照射上去，所现出来的就花样繁多了。

通常的记叙文记叙事物，大多印上了作者的心情，不过程度有深浅罢了。惟有教科书、章程、契据等等的文章，才可以说只叙述事物而无所谓作者的心情。这因为这类文章有限定的范围，无论由谁来写，所写的总是这一套东西，作者的心情是掺杂不进去的。

第二十九讲　情感的流露

　　一般的记叙文记叙事物，多少印上一点作者的心情，前面已经说过了。有一种记叙文，作者所以要写作的缘由并不在记叙他所写的事物，却在发抒他胸中的一段感情；感情不能凭空发抒，必须依托着事物，所以他用记叙事物的手段来达到发抒感情的目的，像这样的记叙文特称为抒情文。抒情文和记叙文同样是记叙事物的文章；但前者以感情为中心，一切记叙都和中心相呼应，后者只以事物为中心，事物以外不再照顾到什么。这是二者的分别。

　　所谓感情，无非喜、怒、哀、乐等等。当我们遇到了可悲可喜的事物，喜或悲的感情被引起来了，如果是一个儿独处在那里，本来也没有什么可说，至多发出一两个欢喜的或者悲哀的感叹词罢了。但是要把这一段感情写入文章，情形就不相同。写到文章，就得预想有读者，在读者面前单只写下几个感叹词，谁能知道你所怀的是什么感情呢？你得把引起你的感情的事物记叙明白，教读者也具有你所有的经验，才能使读者知道并且感到你所怀的感情。能使读者知道并且感到，这才算真个把感情发抒了出来；否则只是郁而不宣，独感而没有传达给人家，虽然自以为写了抒情文，实际却等于没有写。

　　一组球员去和人家赛球，得胜回校，心里一团高兴，要把他们的快乐分给没有去参观的同学享受；他们就得把球场上的情形详细说述，怎样怎样，结果胜了三球。同学们听了，好像眼见了当时的情形，也就高兴非凡，不觉拍手欢呼起来。又如妇人家在家里受了丈夫的气，满腔冤抑，要向邻居倾泄一番；她就得把受气的经过详细说述，为了什么什么，她才受到这难堪的冤抑。邻居听了，设身处地地着想，觉得她的确可怜，于是对她抱同情，用好言好语安慰她。从以上二个日常生活中的实例看来，更可以明白抒情必须依托着事物的道理。再退一步，假定并不详细说述，但是在前一例里，至少要说："我们胜了三球！"在后一例里，至少要说："今天受了丈夫的责骂！"而这两句话写入文章里也就是叙述文了。

　　抒情文的材料的取舍以能否发抒感情为标准，大概使作者自己深深感动的事物都是适用的材料。依照着感情的情形记叙或者叙述，作者的感情就从这里头流露出来了。

第三十讲　抒情的方式

　　抒情大概有两种方式：一种是明显的；又一种是含蓄的。作者在记叙事物之后，情不自禁，附带写一些"快活极了""好不悲伤啊"一类的话，教人一望而知作者在那里发抒他的感情，这是明显的方式。作者在记叙了事物之后，不再多说别的话，但读者只要能够吟味作者的记叙，也就会领悟作者所要发抒的感情，这是含蓄的方式。

　　我们试取归有光的文章作为例子。归有光作《先妣事略》①，琐琐屑屑叙述了一些关于他的母亲的事情，末了说："世乃有无母之人，天乎痛哉！"这明明是感情极端激动时所说的话。不然，若就母亲生子的关系说，世界上哪一个人没有母亲？若就母亲死了以后的时期说，哪一个人死了母亲还会有母亲？"世乃有无母之人"岂不是一句毫无意义的话？惟其在感情极端激动的时候，才会有这种痴绝的想头；就把这痴绝的想头写出来，更号呼着天诉说自己的哀痛，才见得怀念母亲的感情尤其切挚。这是明显的抒情方式的例子。再看《项脊轩志》，归有光在跋尾里叙述了他的夫人和项脊轩的关系，末了说："庭有枇杷树，吾妻死之年所手植也，今已亭亭如盖矣。"骤然看去，这一句只是记叙庭中的那棵枇杷树罢了，但是仔细吟味起来，这里头有人亡物在的感慨，有死者渺远的怅惘，意味很是深长。如果那棵枇杷树不是他夫人死的那一年所种下的，虽然"今已亭亭如盖"，也只是无用的材料，就不会被写入文章里了。这是含蓄的抒情方式的例子。

　　以上所说两种方式并没有优劣的分别；采用哪一种，全凭作者的自由。不过，如果采用明显的方式而只写一两句感情激动的话，如作《先妣事略》只说："世乃有无母之人，天乎痛哉！"而前面并没有琐屑的叙述，那是没有

---

　　① 见本书附录。

用的，因为人家不能明白你为什么要说这种痴绝的话。如果采用含蓄的方式，而所取的材料与发抒的感情没有关系，如作《项脊轩志》的跋尾而说起庭中的几丛小草，那也是没有效果的，因为人家从这几丛小草上吟味不出什么来。所以，选取适宜的事物，好好地着笔记叙，无论采用哪一种方式都是必要的。

从情味说，两种方式却有点儿不同，明显方式比较强烈，好像一阵急风猛雨，逼得读者没有法子不立刻感受。含蓄的方式比较柔和，好像风中的柳丝或者月光下的池塘，读者要慢慢地凝想，才能辨出它的情味来。

还有一层，作者在一篇抒情文里头兼用着两种方式也是常见的事。

第三十一讲　情绪与情操

所谓喜、怒、哀、乐等等感情，虽然有强烈的差别，如喜有轻喜和狂喜，怒有微怒和大怒，但总之是显然可辨的，狂喜和大怒固然人己共觉，轻喜和微怒也决不会绝不自知。这种感情在我们心里激荡的时候，好比江河里涌来了潮水；等到激荡的力量消退了，心境就仍旧回复到平静。通常把这种显然可辨的、渐归消退的感情叫做情绪。

另外有一种强度很低的感情，低到连自己都不觉得，但比较持久，也许终身以之。这种感情通常叫做情操。例如虔敬是一种宗教方面的情操，清高是一种道德方面的情操，具有这种情操的人全部生活都被浸渍着，但自己并不觉得。（如果自己觉得，那就不是真正的虔敬和清高了。）

发抒情绪的文章无论用明显的或者含蓄的方式，总之有句语可以指出；换一句说，一篇文章里哪些句语是作者在那里发抒情绪，读者一望而知。至于情操，既是不自觉的，在文章里当然只从无意之间流露出来；要确切地指出哪些句语是作者在那里表现情操，往往不可能。我们只能说某一篇文章表现某一种情操，因为情操成为一种基本调子，渗透在全篇文章里头了。譬如一个宗教信徒写一篇文章，他的每一句话自然而然说得非常虔敬，他采选一些特殊的字眼，他运用一些不是他人常说的句语，使读者看了，也感到一种虔敬的气氛；我们就说他这篇文章表现了虔敬的情操。

我们看沈复的《闲情记趣》[①]，文中讲到观玩小动物，讲到花卉的栽培和插供，讲到布置居室，讲到随时的游乐，琐琐屑屑，事物很多，可是随处有一种闲适的情操从字里行间流露出来，所以这一篇的基本调子可以说就是闲适。这个话好像有点玄虚，仔细想去，却很着实。试想，把蚊虫比作飞鹤，

---

① 见本书附录。

把喷烟比作青云，让蚊虫"冲烟飞鸣，作青云白鹤观"；又就小盆景夫妻两个共同品题，"此处宜设水阁，此处宜立茅亭，此处宜凿六字曰'落花流水之间'，此可以居，此可以钓，此可以眺，胸中丘壑若将移居者然"。若不是生活态度极端闲适，哪里来这种入微入幻的想头？故而记叙这些事物的处所就是流露情操的处所。我们也可以说，因为作者有一种闲适的情操，才会有《闲情记趣》那样的一篇文章。

对于古昔的人物和事迹，我们往往有一种怀念的心情，这种心情和怀念一个相好的朋友并不相同；对于生死无常，我们往往有一种惆怅的心情，这种心情却说不上悲伤或是哀愁；当面对着高山或是大川的时候，我们总会起一种壮伟之感；当想到了时间的悠久和空间的广大的时候，我们总会起一种杳渺之思。这些都是情操而不是情绪。把这些作为基本调子，古往今来产生了不少的好文章。

第三十二讲 记叙与描写

记叙文是作者就了现成的事物报告给读者知道，除了报告以外，不用再说什么。这在前面屡次说到了。但同样是报告，却有详略的不同，生动和呆板的差异。告诉人家说"我遇见了张三，他穿着一身新衣服"，这不能说不是报告，然而简略、呆板极了。在这样告诉人家已经足够了的时候，当然不必多费唇舌，再加说什么。可是有些时候，这样告诉人家还嫌不够；遇见张三的时候，彼此的神态怎样，张三穿着新衣服，他的仪表怎样，他的一身新衣服，色彩、制作等等又怎样，必须把这些都告诉大家，才觉得惬意。把这些告诉人家，自然比较详密得多；而且很生动，可使对手的听者或是读者想见种种的光景，好像当时就站在旁边一样。

详密的、生动的报告固然也是记叙，只因要与简略的、呆板的报告有一点分别起见，所以特称为描写。描写只是记叙的精深一步的工夫。描写的对象也是事物，离开了事物就无所谓描写，这是不待细说的。

我们不妨把图画做为比喻。通常的记叙文好像用器画。看了用器画，可以知道事物的轮廓和解剖，但并不能引起对于那事物的实感。描写文章好像自在画。自在画也注意到事物的轮廓和解剖，但不仅如此，还得加上烘托或者设色等的手法；而且，用笔的疏密也经过作者的斟酌，在有些部分只用简单的几笔，而在另外的一些部分又不惮繁复地渲染。看了自在画，不单知道轮廓和解剖而已，还能见到那事物的意趣和神采，这就因为引起了实感的缘故。

描写一语本来是从绘画上来的。写作的人把文字作为彩色，使用着绘画的手法，记叙他所选定的事物，使它逼真，使它传神。这就是写作上的描写。

描写的最粗浅的方式是使用形容词语和副词语。如"小汗粒"而加上"微细到分辨不清的油一般的"的形容词短语，就把小汗粒的形和性描写出来了；说"赤露的胳膊向下垂着"而加上"软软地"的副词，就把身体困倦的情状描写出来了。此外方式很多，且待以后再说。

现在要说的是即使是最粗浅的方式也靠作者的经验。作者如果不曾观察过小汗粒，不曾体会过汗和油的相似，不曾感觉过有骨有肉的胳膊有时竟会"软软地"，又哪里来这形容词短语和副词呢？没有经验写不来文章；仅有微少的经验只能作简略、呆板的记叙；必须有广博的经验才能作详密、生动的描写。

第三十三讲　印象

　　描写事物，目的在逼真与传神，所以最要紧的是捉住印象。什么叫做"印象"呢？这本是心理学上的一个名词，解释也不止一种。最普通的解释，就是从外界事物所受到的感觉形象，深印在我们脑里的。譬如我们第一次遇见一个人，感觉到他状貌、举止上的一些特点，这些特点就是他给我们的印象。又如我们去参加群众聚集的大会，感觉群众的激昂情绪好像海潮一般汹涌，火山一般喷发，那么"仿佛海潮和火山"就是群众大会给我们的印象。我们除非不与外界事物接触；只要接触，印象是不会没有的。不过单只是有还不够；我们如果要告诉人家，非用适当的语言、文字把印象表达出来不可。表达得没有错误，而且不多也不少，才能使人家听了语言、看了文字之后也会得到同样的印象，虽然他们并不曾直接经验那些事物。像这样，就是所谓捉住印象了。

　　我们看《画家》① 这一首诗。其中一节有"车外整天的秋雨，靠窗望见许多圆笠"的话。照实际说，应该是望见许多戴着圆笠的农人。但这样说就不足以表现当时的印象了。当时印象最鲜明的是许多圆笠，就说"望见许多圆笠"，这才是捉住印象的办法。又如通常纪行之作，往往说前面的树木或者山峰"迎人而来"。照实际说，应该是自己向着树木或者山峰前去。但当时的印象并不觉得自己前去，只觉对象迎来，于是就说它"迎人而来"。这也是捉住印象的办法，从这里可以看出所谓捉住印象就是保留那印象的原样。

　　印象有简有繁，有含混有明晰。所以，有的时候只须一个名词、一个形容词、一个副词用得适当，就能把印象的原样保留；而有的时候却非用长段巨篇的文字不可。从前人的词句如"红杏枝头春意闹""云破月来花弄影"，

---

　　① 见本书附录。

只须一个"闹"字一个"弄"字，就把作者的印象表达出来，使这二句成为描写景物的佳句。但在长篇小说里，一个人物的描写往往须占几章的甚至全部的篇幅；这因为作者对于他所创造的人物印象极繁富，非从多方面表达，就不足以保留那印象的全体的缘故。

描写事物在能捉住印象。收得印象在于平日多所经验。从经验中收得印象，把印象化为文字，这是作者方面的事。从文字中收得印象，因而增加自己的经验，这是读者方面的事。

第三十四讲　景物描写

凡是我们所经验的事物，都可以供我们描写。其中尤其重要的是景物和人物：因为景物环绕着我们，常常影响到我们的情思和行动；人物是一切事物的发动者，没有人物也就不会有事情。现在我们说到描写，就把景物和人物两项特别讲述。

看到"景物"两字，往往联想到山明水秀、风景佳胜的所在；又好像这两字所指的纯属自然界方面，人为的一切环境都不在其内。但我们这里并不取这样的狭义。我们把环绕着我们的境界都称为景物，自然的山水固然是景物，人为的房屋和市街也莫非景物。这当然不专指美丽的、赏心的而言，就是丑恶的、恼人的也包括在内。

描写景物，第一要选定自己的观点。或者是始终固定的。就好比照相家站定在一个地位，向四周的景物拍许多照片；或者是逐渐移动的，就好比照相家步步前进，随时向周围的景物拍几张照片。观点不同，对于景物的方位、物像的形态、光线的明暗等等都有关系。我们如果对着实际的景物动笔，这一些项目只要抬起头来看就可以知道，自然不成问题。但在凭着以往的经验写作的时候，如游历归来以后写作游记，这些项目就不能一看而知；倘若不在记忆中选定自己的观点，往往会弄到方位不明，形态失真，明暗无准；那就离开描写两字很远了。

第二要捉住自己的印象。说得明白一点，就是眼睛怎样看见就怎样写，耳朵怎样听见就怎样写，内心怎样感念就怎样写。"月光如流水一般，静静地泻在一片叶子和花上"，把视觉的印象捉住了；"轻轻地推门进去，什么声息也没有"，把听觉的印象捉住了；"这一片天地好像是我的；我也像超出了平常的自己，到了另一个世界里"，把意识界的印象捉住了。因为捉得住印象，能够把自己和景物接触时候的光景表达出来，所以这几句都是很好的描写。

反过来想，就可以知道凡不注意自己和景物接触时候的光景，捉不住什么印象，而只把一些概念写入文章中去，那决不是好的描写。如庸俗的新闻记者记述任何会场的情景，总说"到者数百人，某某某某登台演说，发挥颇为详尽"；又如不肯多用一点心思的学生，你叫他描写春景，他提起笔来总是"山明水秀，柳绿桃红"。"到者数百人……"只是新闻记者平时对于会场的概念，"山明水秀……"只是学生平时对于春景的概念，其中并没有当时的印象，所以不能把会场的空气和春景的神态描写出来。

还有一层应该知道，就是描写虽然可以用形容词和副词，但不能专靠着形容词和副词。像"美丽""高大"等形容词，"非常""异样"等副词，如果取供描写之用，效果是很有限的；因为这些词并不具体，你就是用上一串的"美丽"或"非常"，人家也无从得到实感。有时候不用一个形容词或副词来描写，只说一句极简单的话，但因为说得具体，却使人家恍如亲历。如不说"寂静"而说"什么声息也没有"，就是一个例子。——描写须要具体，不独对于景物，对于其他也如此。

第三十五讲　人物描写

人物描写可以分外面、内面两部分来说。外面指见于外的一切而言，内面指不可见的心理状态而言。

外面描写包含着状貌、服装、表情、动作、言语、行为、事业等等的描写。我们在写一篇描写人物的文章的时候，对于这许多项目决不能漫无选择，把所有见到的都写了进去。我们总得拣印象最深的来写。状貌方面的某几点是其人的特点；服装方面的某几点足以表示其人的风度；在某一种情境中，哪一些表情和动作、哪几句言语正显出其人的品格；在一段或者全部生活中，哪一些行为和事业足以代表其人的生平。捉住了这些写出来，就不是和甲和乙都差不多的一个人，而是活泼生动的某一个人了。

这些项目不一定要全写，没有什么可写当然不写，有可写而不很关重要，也就可写可不写。有一些文章单把某人的几句言语记下，或者单把某人的一些表情和动作捉住，也能够描写出一个活泼生动的人来。如果写到的有许多项目，那么错综地写大概比分开来写来得好。如写表情、动作兼写状貌、服装，写行为、事业兼写言语，读者就不觉得是作者在那里描写，只觉得自己正与文中的主人公对面。如果分开来写，说其人的状貌怎样，服装怎样……读者的这种浑成之感就无从引起，自然会清楚地觉得是作者在那里告诉他一些什么了。

内面描写就是所谓心理描写。心理和表现于外的一切实在是分不开来的：表现于外的一切都根源于内面的心理。他人内面的心理无从知道，我们只能知道自己内面的心理。但我们可以从自身省察，知道内面和外面的关系。根据了这一点，我们看了他人的外面，也就可以推知他的内面。那些用第三人称的文章，描写甲的心理怎样，乙的心理怎样，甲和乙真个把自己的心理告诉过作者吗？并没有的，也不过作者从自身省察，因而推知甲和乙的内面罢了。

　　人物的心理描写既以作者的自身省察为根据，所以省察工夫欠缺的人难得有很好的心理描写。省察的时候能像生物学者解剖生物一般，把某一种心理过程分析清楚，知道它的因果和关键，然后具体地写出来（描写总须要具体，前面已经说过了），那一定是水平线以上的心理描写。

　　心理描写有时候就借用外面描写；换一句说，就是单就文字看，固然是外面描写，但仔细吟味起来，那些外面描写即所以描写其人的心理。如《背影》里的"扑扑衣上的泥土，心里很轻松似的。过一会说，'我走了，到那边来信！'……他走了几步，回过头看见我，说，'进去吧，里边没人'"，就是一个例子。这几句都是外面描写，可是把一位父亲舍不得和儿子分别的心理完全描写出来了。

第三十六讲　背景

　　在抒情的、描写人物或事件的文章里，往往把周围的境界，如室内情形、市街情形、郊野情形、自然现象、时令特色等等，或简或繁地描写进去。这些项目统称为背景。这名称是从戏剧方面来的。舞台的后方张着画幅，或是山水，或是门窗，总之和剧情相称；演员在画幅前面演戏，就像背着山水或门窗一样。这就是背景。文章里描写周围的境界，犹如舞台上布置一幅相称的背景；靠着这背景，文章里的主人公（好比演员）的一言一动一颦一笑更见得生动有致。舞台上不能用和剧情不相称的背景，文章里不需要和主人公无关的境界的描写，那都是当然的。

　　那么，怎样才相称才有关呢？回答很简单：凡是具有衬托的作用的就相称就有关，否则就不相称就无关。画家有"烘云托月"的说法。月亮很不容易画，用线条画一个圆圈或是一个半圆，未必能显出月亮的神采来；所以给烘上一些云，在云中间留出一个圆形或是半圆形，比较单用线条钩成的月亮有意味得多了。这一些云对于月亮就具有衬托的作用。

　　描写背景的例子可以举元人马致远的一首《秋思》（《天净沙》）小令："枯藤老树昏鸦，小桥流水人家，古道西风瘦马，夕阳西下，断肠人在天涯。"这里头句句都是背景，只末了一句才说到那个主人公"断肠人"。主人公怎样呢？他并没有什么施为，作者只用"在天涯"三个字来说述他的情况。可是这许多背景的衬托的作用丰富极了。你想，枯藤老树，昏鸦飞鸣，小桥流水，人家三两，一条荒凉的古道，几阵寒冷的西风，瘦马前行，差不多全没气力，而太阳也疲倦了似的快要落下去了。一个出门人心绪本来就不很好，又在这样的境界之中，其愁烦达到何等程度，自可不言而喻。这和不画月亮而画云，却把月亮衬托了出来，情形恰正相同；可以说是专用背景来衬托的一个极端的例子。

上面的例子是背景和被衬托的事物相一致的。在有些文章里，背景和被衬托的事物恰正相反，如满腔烦闷的人独处在欢声笑语里头，饥寒交迫的人倒卧在高楼华厦旁边，这叫做反衬。反衬显示出一种对比，用得适当，效果也是很大的。

第三十七讲　记叙文与小说

　　一篇小说里至少叙述一件事情；长篇小说往往叙述到许多件事情，这许多件事情好像经和纬，交织起来，成为一匹花纹匀美的织物。小说里又必然有记叙的部分：对于一个人的状貌或神态，一处地方的位置或光景，以及一花一草，一器一物，在需要的时候，都得或简或繁地记述进去。这样说起来，小说不就是记叙文吗？

　　不错，小说就是记叙文。凡是关于记叙文的各种法则，在小说方面都适用，但是小说究竟和记叙文有分别。

　　作记叙文，必然先有可记叙的事物；换一句说，就是事物的存在或发生在先而后作者提起笔来，给它作忠实的记录。看见了一只小小的核舟，觉得雕刻的技术精妙极了，才写一篇《核舟记》；经历了"五四"学生运动，觉得这事件大有历史价值，才写一篇《五四事件》①。作小说却不然。引动小说家的写作欲望的并不是早已存在、业经发生的某事物，而是他从许多事物中看出来的、和一般人生有重大关系的一点意义。他不原意把这一点意义写成一篇论文；他要把它含蓄在记叙文的形式里头，让读者自己去辨知它。这当儿，现成的事物往往不很适用，不是所能含蓄的太少，就是无谓的部分太多了，于是小说家不免创造一些事物出来，使它充分地含蓄着他所看出来的一点意义。而且绝对没有多余的无谓的部分。这样写下来的当然也是记叙文；可是，在本质上，以作者所看出来的一点意义为主，在手法上，又并非对某事物据实记录，所以特别给它一个名称，叫做小说。

　　据实记录的记叙文以记叙为目的，只要把现成事物告诉人家，没有错误，没有遗漏，就完事了。出于创造的小说却以表出作者所看出来的一点意义为

---

　　①　见本书附录。

目的，而记叙只是它的手段。这是记叙文和小说的分别。

　　报纸、杂志所刊登的记载，历史、地理等书所容纳的文字，以及个人的一封写给别人报告近况的书信，一篇写述细物、琐事的偶记，这些都认定现成事物做对象，所以都是记叙文。试看那篇《最后一课》，中间有一个想要逃学的学生，有一个教授语文的教师，又有其他许多人，所叙的是上语文课的一回事，这固然不能说没有固定的事物做对象。但这些事物都是凭作者的意象创造出来的，他创造出这些来，为的是要表达他对于战败割地的感念。一切事物都集中于这一点，绝不加添一些无用的事物。就为这样，所以《最后一课》是一篇小说。

第三十八讲　小说的真实性

　　小说的故事和人物都由作者创造出来，当然并不实有其事、实有其人，但小说自有它的真实性。如果用一个比喻来说，就很可以明白。一个画家创作一幅"母与子"的图画，图中的母亲不定是姓张姓李的妇人，那孩子也不定是某人家的阿大或是阿二；但两个人体的形态都合乎法则，而且的结构，躯干的姿势，乃至一个指头、一缕头发那么微细的地方都很准确：这就是一种真实。再从全幅说，那母亲抚爱孩子的神情，那孩子依恋母亲的神情，都觉得普遍于人间，几乎给一切母子写照：这又是一种真实。小说就同这样的一幅图画相仿。小说写人物的状貌言动，也得妙肖逼真，使读者如见其人，如闻其声，仿佛和活动的人物对面一样。小说中用来表示作者所见到的一点意义的故事，又得入情入理，从世事的因果关系上看，从人生的心理基础上看，都可以有这样的故事，而且那故事确可以作这样的发展；如果真有其人其事，大致也相差不远。所以小说只不过不是对于某人某事的记录而已；从它对于人生的社会的表现和描摹看来，那是真实的，而且比较对于某人某事的记录还要真实，因为它的材料不限于某人某事，可以容纳更多的真情真理的缘故。

　　一篇小说用历史上的人物作主人公或者用历史上的故事作题材，是常常看到的。这当然不能够照抄历史。历史既已在那里，何必多此一举，再去照抄一遍呢？必须作者对于其人其事自有所见地，创造出一个故事来又能不违背情理，使读者觉得其人其事虽并不曾如此而未尝不可以如此，这篇小说才有提起笔来写的价值，这时候，作者已经把握到小说的真实性了。其他种类的小说都是这样。即使是"鸟言兽语"的童话（童话是儿童的小说），在有一些人看来最是荒诞不经的了，但只要应合动物的生活和性情，也就是具有真实性的东西。

　　一般人遇见了一件新奇可喜的事情，往往说："这倒是可以用来作小说的。"从这一句话，就知道他们不明白小说的产生的过程，也不明白小说和记叙文的分别。还有，读过了一篇小说，往往问："这里所说的故事是真实的吗？"从这一句话，就知道他们不明白小说自有它的真实性，所以只想探知这个故事是否真的发生过。

　　我们应该记着：小说是由作者创造出来的，决非依据事实写述的记叙文；可是小说是真实的，这真实系指对于人生和社会的表现和描摹而言。

第三十九讲　韵文和散文

　　普通文章的写作都依据着语言的自然腔调。现在我们写语体文，纸面的文字几乎同口头的语言完全一致，固然不用说了。即使我们写文言，大体也还是依据着语言的自然腔调，不过词汇的选用和造句的小节目不同而已。这样写下来的文章统称为散文。和散文相对的称为韵文。孩子爱唱的儿歌，各地民间流行的歌谣，就是口头的韵文。

　　韵文大都每句句末叶韵或间句叶韵，每句字数又有限制，吟诵起来容易上口，听受起来也容易记熟。一篇散文，读过几遍未必背诵得出，但是一首诗歌，念了几遍就挂在口头了。这是通常的经验。所以韵文的传布力、感染力比较散文来得大。各民族的初期，往往文字还不曾制定，口头的诗歌却已经发生了。就因为诗歌有着上面所说的实际效用的缘故。

　　什么叫做叶韵呢？这先得明白什么叫做同韵字。现在小学校里出来的人都学过拼音，知道每一个字音由"声母"和"韵母"拼合而成，那只要一句话就明白了：凡是韵母相同的就叫做同韵字。例如楼（lóu）、州（zhōu）、流（liú）的韵母是"ou"和韵母"iu"，这三个就是同韵字，山（shān）、闲（xián）、间（jiàn）的韵母是"an"和韵母"ian"，这三个也是同韵字。把同韵字放在相当各句的末了，这就叫做叶韵。

　　现在来看看以前读过的韵文。

　　像《梧桐》①里的一首诗叫做古体诗，形式上除叶韵和每句字数均齐以外，不再有什么限制。这是五个字一句的（并不一定是文法上所谓"完成一个意义"的句），叫做五言古体诗。古体诗不尽是五言，又有三言、四言、七言、九言的，也有一首里头错杂着字数不同的句子的（但仍不出上面所举字

---

　　① 见本书附录。

数的范围）。

　　像第二册选的李白的四首诗叫做七言绝句①，那就多一种限制了：必须顾到每个字的平仄。现在用○标记平声字，●标记仄声字（包括上声字、去声字、入声字），把《望天门山》这一首写在下面：

天门中断楚江开，　　　碧水东流直北回。
○○○●●○○　　　●●○○●●○

两岸青山相对出，　　　孤帆一片日边来。
●●○○○●●　　　○○●●●○○

此外还有个格式是

●●○○●●○（韵）　　○○●●●○○（韵）
○○●●○○●　　　●●○○●●○（韵）

作七言绝句就得依照这两个格式。不过每句的第一、第三、第五个字有时是可以通融的，平声字、仄声字都不妨用；又，第一句的末一个字也可以不叶韵而用仄声字。至于"故人西辞黄鹤楼"是"●○○○○●○"，"问余何意栖碧山"是"●○○●○●○"，那就是拗句了。绝句也有五言的，四句二十个字，同样得顾到平仄。绝句和限定八句、也得顾到平仄的五律、七律统称为近体诗。这个名称起于唐朝，因为"绝""律"两体是当时的新体。前面说起的古体诗，就是对于近体诗而言的。

　　像第二册选的李煜的四首词②也是韵文。词也起于唐朝，原来是有曲谱可以歌唱的歌曲。譬如《虞美人》就是当初有人写了歌辞、填了曲谱预备歌唱的新歌。第二个人另写歌辞，曲谱却还用着旧的，也就叫做《虞美人》。所以"虞美人""浪淘沙""清平乐""相见欢"都不是题目而是曲谱的名称。如第二册选的《赤壁怀古》，"赤壁怀古"是题目，它的曲谱是《念奴娇》。到后来曲谱渐渐失传了，词没有人会唱了，就只能依据着旧词的字数、平仄以及

---

① 这四首七言绝句是《黄鹤楼送孟浩然之广陵》《山中答俗人》《早发白帝城》《望天门山》。
② 见本书附录。

叶韵处所写词。因为词本是可以歌唱的东西。讲究的人写起词来不但顾到平仄，还要顾到四声（平、上、去、入）。对于每句的每一个字，从前人用什么声的字也就用什么声的字，所以词的限制比较近体诗更严。

像第一册选的《三弦》① 和《一个小农家的暮》② 是起来得不到二十年的体裁，叫做新体诗，也叶着韵，所以也是韵文。字数极随便，语句大体合乎语言的自然腔调，这是和以前诗、词不同的地方。但新体诗也不完全如此。又如第二册选的《画家》并不叶韵，虽也是诗歌，却不是韵文了。

诗歌以外，也有用韵的文章，散文里包含一部分韵文的也不少。

---

① 见本书附录。
② 见本书附录。

第四十讲　诗的本质

从前的古体诗和近体诗都是韵文，与音乐有着关系，而广义说起来也就是诗的词也是韵文。除叶韵而外，又有字数、平仄等限制。这样看来，似乎凡有这些限制的统是诗了。其实并不然。试看"四角号码"的《笔画歌》：

> 一横二垂三点捺，点下带横变零头，
> 又四插五方块六，七角八八小是九。

字数均齐，第二、第四句叶韵；但一望而知它算不得诗，只是一种传习用的歌诀而已。再试看第二册选的《画家》，既不叶韵，字数又极随便，可以说完全没有限制；但一般人承认它是诗。所以，诗的成立不专在叶韵、字数、平仄等形式方面，还靠着它的本质。

我们常常听见人家在看了一篇散文之后说："这篇文章很有点诗意。"有时，一个人说了几句话，大家说："这几句话含有诗趣。"批评绘画的人往往说："画中有诗。"这所谓"诗意""诗趣"以及画中所表出的"诗境"都指诗的本质而言。可见诗的本质不但凝结而成诗，也可以含蓄在别的东西里头，正像糖和盐不但凝结而成粒粒的结晶体，也可以融化在液体里头一样。

现在试举几个例子，来说明诗的本质。

> 诸儿见家人泣，则随之泣，然犹以为母寝也，伤哉！
> ——归有光《先妣事略》

这个话活画出无知的孩子死了母亲的惨痛情状，孩子只是跟随大家哭泣罢了，并不知道就在这一刻遇到了最大的不幸，睡在那里的母亲是永远不醒的了，他们自己将永远是无母之儿了。这里头含蓄着很深的悲哀情绪，耐得人一回又一回地去想。如果让这个话独立起来把它放在诗的形式里，就是一首很好的诗，因为这个话含有诗的本质的缘故。又如：

> 我心中怪难过，暗想先生在此住了四十年了，他的园子就在学堂门外，这些台子凳子都是四十年的旧物，他手里种的胡桃树也长大了，窗子上的朱藤也爬上屋顶了。如今他这一把年纪明天就要离此地了！我仿佛听见楼上有人走动，想是先生的老妹子在那边收拾箱笼。我心中真替他难受。
>
> ——［法］都德《最后一课》（胡适译）

这几句话也含有诗的本质。先生的园子、台子、凳子、胡桃树和朱藤都将留下，而先生自己却不得不离开了几十年来熟习的环境，于明天离开这里；楼上先生的老妹子匆忙收拾箱笼，她一壁检点衣物，一壁看顾室内，大概会簌簌地掉下眼泪来吧。这里头含蓄着很深的悒郁情绪，使人家这样想了更可以那样想。又如：

> 于土墙凹凸处，花台小草丛杂处，常蹲其身，使与台齐；定神细视，以丛草为林，以虫蚁为兽，以土砾凸者为邱，凹者为壑，神游其中，怡然自得。
>
> ——沈复《闲情记趣》

这传出一种闲适的情操，同时使人觉得大有诗趣。又如：

> 这上面的夜的天空，奇怪而高，我生平没有见过这样的奇怪而高的天空，他仿佛要离开人间而去，使人们仰面不再看见。
>
> ——鲁迅《秋夜》

这表出一种窅远的想象，同时使人感到所谓诗意。

从前面所举的几个例子看来，可以知道含有情绪、情操、想象的语言、文字就含有诗的本质。那么，什么是诗的本质也就可以推想而知了。现在再举一个反面的例子：

> 苏打水是用焙用碱做的，把一种酸液加到碱上，使它发放所需的气体。后来用酸性碳酸钙代焙用碱，因为这东西价贱，而结果是一样的。
>
> ——《科学丛谈·苏打水》

这里头没有情绪、情操，也没有想象，当然谈不到什么诗趣、诗意；所以不能算是诗。

必须是一个含有诗的本质的意思，用精粹的语言表达出来，那才是"诗"。

第四十一讲　暗示

　　我们说话、作文，常常有不把意思说尽、不把意思完全说明白的情形。在说着、写着的当儿，固然只求应合当前的情境，适可而止，并非故意要少说一些，可是仔细研究起来，不说尽和不完全说明白自有它的作用。这二者都给对方留着自己去玩味、自己去发见的余地，不致有损他的自负心。而他所玩味出来、发见出来的又和原意差不了什么，那就不说尽等于说尽，不说明白等于说明白了。这种作用叫做暗示。从另一方面说，暗示还有一种好处：可以使语言、文章蕴蓄丰富，含有余味。寻常吃东西，咽了下去就没有什么了，那一定不是美味；可口的东西在咽了下去之后，还有余味留在舌上，足供好一会的辨尝。具有暗示的文章也是这样。写在纸面的是若干字，而意义却超出于这若干字，这就不能随便把它丢开，看过以后，还得凝神去想那文字以外的意义；想又不一定一回而止，也许多想几回，每回可以领略到新鲜的意义，因而教人永远舍不得丢开它。没有暗示的文章是决不会有这种魔力的。

　　诗、词里头常常有利用暗示的地方。如《一个小农家的暮》①里说：

　　　　他含着个十年的烟斗，
　　　　慢慢的从田里回来，
　　　　屋角里挂上了锄头，
　　　　便坐在稻床上，
　　　　调弄着只亲人的狗。
　　　　他还踱到栏里去，

---

　　①　见本书附录。

> 看一看他的牛；
> 回头向她说，
> "怎样了——
> 我们新酿的酒？"

这里没有"快乐""安逸""满足""幸福"那些字眼，但是我们读了之后，可以想到那个农人的生活怎样快乐和安适。又如李煜的《虞美人》① 里说：

> 问君能有几多愁？恰似一江春水向东流。

这句答语不说有哪一种的愁，也不说有多少分量的愁，却用一个譬喻来了事，好像有点答非所问。然而愁好比一江春水，分量的多还用说吗？江水东流，滔滔滚滚，遇着大风和石岸，就激起汹涌的波浪，而愁正同它相像，其起伏重叠，没有一刻的停息，不是很可以想见了吗？所以这似乎答非所问的"恰似一江春水向东流"，实在是富有暗示作用的佳句。

不只诗、词，文章里头也可以找出许多利用暗示的例子。如《项脊轩志》里说：

> 先是，庭中通南北为一。迨诸父异爨，内外多置小门墙，往往而是。东犬西吠；客逾庖而宴；鸡栖于厅。庭中始为篱，已为墙，凡再变矣。

这里没有"衰落""离乱""不成体统"那些词语，然而读了"东犬西吠"以下几句，一个衰落的大家庭怎样过着不和洽无秩序的生活，已经可以想见。这是暗示的效果。又如《书叶机》② 里说：

> 朱溃舰中或争轧诟神，必曰"遇代山旗"。

有了这一句，不必详说海盗怎样惧怕叶机，而读者自然可以意会。这也是暗

---

① 见本书附录。
② 见本书附录。

示的效果。文章又有全篇利用暗示的，不说本意，而用一个借喻来传出：这情形在寓言或讽刺文里最为常见。

　　暗示以能使读者体会得出为条件。如果读者无论如何体会不出，那就是缺漏和晦涩，而不是暗示了。

第四十二讲 报告书

现代生活非常繁复，个人和社会的关系的密切比较古代加增到不知多少倍，每个人必需知道和他相关的许多事物，然后可以应付当前的生活。为着适应这一种需要，应用文里头的报告书就占着很重要的地位。

报告书的目的在把某一种事物的一切报告给人家。那事物必然是已经存在的、已经发生的，所以报告书也就是记述文和叙述文。所与普通的记述文和叙述文不同的，只在写作之前对于某事物特加观察或调查这一点上。报告书是由于实际的需要，特地去观察或调查了某事物而后写作的。普通的记述文和叙述文却并不然——这就是说，作普通的记述文和叙述文不一定由于实际的需要，也未必特地去观察或调查。

在观察或调查一种事物的时候，往往先定下若干项目，作为注意的标准。例如观察一种工业，先定下制造原料、制造情形、成品质量、销路大概等等项目，观察起来就有条有理，不致杂乱或遗漏。又如调查某地的灾情，先定下成灾原因、灾情大概、灾民现状、救灾设施等等项目，调查的结果自能详知本末，没有什么缺憾。而在动手作报告书的时候，就可以把这些项目作为依据，逐一加以记叙。为使读者醒目起见，更不妨标明项目，让每一项目成为一个小题目。

至于报告书的好不好，全在所定项目妥当与否以及观察、调查精到与否。这关系于平时各方面的修养与训练，不只是写作方面的事了。

报告书里头也可以参加作者的意见，正如普通的记述文和叙述文里头可以参加作者的意见一样。观察、调查以后的感想或主张，在报告的时候连带提出比较单独提出容易使读者接受。普通文的法则在报告书里头也得顾到；作者应该记着应用文不一定就是枯燥、呆板的文字，写得生动而富有趣味一点。应用的效果当然更大。

我们每天看报纸，报纸上大部分是报告书。我们如果从事一种事业，就有写作报告书的需要，如在工商业机关办事需要写营业概况报告书，担任公务机关的视察员、调查员需要写视察报告书、调查报告书。报告书的阅读和写作已和现代生活分离不开，所以应当加以详切的注意。

第四十三讲　说明书

和报告书同样重要的应用文是说明书。

说明书的目的在把关于某一种事物的方法、原理等告诉给人家。其所以要告诉的缘故，也由于实际的需要，譬如，编了一部书，要使读者知道这部书是用怎样的方法编起来的，就得作一篇"凡例"；制了一种药品，要使医生或病家知道这种药品是根据什么原理来治病的，就得写一张"仿单"：凡例和仿单都是说明书。凡例的读者限于阅读这部书的人，仿单的读者限于医生或病家，不像普通文那样以一般的读者为对手。凡是必须使对手知道的，说明书中绝不能遗漏一点儿。不然的话，或则引起误会，或则招来纠纷，和写作的目的显然违背了。

说明书的材料不用向外界去寻求，需要写作说明书的人，他胸中必然先有了这么些材料；如果没有这么些材料，也就没有写作的需要了。动手写凡例的人早已知道他的书怎样编法，动手写仿单的人早已知道他的药品什么作用，不是吗？所以，写作说明书只是把胸中已有的材料化为文字的一番工夫而已。

写作说明书，以分列项目、逐项说明为正轨。项目明白地列着，读者自然一望而知。规定项目须依据实际的需要；事物不同，应定的项目也就各异，不能一概而论。不过有一点可以说的：所定各项目须有同等的身份；换一句说，就是每一项目须有独立的资格。譬如，丁项目是可以包含在甲项目里的，就没有独立的资格，只须并入甲项目好了。至于同样的材料在两个项目之下重见，或者甲项目的材料掺杂在乙项目里，这些都是毛病，应当竭力避免。

说明书和报告书同是应用文；若就文体说，二者可不相同。前一讲文话中已经说过，报告书也就是记述文和叙述文，但说明书却是说明文。

以后我们将讲到关于说明文的种种。

第四十四讲 说明和记述

以前我们说过，记叙文是作者自己不表示意见的文章①（这当然指纯粹的记叙文而言）。

现在讲到的说明文就不同了。说明文所表示的是作者的理解；换个说法，就是作者所懂得的一些道理、原因、方法、关系等。理解是存在于内面的东西，属于意见的范围。作记叙文，单凭存在于外界的事物就成；作者所耳闻的，目睹的，身历的，都是写作的材料，这些材料都不是从内面拿出来的。作说明文，却全凭存在于内面的理解；没有理解，固然动不来笔，有了理解而还欠充分、真切，也就写不成完美合式的文章。有怎样的理解，才能写怎样的说明文。因此，我们可以说，说明文是作者表示他的理解的文章。

如果着眼在取材从内面还是从外界这一点，说明文和记叙文就非常容易辨别。

现在先说说明文和记述文的分别。有两篇文章在这里，讲到的是同类的事物，粗略地想来，似乎该是同样的文体。但是仔细辨别之后，就觉得这两篇文章在取材上并不一样：一篇讲到的是某一件事物，看得见，指得出，即使出于虚构，也像真有这件事物似的；另一篇却不然，讲到的既不是这一件，也不是那一件，并且不只是这类事物的形状和光景，而在形状和光景以外更讲到一些什么（这正是这篇文章的主脑），这是看不见，指不出，仅仅能够意会的。因为取材不一样，写作的手法也就各异：一篇的写法好像作写生画，无论被写的某一件事物摆在作者面前或者存在作者的记忆里，总之是按着形象描画，形象怎样，描画下来也怎样，不过用文字代替了线条和烘托罢了；另一篇却决不能用作画的事情来比拟，只能说好像作一场讲演，讲演的内容

---

① 参见本书第十讲。

是作者对于某一类事物的理解。根据以上所说的不同点，我们就可以把这两篇文章辨别，前一篇是记述文而后一篇是说明文。

　　说明文的目的和记述文不同是显然的。记述文在使读者知道作者曾经接触过的某一件事物，而说明文却在使读者理解作者对于某一类事物的理解。说明文为帮助读者的理解起见，自然须举出一些具体的事物来作为例证；但最紧要的还在说明作者所理解的部分。这部分务必明白、准确，才能使读者完全理解，没有含糊、误会的弊病。因此，在动手写作说明文的时候，作者胸中不能存一些连自己也缠不大清楚的意念；落到纸面不能有一句不合论理的、足以发生疑义的文句。这是一个消极条件。如果不顾这个消极条件，写下来的说明文就达不到它的目的。

第四十五讲　说明和叙述

看了前一讲文话，说明文和叙述文的分别也就不难明白。

叙述文所讲到的是事物的变迁，或者说经过情形。事物的变迁和经过情形也许近在当时，也许远在古代，也许是作者所身历，也许从传闻得来，总之占着或短或长的一段时间，有着或简或繁的一番进展。如果这变迁没有发生，作者当然无从写作；这变迁既已发生了，作者要把它告诉别人，这才提起笔来。所以，叙述文和记述文同样，是取材于外界的。即使像小说和寓言，其中事实往往出于虚构，并不曾在这世界上真实发生过；但作者写来像记载真事实一样，自己又不表示什么意见，分明是取材于外界的格式。故而小说和寓言也还是叙述文。

另外有一种文章也讲到事物的变迁和经过情形，但并不就此为止，文章的主脑也不在此而在别的部分。譬如，讲到某一回战争，更推求它的所以发生的原因，此胜彼败的理由，以及给与各方的影响，那推求的部分并且占着文章主脑的地位。这就是表示作者对于这回战争的理解；不仅记载了发生于外界的事实，而且写出了存在于内面的东西。不用说得，这样的文章是说明文。

在这里我们还得把小说、寓言等东西说一说。小说、寓言等东西往往是作者对于人生、社会有了一种意见才虚构出来的，为什么不说它们是说明文呢？回答是这样：小说、寓言等东西固然表示作者的意见，但表示的方式和说明文绝不相同。那是借着事实的本身表示；使读者知道了事实之后，自己悟出其中所含的意见来。作者决不在叙述事实的当儿突然露脸，说着"这是怎样的""这事情的关系怎样"一类口气的话儿。因此，从形式上看，只见作者在那里报告，自己并没有表示什么意见，那当然不是说明文了。

再就前面所举的例子来说。要说明某一回战争所以发生的原因、此胜彼败的理由，以及给与各方的影响，往往须叙述这回战争的大概情形以及连带发生的有关事件。这样，才能使读者按照事实来理解作者所理解的。除非这回战争的经过情形已是"谁人不知，哪个不晓"的了，那才不必再行叙述，径自说明作者的理解就得了。但这样的例子是很少有的。所以，这一类的说明文常常包含着叙述的成分。

第四十六讲　说明和议论

除开说明文，作者表示意见的文章还有议论文。说明文和议论文又有什么分别呢？

依以前所说的，说明文表示作者的理解。所谓理解，乃是说天地间本来有这么些道理，给作者悟了出来，明白地懂得了。议论文却表示作者的主张。所谓主张，乃是说某一些事情必须这样干才行，某一些道理必须这样理解才不错，如果那样干、那样理解就不对了。不经过理解的阶段，一个人很难作什么主张。所以，议论文实在是从说明文发展而成的。

因为一是表示理解，一是表示主张，在表示的态度上，二者就不一样了。仅仅表示理解，态度常常是平静的。对甲说是这样，对乙说也是这样，说了就完事，甲或者乙听不听、相信不相信，那是不问的。即使他们不听、不相信，也无碍于作者的理解。进一步表示主张可不然了，态度常常是激动的。非把读者说服不可，非使读者相信不可；预料读者将有怎样的怀疑和反驳，逐一把它消释掉，好比军事家设伏一般，惟恐疏忽了一着，不能取得最后的胜利。为什么要这样呢？因为不能使读者相信等于白有了这个主张；作者要贯彻主张，就不能不用志在必胜的态度去对付读者。

说明文的题目的完整形式是："××是什么？""××是怎样的？"改从省略，把其他删去，只留"××"部分，才成为"图画""读书"那样的题目。议论文的题目的完整形式是"××应当如此""××是不对的"。改从省略，把其他删去，只留"××"部分，才成为"爱国""战争"那样的题目。如果所有题目都写完整形式，那么单看题目就可以把说明文和议论文分辨出来了。可是实际上往往有取简略形式的，此外还有种种变化，这就混淆不清了；如"图画""读书""爱国""战争"四个题目摆在一起，若不把四篇文章通体读过，谁也不能判定哪一篇是说明文，哪一篇是议论文。在读罢文章下判定的当儿，只要注意两点就不会有错儿：（一）这篇文章表示什么？（二）这篇文章态度怎样？

前面说过，议论文是从说明文发展而成的。议论文表示一种主张，非先把议论到的事物说明一下不可。如主张战争应当反对，就得先把战争给与人类的灾祸详细说明，才见得"应当反对"的主张确可信从。因此，说明文几乎是议论文中必具的成分。

第四十七讲　说明的方法

最简单的说明文同以前所提及的说明文题目的完整形式相当。譬如说，"人是有理性的动物"相当于"××是什么"；"人是两手工作、两脚跑路的"相当于"××是怎样的"。"有理性的动物"只有"人"，"两手工作、两脚跑路的"只有"人"。用"人"的特点来说明"人"的概念，读者自然明白理解，不生误会。于是说明文的任务就完毕了。

但多数的说明文却要复杂得多。虽说复杂，也无非是许多简单说明文的集合和引申而已。复杂的说明文，必须具备的条件共有六项：

一、所属的种类。要使所说明的事物和关系较远的事物分离开来，必须说明它所属的种类；譬如要使"人"和植物、矿物分离开来，就说他是"动物"。

二、所具有的特点。要使所说明的事物和关系较近的同种类的事物分离开来，必须说明它所具的特点；譬如要使"人"和一切别的动物分离开来，就说他的特点——"有理性的"或是"两手工作、两脚跑路的"。

三、所含的种类要使读者更易理解，而且理解的内容更见充实，那就必须把事物所包含的种类一一说明。分类原有一定的标准，所以在说明种类的当儿，又须把所用的标准同时点出。譬如就"书籍"说明它所含的种类，可作下面的说法："书籍在版本上，有木刻的、铅印的。在装订上，有线装的、洋装的。在文字上，有汉文的、洋文的。在内容上，有关于文学的、关于科学的、关于哲学的，等等。"

四、显明的实例。如果加上显明的实例，那就更见得明了。譬如对于"书籍"，可以说："爸爸那部《吴诗集览》是木刻的、线装的、汉文的、关于文学的；我的这本《科学概论》是铅印的、洋装的、洋文的、关于科学的。"

五、对称和疑似。单就事物的本身说明，有时还不容易明了，如果把对称的或者疑似的事物作为对照，那就更可使该事物明白显出。所谓对称的，就是大门类相同而小门类不相同的事物。所谓疑似的，就是好像同门类而实则并不相同的事物。学术上的名词大概有对称的。通常的事物多半有疑似的。把对称的作为对照的例子，如说："植物是生物中不属于动物的那一些。"把疑似的作为对照的例子，如说："纸页习字是用笔写的，但目的并不在代替谈话，所以不是书信。"

六、语义的限定。语义因使用纷繁，往往发生分歧，对于同样一个词儿，两个人的理解未必全同。作说明文的时候，如果遇到容易引起误会的词儿，就得特别限定它的语义。譬如对于"共和"，可以说："共和是国家主权属于全体人民、行政首长也由人民选出来的一种国体，不是'周召共和'的共和。"

以上六项中的某一项或某几项确为读者所熟悉的时候，当然也不妨省略。

第四十八讲　类型的事物

说明文所说明的对象有许多种。我们要把重要的几种分别述说。现在先说其中之一——类型的事物。

有人说的，一棵树上找不到两张完全相同的叶子，一只鸟身上找不到两片完全相同的羽毛。世间事物除了本身以外，决不会有另外一件事物和它完全相同。话是不错。但不同之处未必尽关紧要，有一些往往是小节目，抛开这些小节目不管，就见得许多事物相同了。试就叶子来说。一棵树上的两张叶子，大小不尽相同，边缘的轮廓不尽相同，叶脉的纹理不尽相同；可是除开这样，构造是相同的。再说甲种植物的叶子和乙种植物的叶子，形状也许不相同，构造也许不相同；可是除开这些，生理作用是相同的。我们上生物学的功课，有时遇见"植物的叶子"这样的题目，这里所说的叶子是哪一种植物的叶子呢？也不是桃树的，也不是玉蜀黍的，什么都不是，而是从所有植物的叶子中间抽出它们的共同点，然后用这些共同点组织起来的一张抽象的叶子。它不是某种植物身上的某一张，可是和每一种植物的叶子比照起来，都有共同之点。它是同类（所有叶子）中间的一个模型。这就叫做类型的事物。

我们认识事物，大部分只需知道它的类型就够了；逐个逐件地认识，事实上不可能，而且也不必须。除非那事物特别和我们有关系，特别引得我们的兴趣，这才有另眼看待、个别认识的需要。

述说类型的事物，在口头就是讲演体，在笔下就是说明文。生理教科书中讲胃是怎样一件东西，有什么作用；动物教科书中讲哺乳类是怎样一类动物，有什么特征；都是讲演体，都是说明文。这里的胃并不指定张三或李四的胃；哺乳类并不指定这一条狗或那一只猫；都是类型的事物。如果你当医生，割治一个病人的胃，你要把那个病胃的状况写下来，以备他日参考；或者你养一条狗，非常可爱，你要把它的可爱情形写下来，寄给你的朋友看。这时候，你所写的不再是类型的事物了，你的文章也就是记述文了。

第四十九讲　抽象的事理

　　说明文所说明的对象，现在再举出一种——抽象的事理。

　　譬如，我们要知道水的冰点是多少度，就去观察。看见寒暑表（摄氏）降到零度的时候水就凝结起来，于是知道水的冰点是零度。在观察的当儿，眼睛看得见的具体的事物只有寒暑表、水或是冰。至于"水的冰点是零点"，换一句话说，就是"水在温度降到冰点的时候才结冰"，这不是一件具体的事物，而是一个抽象的事理，只能意会而不能目睹的。

　　看了上面的例子，什么是抽象的事理就可以明白了。物理、人生事理等书籍中所述说的都是抽象的事理。这些文章都是说明文。

　　抽象的事理不是我们所能创造的。它附着于事物，只待我们去发现。在未被发现之前，它早已存在了。既被发现，它就成为我们的经验。因为它是抽象的，发现得对不对、准确不准确往往成问题。譬如，某人精神不佳，仿佛看见眼前闪过一个黑影子，第二天病了，他就说黑影子是鬼，他的病因是遇见了鬼。这似乎也是一个发见，也是一个抽象的事理，然而多么错误多么荒唐呵！医生来了，仔细诊察之后，发见他的病因是受了某种病菌的侵袭，或者是身体某种机能发生了障碍。如果承认医生所发见的是准确的事理，就不能不说某人自己发见的只是虚幻的想头。因为同一事物在同一情形之下，事理不会有两个的。为增进经验，应付生活起见，我们需要准确的事理，不需要虚幻的想头。所以在发见的时候必须极其审慎，以免结果的错误、荒唐。又，我们所知道的事理很多，不尽由自己去发见，大部分还从传习得来；看了书籍，听了教师、家人、朋友的指授，我们就多懂了许多的事理。这些当然有可靠的，但未必完全可靠。所以，对于从传习得来的事理，也得审慎检查，淘汰一番，才能把它们应用。

　　述说抽象事理的说明文，像"水的冰点是零度"是最简单的了。通常的没有这么简单，往往须把一串的事理联结起来，这一串的事理或由自己去发见，或根据大家所公认的。怎样由自己去发见呢？怎样知道大家所公认的一些事理呢？那是各学科方面的事情，整个生活里的事情，不只是国文科方面的事情了。

第五十讲　事物的异同

　　有许多事物，粗看起来，这个和那个似乎没有什么分别；但实在是有分别的。为免除混淆起见，就有加以说明的必要。所以，事物的异同也是说明文所说明的一种对象。

　　譬如，鲸住在水里，形态和鱼类相仿，似乎也是鱼类，但实际上鲸并不是鱼类。要使人家知道鲸为什么不是鱼类，就得把鲸和鱼类的不同之点说个明白。又如，理信和迷信同是一个信，似乎没有什么分别；但实际上二者根本不同。要使人家知道二者为什么根本不同，就得把理信和迷信的来源解释清楚。如果写成文章，前一篇是《鲸和鱼类》，后一篇是《理信和迷信》。这两篇都是说明文。

　　凡是说明事物的异同的说明文必然是几篇说明文的综合。譬如，在"鲸和鱼类"这个题目之下就包含着两篇说明文：鲸是怎样的和鱼类是怎样的。综合的方式当然不止一个。先说明鲸是怎样的，再说明鱼类是怎样的，是一个方式；说了关于鲸和鱼类的某一个项目，再说关于鲸和鱼类的另一个项目，这样夹杂地说明，又是一个方式。无论用哪个方式，所说的项目必须双方兼顾；如说了鲸的血液是怎样的，就得说鱼类的血液是怎样的，这才能够使人知道二者的不同。如果在鲸的方面说了血液是怎样的，在鱼的方面却说骨头是怎样的，这就无从对比，不能够使人知道二者的不同了。从此更可以知道这类说明文并不是把几篇不相应的说明文贸然综合在一起，而是几篇格式相同、项目一致的说明文的综合。

　　这类说明文需要捉住那些必须说明的项目；没有遗漏，也没有多余，是最合理想的手笔。如果对于所要说明的那些事物理解得十分透彻，所谓异同既已了然于胸中，那么捉住那些必须说明的项目实在也不是难事。这又要说到平时的修养和锻炼上去了。执笔作文不过是把所理解的发表出来，而增进理解决不能够在执笔的当儿临时抱佛脚。这不但这类说明文如此，所有说明文原是同样的。

第五十一讲　事物间的关系

　　还有许多事物，粗看起来，这个和那个似乎没有什么联系，但实在是有着联系的。或者它们的联系常被误会，实际上并不是这么一回事。为抉隐、正误起见，就有加以说明的必要。所以，事物间的关系也是说明文所说明的一种对象。

　　譬如，帝国主义侵略和农村破产似乎是两件不相干的事情；但按照我国的情形说，帝国主义侵略实在是农村破产的主要原因。要使人家知道这一层道理，就得把二者间的关系说个明白。又如，坐得正、立得正，似乎只为着表示礼貌；但实际上对于身体的各种机能的正常发展（也就是对于健康）尤关重要。要使人家知道这一层道理，就得把正当姿势和健康的关系解释清楚。如果写成文章，前一篇是《帝国主义侵略和农村破产》，后一篇是《正当姿势和健康》。这两篇都是说明文。

　　因为目的不相同，这类说明文和说明事物异同的说明文在说明的方式上也就各异。说明事物异同的说明文常是两相对比的；而这类说明文仅须说明二者中间作为因素的一项，只要准确而没有遗漏，它和另一项的关系自然就显露了出来。譬如，要说明帝国主义侵略和农村破产的关系仅须把帝国主义侵略的方法，如市场的夺取、原料的吸取等等加以阐发；在这阐发之中，当然要指出受到影响最大的是区域最广、人口最多的农村；于是二者间的关系再也不必多说，谁都认得清楚了。

　　目的既在说明"关系"，和"关系"无关的项目就得抛开不说；否则徒然扰乱人家的注意，不免使全篇文章减色。譬如，在说明帝国主义侵略和农村破产的关系的文章里，却说到帝国主义间怎样在那里互相嫉妒，互相欺骗，这就是画蛇添足了；因为帝国主义间的互相嫉妒和欺骗对于我国的农村破产是没有关系的。

　　反过来，我们就可以知道，这类说明文必须捉住那些和"关系"有关的项目来说。

第五十二讲　事物的处理法

　　以前讲应用文中的说明书①，曾经把编书的事情作为例子，说编者"要使读者知道这部书是用怎样的方法编起来的，就得作一篇'凡例'"。用怎样的方法编起来，换一句说，就是这部书的处理法是怎样的。所以，事物的处理法也是说明文所说明的一种对象。

　　事物的处理法有具体和抽象的分别。譬如，做一种物理试验，须应用一种器物，这些器物又须作相当的布置；器物和布置是视而可见的，做得对不对又可以从试验的结果来判定。所以，这样的处理法是具体的。又如，讲立身处世的方法，要遵从道德的教条哩，要保持科学的精神哩；这些都不过是一种观念，没有迹象可凭。所以，这样的处理法是抽象的。

　　执笔作文，说明具体的处理法，人人写来几乎可以说一样。试取几本物理教科书来看，对于同一种试验的说明，彼此仅有字句之间的差异而已。说明抽象的处理法的文章可不然了，各人有各人的发见和理解，写来也许完全不相同。试取几本关于人生哲学的书籍来看，对于立身处世的方法，彼此往往不尽一致。

　　说明具体的处理法的文章中常常含有记叙的成分。依前面所举做物理试验的例子来论，讲到器物怎样、布置怎样的部分就是记述文，讲到怎样着手试验的部分就是叙述文。说明抽象的处理法的文章，在同一题目之下，各人写来虽然未必尽同；但写作的态度也得像说明物理试验法那样冷静，仿佛并没有"我"在里头似的。如果透露着"我以为应该这样""我主张非这样不可"的意思，那就不是说明文而是议论文了。

　　说明抽象处理法的文章须求切近实际，对于人家有点儿用处。如果说明

---

　　①　参见本书第四十三讲。

"怎样爱国"，却说一该省钱，二该卫生；省钱、卫生和爱国固然不能说绝对没有关系，但是关系太遥远了。这样的文章简直可以不作，因为它不切近实际，对于人家没有多大用处。

第五十三讲　语义的诠释

　　像字典或辞典，每一条条目诠释一个字或一个词的意义。小学生所用的最简单的字典，诠释只有一句话，甚至只有一个词儿；繁复的大辞典，每条长到千万言，简直就是一篇文章、一本书的规模。无论简单的、繁复的，总之说明字或词的意义，教人家有所理解，所以都是说明文。

　　诠释一个字或词的意义，要准确而没有漏义，最好用它的本身来作注释。其方式是"甲即甲"。应用起来，就是"牛即牛""自由即自由"。诠释"牛"字的意义，再没有比就用个"牛"字准确而包含得完全的了。对于"自由"一词也是如此。但这样作注解，不是等于没有作注解吗？注解的目的原在使人家理解他所不理解的字和词的意义，现在就用人家所不理解的原字、原词作注解，人家看了还是个不理解。所以，这种办法是行不通的；无论哪一种字典或辞典，都得用另外的语言来诠释字或词的意义。用了另外的语言，却仍旧要顾到准确和没有漏义这两点，这是编撰字典、辞典的人所刻意经营的事情。即使并不编撰字典、辞典，而在谈话或临文的当儿要诠释字和词的意义，也非随时顾到这两点不可。

　　如果说"牛是有理性的动物"，这就不准确了。因为"有理性"是"人"的特点，用来说明"牛"是完全不切实际的。如果说"牛是哺乳的动物"，准确是准确的了，但是还有遗漏。因为哺乳的动物不只是牛，马、羊、猪、狗等等乃至于人都是哺乳的动物；必须再举出牛的特点来加以限定才行。于是从牛的形态说，是怎样怎样的，从牛的功能说，是怎样怎样的；限定越多，漏义越少，直到所可举出的特点都已举出，这就没有漏义了。——以上是一个例子，无论诠释什么语义，都可以依此类推。

　　最足以为标准的诠释要推科学方面的定义了。如给"直角三角形"下定义说："这是内含一只直角的三角形。"绝对准确，也绝对没有漏义。至于通常的事物或字和词，因为它们关涉到的范围广大，有些又属于抽象的，要下这样确切不移的定义往往感到不很容易。但诠释语义的事情在日常生活中是很关重要的。无论当传述或是辩论的时候，必须双方对于所用字和词作同样的理解，才可以免除彼此的误会；因此，我们随时有诠释语义的必要。如果能够牢记着前面所说的两点，一要准确，二要没有漏义。虽然不一定像科学定义那样确切不移，总之也相差不远了。

第五十四讲　独语式和问答式

说明文和其他文体一样，大多数采用独语式。所谓独语式，就是作者一个人在那里说话，凡是必须使读者知道的都说在里头，直到说完，文章也就完篇的一种格式。

但有时为便利起见，不得不自己设问。设问就是提出一些问题来，自己再来解答。对于某一点，揣度读者也许会发生疑问，这当儿就来一下设问；接着给它个详明的解释，使读者不复致疑。对于某几处，揣度读者也许会弄不清头绪，这当儿也就来几个设问；然后分头说明，使读者理解得清清楚楚。这等地方，如果不用设问的方法，而用独语式述说下去，原也未尝不可；可是引起注意、点清眉目的效率比较用设问的方法差得多了。写文章给人家看，应该随时随地替人家着想，既然设问可以增加效率的话，为什么要吝啬这些相当处所的设问呢？

从偶或设问发展开去，有些说明文竟是全篇的问答。有一种叫做《地理问答》的书，它的体裁是这样的：某某省位置怎样？某某省在某某省的南面，某某省的北面。某某省有什么大山？某某省有某某山。某某省有什么大川？某某省有某某河。……这是和独语式完全不相同的问答式。每一个问题提示一个项目，答语就是对于这个项目的说明，头绪是清楚极了，即使阅读能力很差的人也不会缠错。我国古书里头有一种叫做《春秋公羊传》的，也全用问答式。它说明《春秋》第一句"元年春王正月"的意义说："元年者何？君之始年也。春者何？岁之始也。王者孰谓？谓文王也。曷为先言王而后言正月？王正月也。何言乎王正月？大一统也。"凡是应该说明之点，都给制成一个问题，然后一层一层加以疏解，像"剥蕉"一般。读者读了这样的文章，只觉得作者的态度极端冷静，一点也不掺杂个人的感情在内，比较独语式尤其偏于理智这方面。

　　动手写说明文，用独语式呢还是用问答式，这当然随作者的便。二者之间并没有优劣可分，只要述说得准确、清楚，能使人家充分理解，无论用哪一式都是好的。不过用独语式已经足够了的时候就可以不必用问答式，因为用问答式至少要多写一些问语，可省不省，未免浪费。至于前面说起的《地理问答》和《春秋公羊传》，那是全书的体裁如此，又另是一个说法了。

第五十五讲　知的文和情的文

　　我们读过了许多篇文章了。自己反省一下，觉得从这许多篇文章得到的影响并不一致：在读了某一些文章之后，我们除了知道了一些什么以外，不再感觉别的；可是在读了另外一些文章之后，却不仅知道了一些什么，还受着它的感动，它好比一块石头，投在我们"心的湖泊"里，激起了或强或弱的波动。譬如，我们读了《丛书集成凡例》①，不过知道《丛书集成》是怎样一部书罢了；可是我们读了《海燕》，却使我们心目中出现了成群的小燕子，在春光如海或是碧天万里的背景之前，上下飞翔，我们因而感到一种欣喜或是哀愁。同样是一篇文章，给与我们的影响竟会这样的不同。

　　原来文章除了从前说起的最基本的分类法②以外，还可以有其他的分类法。像《丛书集成凡例》那样的文章，目的在将一些知识传达给人家；像《海燕》那样的文章，目的在将一些情感倾诉给人家。前者叫做知的文章，后者叫做情的文章。因为作者的目的不同，读者所受的影响也就各异。读了知的文章，可以扩大知识的范围，但情感方面不会有什么激动；读了情的文章，可以引起情感上的"共鸣"，虽然也可以从其中接受知识，但接受时候的心境是激动的而不是平静的。

　　知的文章和情的文章不能够依据了文体来判别。同样是记叙文，有属于知的，如《五四事件》③，有属于情的，如《五月三十一日急雨中》④。同样是论说文，有属于知的，如《图画》⑤，有属于情的，如《朋友》⑥。

---

　　① 见本书附录。
　　② 参见本书第五讲。
　　③ 见本书附录。
　　④ 见本书附录。
　　⑤ 见本书附录。
　　⑥ 见本书附录。

　　知的文章和情的文章，如果用图画来比拟，前者犹如用器画，而后者犹如自在画。用器画所要求的是精密与正确，要达到这样地步，唯有对于当前事物作客观的剖析。自在画所要求的是生动与神化，要达到这样地步，必须对于当前事物作主观的体会。十个人对同一事物画用器画，只要剖析得不错，画成的十幅画就完全一样。十个人对同一事物画自在画，彼此的体会未必一致，画成的十幅画就大有差别。用器画家以纯理智的眼光去看事物，把个人的情感搁在一旁，所以剖析相同，成绩也相同。自在画家通过了个人的情感去看事物，一切都给染上了个人情感的色彩，所以体会各别，成绩也各别。

　　试取几种物理教科书来看。其中讲力学的，讲声学的……无非这么一些意思，不过字句之间略有不同罢了。原来这些是同于用器画的知的文章。又试取几篇哀悼某一个人的文章来看，就见到他们的意境各各不同。原来这些是同于自在画的情的文章。

　　作知的文章，第一，自然要求观察和认识的精密与正确，这是个根本条件。如果观察和认识不精密，不正确，无论你笔下的工夫怎样了不起，决不能够写出好文章。第二，对于所谓消极修辞的工夫要充分注意。

　　作情的文章，不但要记录事物，表示意思，并且要传达出作者的情感，为达到这个目的起见，就得放弃了寻常的写述手法，而致力于描写的工夫。所谓描写，浅近地说起来，就是种种积极修辞方法的适当的应用，如譬喻，如拟人、拟物，如借代，如摹状，如铺张……这些修辞方法都是直接诉之于感觉的。惟其直接诉之于感觉，所以能有传达情感的效果。"时令交春了"这样一句话中，没有什么情感可言。但是说"春天和我们同在了"，我们就感觉春天宛如一位可爱的朋友，它的到来带给我们无穷的希望；这就可见这样一句话足以传达出欣喜的情感。

第五十六讲　学术文

知的文章一点不掺杂作者个人的情感，只是对当前事物作客观的剖析：前面已经说过了。现在要说的是：凡作学术文应该用知的文章的手法。因为学术文的目的在使读者精密地了知，正确地理解，这非诉之于读者的理智不可；如果笔下带着情感，难免把读者的理智混淆了，在学术的授受上是有着妨碍的。试看出色的学术文，都是纯粹的知的文章。

要作学术文，必须作者对于学术有了精深的造诣。这由于平时的修养，在我们的文话中没有什么可以说的。现在假定作者对于学术已经有了精深的造诣，当他动笔写作的时候，却有特别要审慎的几点。在这里，我们不妨提出来谈谈。

第一点，凡用字眼，要按照它的原义；换一句说，就是要按照它在学术上的意义来使用它。有许多字眼，经过千万人的传说，它们的意义渐渐转变，成为庸俗的意义，和原义完全不相应合。如称节省钱财为"经济学"，称热心公益为"社会主义"，把自己的意见叫作"主观"，把他人的意见叫作"客观"，诸如此类，不一而足。如果写作传记或是小说，而所写的正是这样乱用字眼的人物，自然不妨把这些字眼用在他的会话里；使读者如闻其声，如见其人。这当儿，你若嫌他使用字眼全不得当，逐一给他换上适切的字眼，写成他的会话，那反而失掉了这个人物的特点，你的描写就失败了。但是在学术上，"经济学"是什么，"社会主义"是什么，"主观"是什么，"客观"是什么，都有确定的界说。作学术文，唯有合乎界说的意义，才可以用这个字眼来表达它。读者根据了字眼的界说来理解，才可以不生歧义。否则作者和读者之间没有了公认的媒介，那学术文就说不上精密与正确了。

第二点，凡有语句，要多所限制；换一句说，就是要使语句的含义毫不游移。我们平时说话、作文，往往依从习惯，取其简捷；只要在当前的情境之下，能使对方理会，就算了事；但仔细考察起来，不免有游移的弊病。如说"铁比棉重"，似乎很成一句话，然而这句话的意义是游移的。一百斤铁比一百斤棉重呢，还是一小块铁比一大包棉重？如果说："假如体积相同，铁比棉重"，这就毫不游移了。"假如体积相同"正是加上去的限制。可见多所限制可使意义精密与正确。我们读学术文，如"在某种情形之下""在某一些条件之下""从某方面看来""从某立场某基点说来"等副词性的语句，常常可以遇见。这并不是作者不惮噜苏，实因他要求他的语句精密与正确，所以不得不加上相当的限制。

第三点，凡积极修辞方法，在学术文中不宜随便乱用。如"白发三千丈"是诗篇的佳句，"世乃有无母之人"是抒情文的至性语，它们都用的积极修辞方法。但当写学术文的时候。这种语句就完全用不到。学术文要一是一，二是二，不戴有色眼镜去观察一切事物，不带个人情感去对付一切意思。学术文以朴素而精密、正确为美，和情的文章原是不一样的。

写学术文应当审慎的当然不止以上所说的几点，但这几点却是浅近而重要的。即使自己并不动手去作，知道了这几点，对于学术文的阅读也有相当的帮助。

第五十七讲　对话

　　叙述文叙述事件的经过与变化。事件的经过与变化，情形各各不同。如果某事件中有若干人物在那里活动，从作者看来，不但那些人物的行动需要叙述，就是他们当时的语言也非叙述不可：在这样情形之下，叙述文中就得插入对话了。

　　像《项链》这篇里的"呵！好香的肉汤！我觉得没有再比这好的了……"这只是那个丈夫的独白，并不是对话。又像《新教师的第一堂课》①里的"反正已非教书不可，除了在这上努力以外更无别法，人家怎样说，怎样想，哪里管得许多。"这只是那个新教师在那里想心思，而作者把他的心思写了出来，也不是对话。所谓对话，至少在两个人之间才会发生。你提起了一个问题，或者谈到了一件事物，我接下去表示我的意见，说出我的感想，你又接着谈论下去：这样才是对话。如果人数更多，或者甲、乙、丙、丁顺次发言，或者甲、乙反复说了许多回，而丙、丁只在其间插入一两句：这样当然也是对话。

　　有许多叙述文，作者在人物的行动上很少用笔墨，有的竟绝不去叙述人物的行动，而专门叙述他们的对话。读者读着这样的文章，就仿佛坐在这些人物旁边，听他们你一言，我一语。读到完篇，就可以了解他们谈的是什么。

　　叙述人物的语言，原来有两种方式。一是用传述的口气，由作者转告读者，其方式是"甲说怎样怎样，乙以为怎样怎样"。用这种方式的时候，对于语言中的代名词必须加以变更，如原语中的"我"，由作者方面说，必须改作"他"，原语中的"你"，由作者方面说，必须改称那人的名字；否则就混淆不明了。一是用记录的手法，把原语直接告诉读者，其方式是：甲说："怎样怎

---

　　① 见本书附录。

样。"乙说："怎样怎样。"这里用着引号，就是表示完全保存语言原样的意思。从前文言不用标点符号，但也有个特别的标记，作者在记录语言之前常写着"某某曰"，使读者一看就明白，"曰"字以下是人物的语言的原样了。

前一种方式，适用于短少的语言。如前面提起的《项链》里那个丈夫的独白，如果把"我"字换作"他"字，改为作者传述的口气，也没有什么不可以。但是，繁多的语言，几个人的反复谈论，就不适宜用这种方式，而必须用后一种方式。因为用前一种方式既有变更代名词的麻烦，又有许多语言不便由作者传述（如自己发抒情感的话），不如用后一种，依照语言原样记录，来得方便。又，用前一种方式只能传达语言的意思，而不能传出人物发言当时的神情；要使读者在领略意思以外，更能体会发言当时的神情，就非用后一种方式不可。

叙述对话的文章就是充量利用后一种方式的。

我们同家人或是朋友在一起，随时发生对话，为什么不把它完全记录下来呢？原来写一篇文章，必须有一个中心意义；平时的对话，或则散漫无归，或则琐屑非常，要记录当然可以；只因为它不值得记录，就不去记录了。若是一场对话中间，含有一个中心意义，那就是值得记录的材料；作者就不妨提起他的笔来。值得不值得的辨别，全靠着作者的识见。

第五十八讲　戏剧

　　戏剧和纯用对话组成的叙述文相似而实不同。二者都只有对话，是它们的相似处。但戏剧用对话来表达一个故事，这故事或则头绪很繁多，或则进展极曲折；而寻常用对话组成的叙述文，不过是几个人的一场会谈，在某一个中心意义上见得有记录下来的价值而已：这是它们的不同处。

　　更有一点不同处：纯用对话组成的叙述文，其目的和他种文章一样，无非供人阅读；而剧本却不单供人阅读，尤其重要的，在供演员登台表演。因此，写剧本比较写叙述文须要更多方面的注意。许多对话该使演员在怎样的环境中间说出，用怎样的神情、姿态说出，才可以收到最大的效果：这是写剧本时必须考虑的。作者把考虑的结果也写入剧本里头，于是在对话以外，又有了记录舞台布景以及人物的神态、动作等等的文字。这种文字是给布景员和演员看的，在剧本中只居于"注脚"的地位，而剧本的主题总之是对话；所以我们不妨说，剧本的组成完全用着对话。

　　我们要知道，纯用对话来编成戏剧，而对话又同实生活中间一样，发言吐语，毫无不合情理之处，这是从西洋现代剧的写实一派开始的。这种编剧方法传到了我国，我国也就有人写这样的剧本了。若从所有的剧本看起来，写法并不完全如此。如有一些剧本，往往有一个人物的独白，把所见的景物、所想的心事、所感的情绪说上一大套。在实生活中间是决没有这样的事情的，既不是神经病患者，怎么会唠唠叨叨向虚空说话呢？然而作者认为戏剧究竟是戏剧，虽然不合情理，却也无妨。这和写实一派，不能断定说谁优谁劣，因为戏剧的优劣并不在这上边判别；只能说另是一种写法罢了。

　　我们旧有的戏剧大都是歌剧：有道白的部分，又有歌唱的部分。这也和实生活不相一致，在实生活中间，决没有按照着乐谱说话的，还有歌唱的部分并不完全是对话或者独白。如皮簧戏《空城计》中司马懿唱："坐在马上传将令：大小三军听分明。"昆剧《长生殿·埋玉》中唐明皇唱："无语沉吟。呵呀！意如乱麻。"这两个例子中，"大小三军听分明"和"呵呀"固然是对话；而"坐在马上传将令"表明司马懿的动作，"无语沉吟""意如乱麻"表明唐明皇的神态与心绪，按照现代剧写实一派的手法，这些只能作为"注脚"罢了，但在我国的歌剧中，也不妨编成唱句由剧中人物唱出来。这种体裁上的特异处，也是看戏的或是读剧本的所应了解的。

再说我国旧有的戏剧，一出中可以有许多场面。各个场面所表演的事情，在时间上不一定连续，在空间上不一定一致。前一场面的事情发生在前几天，在甲地点，而后一场面的事情却发生后几天，在乙地点：这样的例子很多。但是现代剧写实一派就不一样。它每一幕只表现在某一段时间以内发生在某一地点的事情。时间不可割断；地点不可变改。假如一幕戏剧可演一点钟，那就是剧中人物连续地作一点钟的对话；假如舞台被认为某人家的一间屋子，那无论剧中人物上场下场多少回，总之只能在这一间屋子里活动。有了这样的限制，又得纯用对话，表达出头绪很繁多、进展极曲折的故事来，使观者觉得入情入理，发生深切的感动，这当然不是容易的事情了。

第五十九讲　文章中的会话

　　剧本以及有一些叙述文纯用对话来写成，前面已经说过了。但大部分的叙述文都只是插入一些对话罢了。按照实际情形说，一件事情继续发展，由少数或者多数人在那里活动，当时他们的对话一定不止被记录在文章里的这一些。譬如，有五个人聚集在一起，举行一个会议，他们从开会到散会，彼此反复辩论，互相商讨，假定延长到一点钟的话，那记录对话的文章至少要有七八千字了；但写起文章来，往往不把这些对话完全记录，而只记录其一部分，此外的，由作者用"某人主张怎样""某人的意见和某人大致相同"等语句一笔表过（会场速记当然除外）。为什么文章中的对话少于事实上的对话呢？被记录在文章里的对话又用什么标准来选定呢？这是应当讨究的问题。

　　从前我们说过："事物本身的流动有快有慢……写入文章里面，因为要使事件的特色显出，就得把不必要的材料删去，在流动上更分出人为的快慢来。"① 所以，即使是叙述一场会议的经过的文章，本来应该纯用对话来写成的，也不妨在流动上分出人为的快慢来，把显得出该会议特色的对话记录了，而对于其余的对话，或者只是一笔表过，或者简直略去不提。这样，文章中的对话就少于事实上的对话了。我们要知道，叙述文是决不能按照事实一丝不漏地记录的，某一件事情自始至终只占一天的时间，可以说很短很暂的了，但是，试想把这一天里各个人物的行动以及对话一丝不漏地记录下来，将成多少厚的一本书？人家阅读这样一本大书，将费多少的工夫？并且，这样记录有什么必要呢？叙述了重要的部分，更把脉络、关节交代明白，使人家知道事情的特色和大概，这就足够了。

　　选定对话的标准，只有"必要"二字。说得明白一点，就是：凡足以增

---

　　① 参见本书第十五讲。

加文章效力的对话，必须记录下来；其可有可无的，不妨一概从略，因为收了进去反而使文章见得累赘，减损了效力。譬如：事件的进展，由作者的口气来叙述，往往觉得平板；而这当儿事件中的几个人物恰好有一场对话，径把这一场对话记录下来，却见得活泼有致：这就是足以增加文章效力的对话，决不可随便放过。又如，人物的性格，由作者用一些形容词语来描写，只能使读者得到个抽象的概念；假如这些人物恰好有一场对话，径把这一场对话记录下来，却可以使读者对于他们的性格得到个具体的印象：这就是足以增加文章效力的对象，尽量收入也不嫌其多。试取好的文章来看，其中所收的对话断没有离开了"必要"的标准的。

以上是就叙述实事的文章而言。他如小说，整个故事都由作者虚构，其中的对话当然也出于想象。想象出来的对话，除必须合于"必要"的标准以外，还得注意到人物的性习、职业、教育程度、地方色彩，等等。一个粗鲁的人物，却有精密的谈吐；一个不识之无的人物，却满口引经据典，或者累累不绝地用着学术词语：这些都不是好的对话，在小说中就是毛病。

第六十讲　抒情诗

　　我们当遇见了美好的、伟大的景物，不禁要放声高呼："啊！了不得！了不得！"或者当碰到了哀伤的、惨痛的事故，不禁要出声绝叫："啊！受不住了！受不住了！"这当儿，我们和当前的景物或是事故已经融合在一起，不再用冷静的头脑去对付它们，却把自己的情感倾注到它们中间；因而眼中所见、心中所想，都含着情感的成分。

　　在一些时候，因为情感太旺盛了，太深至了，仅仅叫喊几声，不足以尽量发泄；而情感不得尽量发泄，却是一种不快，甚而是一种难受的痛苦。于是我们编成几句和谐的语言，把当时的情感纳在里头，朗吟着或者低唱着。在吟唱的当儿，怀着欢快的情感的更觉得畅适无比，而怀着哀痛的情感的也觉得把哀痛吐了出来：二者都得到尽量发泄的快感。即使并不由自己来编，在情感激动的时候，也往往要吟唱一些现成的诗歌。游山玩景的人不知不觉地吟着古人的咏景佳句，送殡的行列凄凄切切地唱着《蒿里》《薤露》的歌曲，都为着发泄情感的缘故。

　　抒情诗就是从这样心理基础上产生出来的。无论对自然景物，或是对人情世态，有动于中，发为歌咏，都是抒情诗。这里所谓情，自然各各不同，有强烈的，有淡远的，有奔放的，有含蓄的；但总之贯彻着全诗，作为全诗的灵魂。我们原可以说，情是诗的本质，没有情也就无所谓诗；所以凡是诗都是抒情的。现在从诗的范围中划出一部分来，把那些纯粹流荡着一股情感的诗特称为抒情诗，不过表示那一类诗比较一般的诗尤其是抒情的而已。

　　抒情诗纯粹流荡着一股情感，这情感必须用具体的语言和适合的节奏才表现得出。假如语言是笼统的、模糊的，节奏是和情感不相应的，那就达不到抒情的目的。譬如，逢到欢喜的时候，只是说"快活极了"，逢到悲伤的时候，只是说"痛苦极了"，这样，虽然重复说上十遍二十遍，还是没有抒出什么情来。必得把当时眼中所见、心中所想化为具体的语言，然后可以见得感动在什么地方，以及感动到何等程度。又必得使语言的节奏适合当时的情感，然后歌咏起来可以收到宣泄情感的效果。总括一句，就是：抒情诗应该是造型艺术和音乐艺术的综合体。

如果取一首抒情诗来作为例子，把它解说一番，对于上面所说的话就更见明白。我们读过李白的一首诗："问余何意栖碧山，笑而不答心自闲。桃花流水窅然去，别有天地非人间。"这首诗抒写山居闲逸之情。假如只是说"闲逸极了"，那就等于没有说。现在作者在第一句里说到"山"，而且是"碧山"，这就非常具体；仿佛作画一样，已经布置好了一片鲜明的背景。更用一个"栖"字，见得对于山居乐而不厌。鸟儿栖息在林中，不是很安适很快乐的吗？第二句用"笑而不答"来描摹"心"的"闲"，又是个具体的印象。从这个具体的印象，显示出丰富的意义：别有会心，不可言状，是一层；说了出来，人也不解，是一层；闲适至极，无暇作答，又是一层。第三句从整个背景中选出更鲜明的"桃花流水"来说。桃花随着流水窅然而去，即此一景，便觉意味无穷。所以第四句推广开去说，总之山中别有天地，不同人间。山景如此，心境如此，其闲逸之情可想而知了。再说这首诗用"山""闲""间"三字作韵脚，声音舒缓。而第一句的"栖"字，第二句的"自"字，第四句的"非"字，以及第三句的"窅然"二字，念起来都使人起幽静深远的感觉。把这些字配合在诗里，正和闲逸之情适合。若问李白这一首诗为什么会这样好，回答是：因为它是造型艺术和音乐艺术的综合体。

第六十一讲　叙事诗

　　叙述一件事情，不用普通的散文，而用诗来写出的，叫做叙事诗。所谓叙事诗，是对于抒情诗而言的，抒情诗所写的是作者对事物的主观的情怀，叙事诗所写的是事物本身的变迁和进展。

　　抒情诗所用的题材可大可小，大至国家兴亡，小至一草一石都可以。因为所写的并非事物本身，乃是作者对于事物的情怀，所以题材可以不拘。至于叙事诗，是叙述事物本身的变迁和进展的，题材常取稀有的不寻常的故事，历史上可歌可泣的事件，往往被取为叙事诗的好题材。抒情诗可以用短小的构造来写出，叙事诗非用较大的篇幅不可。

　　叙事诗在叙述一点上和叙述文性质相同，叙述文里的技巧，如材料的剪裁、取舍，场面的布置等等法则，照样可应用于叙事诗。但从另一方面看，叙事诗究竟是诗，不是散文，不但须在字句上、韵律上具有诗的形式，并且还要具有诗的质素。若叙述一件事情，只是字句韵律像诗，而缺乏诗的质素，那么只是诗体的叙述文而已，不能算是真正的叙事诗。

　　诗的质素是什么？我们在前面曾略有说及。[①] 诗是用想象、含蓄、印象等等的方法，叫人去感受的。叙述一件事情，可以用散文，也可以用诗，散文的目的在告诉读者事件的经过，使读者"知得"。诗的目的，却在叫读者"感得"。叙述文和叙事诗的特色，可用下面的例子来分别：

　　　　时移事去，乐尽悲来。每至春之日，冬之夜，池莲夏开。宫槐秋落，梨园弟子，玉琯发音，闻《霓裳羽衣》一声，则天颜不怡，左右歔欷。三载一意，其念不衰。求之梦魂，杳不能得。

　　---

　　① 参见本书第四十讲。

——陈鸿《长恨传》

归来池苑皆依旧，太液芙蓉未央柳。芙蓉如面柳如眉，对此如何不泪垂。春风桃李花开日，秋雨梧桐叶落时。西宫南内多秋草，落叶满阶红不扫。梨园子弟白发新，椒房阿监青蛾老。夕殿萤飞思悄然，孤灯挑尽未成眠。迟迟钟鼓初长夜，耿耿星河欲曙天。鸳鸯瓦冷霜华重，翡翠衾寒谁与共。悠悠生死别经年，魂魄不曾来入梦。

——白居易《长恨歌》

上面两段文字，都是叙述唐玄宗回宫后的独居寡欢的，《长恨传》是叙述文，《长恨歌》是叙事诗。一经比较，就可看出特色来。叙事诗叙述事物，始终不能脱去诗的情感的要素，从这点说起来，叙事诗和抒情诗，并没截然的分界，只是所取的题材不同罢了。

第六十二讲　律诗

　　我们已读过许多诗，除新诗以外，有七言绝句，有五言古诗，七言古诗。关于诗的平仄的格式，也曾在前面讲过一种七言绝句的。这里我们要讲到律诗。

　　律诗是用八句构成的，有七言的五言的两种。七言律诗的平仄格式，完全是七言绝句的重复，前回所讲的七言绝句的平仄排列共有两个格式，任何一种反复重叠起来，就成七言律诗的平仄。

　　五言律诗的平仄格式，也由五言绝句的平仄格式重复而成。五言绝句的平仄，也有两种排列方式，如下：

○○●●○　　　　　　●●○○●

或○○○●●　　　　或●●●○○

●●●○○　　　　　　○○●●○

●●○○●　　　　　　○○○●●

○○●●○　　　　　　●●●○○

（五绝平起）　　　　　（五绝仄起）

五言绝句用四句构成，上面两式中，任何一种重复起来，就成一首五言律诗的平仄格式。但第五句概不用韵。（七律亦同。）

　　律诗和绝句同是近体诗，律诗的限制比绝句更严，除平仄字数的限制外，还有其他的限制须遵守。绝句可押仄声韵，而律诗通常只许押平声韵。不论五言律诗或七言律诗，八句之中第三第四两句和第五第六两句须讲对仗，叫他各自成为对偶。还有，在一首律诗之中，已经在某句里用过的字，他句不准再用。这些格律如果违犯，就认为不合格。

　　律诗之中，除由八句构成的五律七律以外，还有累积至数十韵（两句叫一韵）的，叫做排律，也称长律。

　　旧诗之中近体诗比古诗限制严，最受束缚的要算律诗了。我们现在的新诗，就是从这种束缚解放出来的东西。

第六十三讲　仪式文（一）

　　在现世生活，常碰到种种的集会。小至朋友间送迎庆吊，大至政治上的一切会议，都用集会的方式来实施。集会必有相当的仪式，在这些仪式之中，就必有讲话的人。例如学校行毕业典礼的时候，必有官长、校长或教职员的训词，来宾的演说，以及学生代表的答词。这些讲话如果记载下来，就是文章。这里叫做仪式文。世间有许多文章，就属于这一类。

　　仪式文的对象，就是眼前的听者，他的读者是有一定的。就这一点说，仪式文和书信颇有相同之处，书信里的礼仪法则，如称呼敬语之类，都该照样应用。

　　仪式文可略分为两种，一是以仪式的主持者为立场的，一是以仪式的参与者为立场的，这两种的分别，很是显然，因之写作的态度也有不同。举例来说，在做寿的仪式上，寿翁的"七十自述"属于前者，来宾所送的"寿序"之类，属于后者。在一般集会的仪式上，会长的开会词属于前者，会员或来宾的演说属于后者。

　　现在先讲第一类的仪式文。这类仪式文的意思或内容差不多是被所行的仪式限定了的，因为作者就是仪式的主持者，对于举行这仪式的必要、理由，以及个人的见解、感想、希望等等早怀抱在胸中，不劳再去临时搜索。把这些怀抱按照自己的地位发挥出来，就成一场讲话，也就是一篇文章了。所以，这类的仪式文，材料内容是现成的，不必外求，问题只在怎样把自己所怀抱的意思得体地充分地表达出来。

　　仪式文是应用文，凡是应用文，都是应付当前的实际事务的，和实际事务有着密切的关系，措辞要得体，要合乎身份地位，否则就不适当。这类仪式文的好坏的区别，与其说在技巧上，倒不如说在态度上。作者能将自己对于仪式所怀抱的意思按照自己的身份地位合法得体地表达出来，就不失为一场通得过的讲话，或一篇通得过的文章。故意播弄技巧，反不是好事。

第六十四讲　仪式文（二）

这里所讲的是第二种的仪式文。

第二种仪式文是以仪式的参与者为立场的。我们在参与仪式的时候，常见到有些人会临时被邀请了上台去讲话，有些人或自动地发表意见，不论是被邀请的或自动的，这种讲话或意见写记下来，就是第二种的仪式文。

这种仪式文比第一种仪式文更需要技巧。第一种仪式文的作者是仪式的主持者，内容意思早有把握，而且可在事前先作预备，甚至于先用文字写记起来也无妨。可是第二种仪式文的作者，却没有这种便利和余裕，他们大都须临时把讲话的内容意思构成起来，在上台去稍后的人，还要避掉他人已在前面所讲过的各种材料，以免人云亦云的缺陷。所以这类仪式文，比第一类仪式文难作得多，全靠作者有本来的素养，和临时的机智。同是一番道理，有素养的人发挥出来便和别人不同；同在一室之中，有机智的会从眼前事物中发见讲话的新鲜材料。有素养有机智的作者，在这种时候，往往能将离本题很远的事物牵引出来，使和当前的情形发生密切的关系，加以说述，叫听众和读者发生新鲜的快感。

这种仪式文，须合乎身份，顾到礼仪，和第一种仪式文没有两样，最要紧的是有新鲜味，切忌内容空虚，泛而不切。这种仪式文一不小心，就会犯肤浅笼统有形式而没有实质的毛病，普通所谓"应酬文字"者，大都就指这种无聊的文章而言。自古以来，不知有过多少篇的"颂辞""寿序""赠序""谏辞"之类的文章，可是有意义的可传的作品却并不多。至于那些坊间流行的"酬世锦囊"之类的书中所载的祭文、祝辞、喜联、挽对等等，更是随处可以适用的浮泛无聊的东西了。

第六十五讲　宣言

　　国家或团体对于某一件事情或某一种计划，要发表意志或主张使大众知道，得用文字做宣传工具。这种文章，种类是很多的，如诏谕，如檄文，如标语，如宣言，都是。标语和宣言是这种文章的近代的形式。这里就只说宣言。

　　宣言和标语都是表达意志、宣示主张的：标语只是揭出一个题目，不详说理由，取其简单明了，宣言就了题目详说理由，目的在叫人了解所发表的意志或主张是合理的。应该的，从此生出一致拥护赞成的精神来；标语好像是热烈的叫唤，宣言是谆谆的说教。例如对于取消不平等条约一件事只提出"取消不平等条约"的几个字来，这是标语。详细把不平等条约的历史、祸害，以及取消的决心和步骤等等说出来的，是宣言。

　　一个小小的团体，一个平常的个人，偶然也可有发宣言的事情，但一般地所谓宣言，是政治当局者用来发表政治上的意志和主张的东西。它的对象往往就是全体民众，或有关系的他国人民。宣言的目的，在呼唤起民众对于某事件、某计划的共鸣，起来和当局者站在一条线上，完成当局者所怀抱的意志或主张。写作的时候，最要注意的是意志主张的明白现出，当局者对于自己所怀抱的意志和主张，不但不许有一些含糊，而且还要有热烈的决心，坚定的态度。因为当局者的意志和主张是宣言的内容，当局者的决心和态度，更是感动民众的要素，都非常重要的。

　　宣言是一种应用文，性质和书信及第一种仪式文有共通的地方，因为都是处置事务而且对人讲话的。不过对象是全体民众，比书信和仪式文更广罢了。作者的身份地位，在措辞上一样地该好好注意。

第六十六讲　意的文

　　我们在前面曾经把文章分为知的文和情的文，说明二者的区别。① 知和情是心理学上的名词，一般心理学者把心的作用分为知、情、意三个方面，既然有知的文和情的文，当然还可有意的文了。这次就来再说意的文。

　　意就是意志，是一切欲望发生的根本。我们平常说"我要××""我以为该××"或"我非××不可"的时候，就是我们的意志在发动。意志常以主张的形式而表现，所以凡是有所主张的文章，就是意的文。前面所讲的宣言，就是意的文之一种。

　　我们平常讲话，对于事物有所说述的时候，必含判断的语气，如说"人是动物"或"地不是平面的"这些判断，有时只是一种说明，有时就成一种主张。"人是动物""地是个会转动的球"，这话在现在的学校教师口里是一种说明，可是在从前达尔文、哥白尼口里是一种主张。因为在达尔文以前，人是被认为上帝所造的，在哥白尼以前，地是被认为不动的。他们当时有许多敌论者，他们的判断就是反对当时敌论者的呼叫。一个判断的成说明或成主张，完全以有没有敌论者为条件。判断用主张的态度发挥出来的就成议论。所以一般所谓议论文者也都是意的文。

　　把心的作用分成知、情、意三个方面，原是为说明上的便利，实际这知、情、意三者都互相关联，并无一定的界限可分。我们对于事物要主张某种判断，是意。但主张不该盲目武断，必得从道理上立脚，有正确的理由，这是知。还有，要主张一件事情，必先须有主张的兴趣和动机，或是为了爱护真理，或是为了对于世间的某种现状有所不满，这是情。意的文不能和知、情完全无关，在心理的根本上已很明白，至于说出来或写出来的时候，为了要

――――――――――

　　① 参见本书第五十五讲。

使自己的主张受人共鸣，有时须利用知，有时须利用情，也不能不和知、情相关联。这里所谓意的文者，只是由作者意志出发，以发挥作者的意志为主旨的文章而已。

第六十七讲　议论文的主旨

　　我们以后要讲述关于议论文的种种，这回先讲议论文的主旨。

　　议论文是把作者所主张的某种判断加以论证，使敌论者信服的文章。议论之所以成立，由于判断的彼此有冲突。如果对于某一判断彼此之间都认为真理，那就并无异议可生，根本无所用其议论了。例如，"人是要死的"这判断在一般人是不会引起议论的，可是在认为灵魂可以永生的宗教家，都要作为大题目来发种种的议论。又如"饮酒有害于健康"，这判断已成为常识上的真理，用不着再有人出来从新主张，可是对于明知故犯的嗜酒者和漠视酒害的世间大众却有再提出来议论的必要。总而言之，议论的发生由于对于某一判断的意见有不一致的地方。这所谓不一致，并不必全部相反，在程度上范围上部分地不相融合也可以。例如对于"人皆有死"的判断，可以发生"伟人身体虽死精神不死"的议论；对于"饮酒有害"的判断，可以引起"饮酒不过量反而有益"的议论。此外，因了个人立场的不同，对于一个判断，主张上也自然会发生种种的不一致，这样，议论的来路是很多的。

　　议论文是作者对于敌论者主张作某种判断的东西，所以议论文大概有敌论者，至少应有敌论者在作者的预想之中。这所谓敌论者，有时可以说得出是张三或李四，有时不妨漠然不知道是谁。总之是有敌论者就是了。凡是文章都以读者为对象，都有读者的预想。议论文的读者和别种文章的读者性质颇有不同，议论文的读者一种是敌论者，一种是审判者。我们写作议论文，情形正和上法庭去诉讼，向对方和法官讲话一样。

　　我们对于事物不妨怀抱和别人不相一致的见解，提出自己的判断来加以主张。但主张必有理由，为使大家信服起见，当然要把主张的理由透彻地反复论证。议论文的主旨就在论证作者的主张。大家都认"武王是圣人"，你如果要主张说"武王非圣人"，不能凭空武断，该提出充分的理由来论证这个和人不同的判断。

第六十八讲 立论和驳论

　　议论文是作者把自己所主张的判断来加以论证的东西，可分别为两种：一种是作者自己提出一个判断来说述的，一种是对于别人的判断施行驳斥的；前者叫作立论，后者叫作驳论。

　　前面曾经说过，凡是议论，都有敌论者，至少应该有敌论者在作者预想之中的。立论和驳论都有敌论者，立论的敌论者范围很广泛，并没有特定的对象，驳论的敌论者是有特定的对象的。作者为了对于某人的某一判断觉得不以为然，这才反驳他。所以就大体说，立论是对于一般世间判断的抗议，驳论是对于某一人（或某一团体）的判断的抗议。

　　驳论是以一定的敌论者为对象的，我们对于敌论者所主张的判断，尽可认定论点，据理力争，却不该感情用事，对敌论者作讥笑谩骂的态度。如前所说，我们发议论的动机，也许出于感情的驱迫，但议论本身彻头彻尾是立脚在理智上的，丝毫不能凭藉个人的感情。尤其是写作驳论的时候该顾到这一层。假定你的敌论者是张三，你在过去为了某种事件曾对他有不快，你对于他的主张写作驳论，只准就他的主张讲话，不该牵涉和本问题无关的旧怨。驳论的读者一种是敌论者，一种是旁观的审判者。就前者说，写驳论等于写书信，书信上的礼仪照样应该适用。就后者说，我们写驳论，希望得到大众的赞同，更应该平心静气地说话，轻薄的讥嘲，毒辣的谩骂，反足使大众发生反感减少同情的。

　　驳论的写作，可以不止一次，为了某人的某一个判断，我不以为然，写了文章来驳诘，这是驳论。某人见了我的驳论，觉得不服，再来驳覆，这也是驳论。这样，为了某一个问题，往往有彼此辩驳至好久的。

　　写驳论的目的，在乎使敌论者折服，放弃他原来的主张转而信从我的主张，至少要获得旁观者的赞许，使敌论者不敢再固执原来的主张。这并不是容易的事，我们在写驳论之前，应就对方的立论好好研究，发见他的弱点和错误所在，加以攻击，一方面须搜集材料和证据，用种种方法来巩固自己的议论的阵线，那情形差不多等于下棋和作战，没有简单的方法可指示的。

第六十九讲　议论文的变装

议论文是对于判断的证明。判断用言语表示出来，论理学上叫做命题。命题是有决定意义的一句话，如"甲是乙""甲非乙"等，就是命题的公式。命题依了性质，共分四种，如下：

> 凡甲是乙（全称肯定）例——凡人是动物
> 某甲是乙（特称肯定）例——某人是学生
> 凡甲非乙（全称否定）例——凡人非木石
> 某甲非乙（特称否定）例——某人非学生

我们以前读过的议论文，如果把其中的主要论点摘举出来，结果只是一个命题。如《非攻》是说"攻战是恶事"，《缺陷论》是说"缺陷是有益的"。所谓议论文，都不过是一个判断——命题的证明。

命题是一个抽象的意念，命题的成立，实有种种具体的事件做着根据。例如"攻战是恶事"的命题，是用从来许多的战祸为依据的，如果你能从各方面把战祸写给人家看，或说给人家听，就是自己不作"攻战是恶事"的主张，也能得到同样的效果。我们读过的《愚公移山》的故事，效果并不觉比什么《努力论》或《大智若愚论》少。历史的记载以及小说戏剧的能使人深省，理由就在这点上。

由此说来，我们要表示主张，可有两种方法：一个是从事件上抽出一个命题来，再加以种种的证明；一个是只把事件写出，故意不下判断，让读者自己去发现作者想提出的命题。前者就是一般的所谓议论文，后者可以说是议论文的变装。

变装的议论文以叙述事件为主要手段，作者有时虽也流露着主张，可是并不像一般议论文的用力，或竟一些都不把主张宣布。至于所叙述的事件，可以是真正的事实，也可以由作者来凭空虚构，实际上反是虚构的居多。因为真正的事实，牵涉的方面极多，内容往往复杂，非十分凑巧，不能暗示作者的主张，倒不如让作者依据自己的主张虚构事实来得便当随意。因此之故，变装的议论文除历史外常采取小说、寓言等形式而出现。

变装的议论文是一种议论的改扮，不像一般议论文的明显，比较不会引起敌论者的反对。所以越是讲话不能自由的时代，变装的议论文也越多。

第七十讲　推理方式（一）——演绎

议论文的主旨在证明作者所主张的判断。我们要下一个判断，须以理由为根据。从理由到达判断，这作用在心理学上叫做推理。议论文，可以说就是推理的记录。

推理的方法和规则，是论理学里所详说的，这里不能一一详细说明，只好说说几个重要的原则。

议论之中，有些是以既知的普遍的判断为基础，再把这判断应用在个别的事物，而造出新判断的，这叫做演绎法。例如说：

凡人都是要死的。	（A）凡甲是乙
圣人是人，	（B）丙是甲
故圣人是要死的。	（C）故丙是乙

这种推理，由（A）（B）（C）三种命题合成，所以又叫三段论法。（A）命题叫大前提，（B）命题叫小前提，（C）命题叫断案。（C）命题的产生，完全以（A）（B）两个命题为根据，（A）（B）两个命题如果不错，（C）命题也当然可以成立。

演绎法由三段构成，是最基本最完整的形式。实际在谈话或文章上，并没这样完整，往往有颠倒或省略的情形。例如说：

圣人是要死的（断），因为他是人（小）。

凡人是要死的（大），故圣人要死（断）。

也就可以。不过在要检查议论正确与否的时候，最好补足起来排成基本的完整式样。

演绎的论式，因了命题的是全称、特称、肯定和否定，可生出许多式样。有的可靠，有的不可靠，上面所举是最典型的一个论式。大前提全称；小前提肯定，形式上绝对可靠，应用也最广。

演绎法对于事物只论概念，不究实质，所以又名形式论理。有三个基本规律，一叫同一律，就是说"甲是甲，不是乙或丙"，一个名词只许表示一种事物，不许有歧义。二叫矛盾律，就是说"甲不是非甲"或"甲是乙，不是非乙"。一个名词既肯定了判断说"是什么"，同时便不能再否定了判断说"非什么"。三叫排中律，就是只许说"甲是乙"或"甲非乙"，不许说"甲是乙或非乙"。对于一个名词只许判断"是"或"非"，不许再有其他中立的判断。这三种规律之中，同一律是最基本的，矛盾律和排中律可以说是同一律的补充。这规律在演绎推理是很重要的，就同一律说，例如"书"字可解作书籍，也可解作《书经》。甲乙两人就"书"作种种辩论，如果甲和乙对于"书"的解释不同，就任何言语都白费了。

第七十一讲　推理方式（二）——归纳

　　演绎法是以既知的普遍的判断当作大前提，再把这判断应用到个别的事物（小前提）而造出新判断（断案）的。这大前提是从哪里来的？如果对于大前提有疑问的时候将怎样？例如"圣人是要死的"的判断，根据就在大前提"凡人是要死的"。对于这大前提如果有疑问，应该再加证明。证明的方法有两种：

（甲）
　　{
　　凡生物是要死的。
　　人是生物。
　　故人是要死的。
　　}

（乙）
　　{
　　孔子秦始皇都死了。
　　我的祖父祖母也死了。
　　…………
　　他们都是人。
　　故人是要死的。
　　}

（甲）式仍是演绎法，不过所根据的大前提更普遍了。（乙）式是以个别的事物为根据，得到较普遍的判断，这方式和演绎法显然不同，叫做归纳法。

　　归纳法可以补演绎法的不足，演绎法的大前提，往往须从归纳法产出。例如"人是要死的"的断案虽可用"凡生物是要死的"做大前提来作演绎的判断，但"凡生物是要死的"这断案，如果再要用演绎法求得证明，就很为难了。结果，只好从各种生物来观察，归纳地作出"生物是要死的"的判断来。

　　但从另一方面看，归纳所得的判断，如要考查它是否正确，也须演绎地来应用于个别的事物。例如我们已经由归纳得到"生物是要死的"的判断了，这判断如果应用于各个生物——鸡、鸭、桃、柳、张三、李四……发现有不会死的情形的时候，那"生物是要死的"判断就根本不能成立了。

归纳法也有许多规律，最重要的是下面两种：

一、部分现象的搜集须普遍而且没有反例。

二、现象和判断之间有明确的因果关系。

这两种规律，如果都能满足，判断自然不易动摇，坚固可靠。其实只要能满足一种，也就可认为正确的判断了。例如：我们在短短的生涯中，所经验的生物的死去虽不多，也并不知道生物和死有什么因果关系，但不妨说"生物是要死的"。只要没有人能举出一种不死的生物来，这判断就不致发生摇动。又如：火和烟是有因果关系的，我们虽不曾经验到一切的火和烟，但却可判断说，"有火的地方有烟"或"有烟的地方有火"。

下判断时，因果关系的存在和发见，比现象搜集更为重要。只要因果关系明确，即使偶有反例，也不失为可靠的议论。例如：我们常说"都市的住民比乡村的住民敏捷"，这判断里显然有着因果的关系，如都市的刺激多，环境复杂，乡间生活清闲平淡等等都是可举的原因。偶然有几个乡村住民比都市住民敏捷的，或偶然有几个都市住民比乡村住民不敏捷的，仍不能推翻原来的判断。因为反例的发生，也许别有原因，可以用别的因果关系来说明的。

第七十二讲　推理方式（三）——辩证

演绎推理只用概念来处理事物，把事物当作独立静止的东西来看，事物本身的变化和相互间的关系是不顾及的。归纳推理所依据的是个别的事例，对于各个事例平等看待，也不能顾到事物本身的变化和事物相互间的变化关系。实际世间的事物是转变流动不息的，事物和事物之间，又互有密切的关系，对于一种事物下判断的时候，如果不把许多的转变流动的实际情形当作条件，那判断就不合实际，等于议论上的游戏。例如我们漫然地说"金钱是有用的"或"金钱是有害的"，都和实际的情形大不相符。实际上"金钱"的"有用"或"有害"，要看金钱的分量，所有者的态度、手腕、使用的方法，以及社会上各种复杂的情形而定，不能一概凭空断言。这样，重视实际条件，不把事物用单纯的概念来处理的推理方式，叫做辩证法。

辩证法也有几个原则，如下：

一是矛盾对立的原则。演绎法立脚于事物的同一，不承认有矛盾。辩证法却以矛盾为出发点。世间事物本来自身含有矛盾，例如：生长和死亡互相对立，生物一天天生长，同时也就一天天近于死亡，生长的意义也要因了死亡才可思维理解。此外如力学上的作用和反作用，数学上的正和负，都是矛盾和对立的好例。

二是量影响到质的原则。一种事物因了量的改变，性质就会变化。例如：把水的温度增至摄氏百度以上就成汽，降至摄氏零度以下就成冰。又如：一张一元纸币在袋中是日常零用，把同样的一元积贮起来到某阶段，就会变成谋利的资本了。

三是否定的否定的原则。世间事物的发展进步，必取否定的否定的顺序。例如：一粒谷子下土到发芽变禾以后，最初的一粒谷子已没有了，这是一个否定。禾到成熟的时候就萎去，所留剩的是一粒粒的新谷，这又是一个否定。

否定的否定，是事物发展进步的步骤，社会的变迁的情形也可用这原则来说明。这原则又叫"正反合"，两种互相正反的东西被统一为较高的东西，世间一切进步的根源就在于此。

辩证法的这些原则，只为便于说明起见，并非可作为推理的定律或公式的。因为辩证法的精神，在乎排除静止的孤立的事物观，把事物当作动的连续的进展的东西来看。事物本身的情形是辩证法的，如果抛开了实际事物上的实践，专套用了这些原则去对付事物，结果又会犯堕入空虚的概念的毛病。

附录 "文话"中提到的选文选辑

寄小读者·通讯七

冰 心

亲爱的小朋友：

八月十七的下午，约克逊号邮船无数的窗眼里，飞出五色飘扬的纸带，远远地抛到岸上，任凭送别的人牵住的时候，我的心是如何的飞扬而凄恻！

痴绝的无数的送别者，在最远的江岸仅仅牵着这终于断绝的纸条儿，放这庞然大物，载着最重的离愁，飘然西去！

船上生活是如何的清新而活泼，除了三餐外，只是随意游嬉散步，海上的头三日，我竟完全回到小孩子的境地中去了，套圈子，抛沙袋，乐此不疲，过后又绝然不玩了。后来自己回想很奇怪，无他，海唤起了我童年的回忆。海波声中，童心和游伴都跳跃到我脑中来，我十分地恨这次舟中没有几个小孩子，使我童心来复的三天中，有无猜畅好的游戏！

我自少住在海滨，却没有看见过海平如镜，这次出了吴淞口，一天的航程，一望无际尽是粼粼的微波，凉风习习，舟如在冰上行。到过了高丽界，海水竟似湖光，蓝极绿极，凝成一片。斜阳的金光，长蛇般自天边直接到栏边人立处。上自穹苍，下至船前的水，自浅红至于深翠，幻成几十色，一层层，一片片地漾了开来……小朋友，恨我不能画，文字竟是世界上最无用的东西，写不出这空灵的妙景！

八月十八夜，正是双星渡河之夕，晚餐后独倚栏旁，凉风吹衣，银河一片星光，照到深黑的海上。远远听得楼栏下人声笑语，忽然感到家乡渐远。繁星闪烁着，海波吟啸着，凝立悄然，只有惆怅。

十九日黄昏，已近神户，两岸青山，不时地有渔舟往来。日本的小山多半是扁圆的，大家说笑，便道是"馒头山"。这馒头沿途点缀，直到夜里，远望灯光灿然，已抵神户，船徐徐停住，便有许多人上岸去。我因太晚，只自己又到最高层上，初次看见这般璀璨的世界，天上微月的光和星光，岸上的灯光，无声相映，不时的还有一串光明从山上横飞过，想是火车周行。……舟中寂然，今夜没有海潮音，静极心绪忽起："倘若此时母亲也在这里……"我极清晰地忆起北京来；小朋友，恕我，不能往下再写了。

　　　　　　　　　　冰心　八，二十，一九二三，神户。

朝阳下转过一碧无际的草坡，穿过深林，已觉得湖上风来，湖波不是昨夜欲睡如醉的样子了。——悄然地坐在湖岸上，伸开纸，拿起笔，抬起头来，四围红叶中，四面水声里，我要开始写信给我久违的小朋友。小朋友猜我的心情是怎样的呢？

水面闪烁着点点的银光，对岸意大利花园里亭亭层列的松树，都证明我已在万里外。小朋友，到此已逾一月了，便是在日本也未曾寄过一字，说是对不起呢，我又不愿！

我平时写作，喜在人静的时候，船上却处处是公共的地方，舱面阑边，人人可以来到。海景极好，心胸却难得清平。我只能在晨间绝早，船面无人时，随意写几个字，堆积至今，总不能整理，也不愿草草整理，便迟延到了今日。我是尊重小朋友的，想小朋友也能尊重原谅我！

许多话不知从哪里说起，而一声声打击湖岸微波，一层层地没上杂立的湖石，直到我蔽膝的毡边来，似乎要求我将她介绍给我的小朋友。小朋友，我真不知如何的形容介绍她！她现在横在我的眼前，湖上的明月和落日，湖上的浓阴和微雨，我都见过了，真是仪态万方。小朋友，我的亲爱的人都不在这里，便只有她——海的女儿，能慰安我了。Lakewaban 谐音会意，我便唤她做"慰冰"。每日黄昏的游泛，舟轻如羽，水柔如不胜桨。岸上四围的橘叶，绿的，红的，黄的，白的，一丛一丛地倒影到水中来，覆盖了半湖秋水，夕阳下极其艳冶，极其柔媚。将落的金光，到了树梢，散在湖面。我在湖上光雾中，低低地嘱咐她，带我的爱和慰安，一夜和她到远东去。

小朋友！海上半月，湖上也过半月了，若问我爱哪一个更甚，这却难说。——海好像我的母亲，湖是我的朋友，我和海亲近的在童年，和湖亲近是现在。海是深阔无际，不着一字，她的爱是神秘而伟大的，我对她的爱是归心低首的。湖是红叶绿枝，有许多衬托，她的爱是温和妩媚的，我对她的爱是清淡相照的。这也许太抽象，然而我没有别的话来形容了！

小朋友，两月之别，你们自己写了多少，母亲怀中的乐趣，可以说来让我听听么？——这便算是沿途书信的小序，此后仍将那写好的信，按序寄上，日月和地方，都因其旧，"弱游"的我，如何自太平洋东岸的上海到大西洋东岸的波司顿来，这些信中说得很清楚，请在那里看吧！

不知这几百个字，何时方达到你们那里，世界真是太大了！

冰心　十，十四，一九二三，慰冰湖畔，威尔斯利

三　弦

沈尹默

中午时候，
火一样的太阳，
没法去遮拦，
让他直晒在长街上。
静悄悄少人行路。
只有悠悠风来，
吹动路旁杨树。
谁家破大门里，
半院子绿茸茸细草，
都浮着闪闪的金光。
旁边有一段低低的土墙，
挡住了个弹三弦的人
却不能隔断那三弦鼓荡的声浪。
门外坐着一个穿破衣裳的老年人，
双手抱着头，
他一声不响。

一个小农家的暮

刘半农

她在灶下煮饭，
新砍的山柴，
必必剥剥的响。
灶门里嫣红的火光，
闪着她嫣红的脸，
闪红了她青布的衣裳。
*　　　*
他含着个十年的烟斗，
慢慢的从田里回来。
屋角里挂上了锄头，
便坐在稻床上，
调弄着只亲人的狗。
他还踱到栏里去，
看一看他的牛，
回头向她说，
"怎样了——
我们新酿的酒？"
*　　　*
门对面青山的顶上，
松树的尖头，
已露出半轮的月亮。
*　　　*
孩子们在场上，
看着月，
还数着天上的星：
"一，二，三，四——"
"五，八，六，两——"

　　　　　*　　　*
他们数，
他们唱：
"地上人多心不平，
天上星多月不亮。"

卢　参

朱自清

　　卢参在瑞士中部，卢参湖的西北角上。出了车站，一眼就看见那汪汪的湖水和屏风般立着的青山，真有一股爽气扑到人的脸上。与湖连着的是劳斯河，穿过卢参的中间。河上低低的一座古水塔，从前当作灯塔用，这儿称灯塔为"卢采那"，有人猜"卢参"这名字就是由此而出。这座塔低得有意思；依傍着一架曲了又曲的旧木桥，倒配了对儿。这架桥带屋顶，像是廊子；分两截，近塔的一截低而窄，那一截却突然高阔起来，仿佛彼此不相干，可是看来还只有一架桥。不远儿另是一架木桥，叫"龛桥"，因上有神龛得名，曲曲的，也古。许多对柱子支着桥顶，顶底下每一根横梁上两面各钉着一大幅三角形的木板画，总名"死神的跳舞"。每一幅配搭的人物和死神跳舞的姿态都不相同，意在表现社会上各种人的死法。画笔大约并不算顶好，但这样上百幅的死的图画，看了也就够劲儿。过了河往里去，可以看见城墙的遗迹。墙依山而筑，蜿蜒如蛇；现在却只见一段一段的嵌在住屋之间。但九座望楼还好好的，和水塔一样都是多角锥形；多年的风吹日晒雨淋，颜色是黯淡得很了。

　　冰河公园也在山上。古代有一个时期北半球全埋在冰雪里，瑞士自然在内。阿尔卑斯山上积雪老是不化，越堆越多。在底下的渐渐地结成冰，最底下的一层渐渐地滑下来，顺着山势，往谷里流去。这就是冰河。冰河移动的时候，遇着夏季，便大量地融化。这样融化下来的一股大水，力量无穷；石头上一个小缝儿，在一个夏天里，可以让冲成深深的大潭。这个叫磨穴。有时大石块被带进潭里去，出不来，便只在那儿跟着水转。起初有棱角，将潭壁上磨了许多道儿；日子多了，棱角慢慢光了，就成了一个大圆球，还是转着。这个叫磨石。冰河公园便以这类遗迹得名。大大小小的石潭，大大小小的石球，现在是安静了，但那粗糙的样子还能教你想见多少万年前大自然的气力。可是奇怪，这些不言不语的顽石居然背着多少万年的历史，比我们人类还老得多多；要没人卓古证今地说，谁相信？这样讲，古诗人慨叹"磊磊涧中石"，似乎也很有些道理在里头了。这些遗迹本来一半埋在乱石堆里，一半埋在草地里，直到一八七二年秋天才偶然间被发现。还发现了两种化石：一种上是些蚌壳。足见阿尔卑斯脚下这一块土原来是滔滔的大海。另一种上是片棕叶，又足见此地本有热带的大森林。这两期都在冰河期前，日子虽然更杳茫，光景却还能在眼前描画得出，但我们人类与那种大自然一比，却未免太微细了。

立矶山在卢参之西，乘轮船去大约要一点钟。去时是个阴天，雨意很浓。四围陡峭的青山的影子冷冷地沉在水里。湖面儿光光的，像大理石一样。上岸的地方叫威兹老，山脚下一座小小的村落，疏疏散散遮遮掩掩的人家，静透了。上山坐火车，只一辆，走得可真慢，虽不像蜗牛，却像牛之至。一边是山，太近了，不好看。一边是湖，是湖上的山；从上面往下看，山像一片一片儿插着，湖也像只有一薄片儿。有时窗外一座大崖石来了，便什么都不见；有时一片树木来了，只好从枝叶的缝儿里张一下。山上和山下一样，静透了，常常听到牛铃儿叮儿当的。牛带着铃儿，为的是跑到那儿都好找。这些牛真有些"不知汉魏"，有一回居然挡住了火车；开车的还有山上的人帮着，吆喝了半天，才将它们轰走。但是谁也没有着急。只微微一笑就算了。山高五千九百零五英尺，顶上一块不大的平场。据说在那儿可以看见周围九百里的湖山，至少可以看见九个湖和无数的山峰。可是我们的运气坏，上山后云便越浓起来；到了山顶，什么都裹在云里，几乎连我们自己也在内。在不分远近的白茫茫里闷坐了一点钟，下山的车才来了。

五四事件

周予同

……"五四事件"发生于"五四"而不发生于"五三""五五"，这是值得一说的史实。

一九一五年，日本乘欧战方酣，列强无暇东顾的时候，用最后通牒，向我国提出二十一条，要求山东及其他权利，强迫签字。到了一九一九年，欧战已终，各国派使在巴黎开和平会议。当时日本又有强迫中国代表追认二十一条的行动，外交形势十分严重。那时青年学生们天天受报纸的激刺，非常愤激，颇想有所表示，但苦于没有领道的人物与表示的方式。

四月末旬，上述的秘密团体的学生们已略有活动，打算做一次示威运动。五月三日的晚上，曾开了一次会议，议决用猛烈的方法惩警从前签字二十一条的当事者曹汝霖、陆宗舆、章宗祥。当时有一位同盟会老同志曾秘密的将章宗祥的照片交给他们；——因为曹陆的像片在大栅栏等处的照相馆时常看见；而章则任驻日公使，面貌不甚熟悉。——并且设法去弄手枪，但结果没有成功。他们议决带铁器、小罐火油及火柴等去，预备毁物放火。又恐怕这严重的议决案被同学泄漏，于是将预备在"五七"举行的时期提前到次一天。（"五七"是日本提出最后通牒的国耻纪念日。）

这消息当时异常秘密，除极少数学生外，大部分同学都是茫然的。第二天（五四）早晨，分头向各校学生会接洽，约期下午一时在天安门集合，表面上只说向政府请愿。

那天下午，北京的大学专门各校学生二三千人整队向天安门出发。那天不是星期日，各校学生因爱国的情感的激动而踊跃参加的，固然居多数，但藉此机会往窑子、戏院、公寓一溜的也确不少。

在天安门集合以后，议决向政府请愿，并游行示威。这次运动，有队伍，有指挥，有旗帜，有口号。在匆促的时间内居然有这样的组织，不能不视为群众运动行动上的进步。当时本只有请政府惩办曹陆章的旗帜与口号。在事前，这许多群众是不料要闯进赵家楼曹氏的住宅而去殴打章氏的。向政府请愿后，一部分学生已开始零星散去；但参与前一晚秘密会议的学生们乘群众感情紧张的时候，主张到曹氏住宅前面示威。这一个严重的议案居然第一步得到成功。赵家楼的胡同并不阔大，只容得四人一行；曹氏住宅门口也只有一个警察。当时群众热烈地叫着口号，蜂拥到赵家楼，曹氏仆役见人数过多，立刻关闭大门。于是又有人利用这关门的刺激主张闯进去。曹氏住宅大门的左首有一个仆役卧房的小窗，有某君用拳头打碎玻璃，从小窗中爬进，将大门洞开，于是群众一哄而入。

当日曹章陆三人确在那边会议或谈话，听说事前已有人通知要他们注意预防；但他们或者以为学生的把戏无足重视，所以并没有防备。到了学生大队闯进以后，他们开始逃避，曹陆二人传说由后门溜走，但章氏不知如何竟在住宅附近一个小店内被学生们发现，因被殴辱。当时章氏始终不开口，并且有一位日本人样的遮护着他。学生们对于章氏面貌不熟悉，疑为日人，恐引起交涉，曾自相劝阻，但有人将章氏像片与本人对照，觉得并没错误，于是又加殴击。据说当时屡殴屡止达半小时以上，后恐伤及生命，才始中止。至于那一部分闯进曹宅的，先割断电话；次搜索文件，无所得；于是将房间中的帷帐拉下作为引火物。当时最滑稽的，是某君当感情奋张之余，用拳头打停在天井中的汽车的玻璃，将自己的手弄得流血。在这样纷乱情形的时光，与曹宅比连的某家女眷（事后或说就是曹氏眷属）用好言劝慰学生，说曹氏家属早已避去，你们倘若在此放火，将殃及他们。那时学生们暴动的情绪已渐过去，居然听从，逐渐散走。没有半小时之久，救火车与警察、宪兵已大队赶到，于是开始逮捕，计曹氏住宅内与街道上穿制服的学生被逮的凡数十人。事变以后，一部分学生，更其是法政专门学校学生，颇有怨言，说不应该趁着血气做这不合法的暴动，而不知这本是在预料中的计划呢！……

梧 桐

李 渔

梧桐一树，是草木中一部编年史也；举世习焉不察，予特表而出之。

花木种自何年，为寿几何岁，询之主人，主人不知，询之花木，花木不答；谓之忘年交则可，予以知时达务则不可也。梧桐不然，有节可纪；生一年，纪一年。树有树之年，人即纪人之年；树小而人与之小，树大而人随之大。观树即所以观身。《易》曰："观我生进退。"欲观我生，此其资也。

予垂髫种此，即于树上刻诗以纪念，每岁一节，即刻一诗，惜为兵燹所坏，不克有终。犹记十五岁刻桐诗云：

> 小时种梧桐，桐叶小于艾，
> 簪头刻小诗，字瘦皮不坏。
> 刹那十五年，桐大字亦大；
> 桐字已如许，人大复何怪！
> 还将感叹词，刻向前诗外。
> 顾字日相催，旧字不相待；

顾此新旧痕，而为悠忽戒。

此予婴年著作，因说梧桐，偶尔记及，不则竟忘之矣。即此一事，便受梧桐之益。然则编年之说，岂欺人语乎！

朋　友

巴　金

这一次的旅行使我更明了一个名词的意义，这名词就是朋友。

七八天以前我曾对一个初次见面的朋友说："在朋友们的面前我只感到惭愧。他们待我太好了，我简直没有方法可以报答他们。"这并不是谦逊的客气话，这是真的事实。说过这些话，我第二天就离开了那朋友，并不知道以后还有没有机会和他再见。但是他所给我的那一点温暖至今还使我的心在颤动。

我的生命大概不会是久长的吧。然而在那短促的过去的回顾中却有一盏明灯，照彻了我的灵魂的黑暗，使我的生存有一点光彩，这明灯就是友情。我应该感谢它，因为靠了它我才能够活到现在；而且把家庭所给我的阴影扫除掉的也正是它。

世间有不少的人为了家庭弃绝朋友，至少也会得在家庭和朋友之间划一个界限，把家庭看得比朋友重过许多倍。这似乎是很自然的事情。我也曾亲眼看见，一些人结了婚过后就离开朋友、离开事业，使得一个粗暴的年轻朋友竟然发生一个奇怪的思想，说要杀掉一个友人之妻以警戒其余的女人。当他对我们发表这样的主张时，大家都取笑他。但是我后来知道了一件事实：这朋友因为这个缘故便逃避了两个女性的追逐。

朋友是暂时的，家庭是永久的，在好些人的行动里我发现了这个信条。这个信条在我实在是不能够了解的。对于我，要是没有朋友，我现在会变成什么样的东西，我自己也不知道。也许我也会讨一个老婆，生几个小孩，整日价做着发财的梦……

然而朋友们把我救了。他们给了我家庭所不能够给的东西。他们的友爱，他们的帮助，他们的鼓励，几次把我从深渊的沿边挽救回来。他们对于我常常显露了大量的慷慨。

我的生活曾是悲苦的，黑暗的。然而朋友们把多量的同情、多量的爱、多量的眼泪都分给了我，这些东西都是生存所必需的。这些不要报答的慷慨的施与，使我的生活里也有了温暖，有了幸福。我默默地接受了他们，也并不曾说过一句感激的话。我也没有做过一件报答的行为。但是朋友们却不把自私的形容词加到我的身上。对于我，他们太大量了。

这一次我走了许多新的地方，看见许多的朋友。我的生活是忙碌的：忙着看，忙着听，忙着说，忙着走。但是我不曾感受到一点困难，朋友给我预备好了一切，使我不会缺乏什么。我每走到一个新地方，我就像回到了我的在上海的被日军毁掉了的旧居。而那许多真挚的笑脸却是在上海所不常看见的。

每一个朋友，不管他自己的生活是怎样困苦简单，也要慷慨地分些些东西给我，虽然明明知道，我不能够给他一点报答。有些朋友，甚至他们的名字我以前还不知道，他们却也关心到我的健康，处处打听我的病况，直到他们看见了我的被日光晒黑了的脸和手膀，他们才放心微笑了。这种情形确实值得人流泪呵。

有人相信我不写文章就不能够生活。两个月以前，一个同情我的上海朋友寄稿到《广州民国日报》的副刊，说了许多关于我的生活的话。他也说我一天不写文章第二天就没有饭吃。这是不确实的。这次旅行就给我证明出来，即使我不写一个字，朋友们也不肯让我冻馁。世间还有许多大量的人，他们并不把自己个人和家庭看得异常重要，超过了一切的。靠了他们我才能够生活到现在，而且靠了他们我还要生活下去。

朋友们给我的东西是太多太多了。我将怎样报答他们呢？但是我知道他们是不需要报答的。

我近来在居友的书里读到了这样的话："消费乃是生命的条件……世间有一种不能与生存分开的大量，要是没有了它，我们就会死，就会内部地干枯起来。我们必须开花。道德、无私心就是人生之花。"

在我的眼前开放着这么多的人生的花朵了。我的生命要到什么时候开花？难道我已经是"内部地干枯"了么？

一个朋友说过："我若是灯，我就要用我的光明来照彻黑暗。"

我不配做一盏明灯。那么让我来做一块木柴吧。我愿意把我从太阳里受到的热放散出来，我愿意把自己烧得粉身碎骨来给这人间添一些温暖。

书叶机

龚自珍

鄞人叶机者，可谓异材者也。

嘉庆六年，举行辛酉科乡试。机以廪贡生治试具，凡竹篮、泥炉、油纸之属悉备。忽得巡抚檄曰，贡生某毋与试。机大诧。

初。蔡牵、朱渍两盗为海巨痌，所至劫掠户口以百数，岁必再三至。海滨诸将怵息。俟其去，或扬帆施枪炮空中送之。寇反追，衄不以闻。故为患且十年。巡抚者，仪徵阮公也，素闻机名，知沿海人信官不如信机，又知海寇畏乡勇胜畏官兵，又知乡勇非机不能将。

八月，寇定海，将犯鄞。机得檄，号于众曰："我一贫贡生，吮墨，执三寸管，将试于有司；售则试京师，不售则归耳。今中丞过听，檄我将乡里与海寇战，毋乃哈乎？虽然，不可已。愿诸君助我！"

众曰："盍请银于文官？""不可！""盍借炮于武官？""不可！""事亟矣，何以助君？"

叶君乃揎臂大呼，且誓曰："用官库中一枚钱，借官营中一秤火药而成功者，非男子也！"飞书募健足至行省，假所知豪士万金，假县中豪士万金。遂浓墨署一纸曰："少年失乡曲欢致冻饿者，有拳力绝人者，渔于海者，父、子、兄、弟有曾戕于寇者，与无此数端而愿从我者，皆画诺！"夜半，赍纸者反，城中、村中画诺者三千人。天明，簿旗帜若干，火器若干，粮若干，机曰："乌用众，以九舟出，余听命。"

是日也，潮大至，神风发于海上。一枪之发抵巨炮，一橹之势抵馀艎。杀贼四百余人。

九月，又败之于岸。十月，又逐之于海中。明年正月，又逐之于岛。浙半壁平。

出军时，樯中有红心蓝边旗，机之旗也。自署曰"代山"，其村名也。朱渍舰中或争轧诅神，必曰"遇代山旗"。

阮公闻于朝，奉旨以知县用。今为江南知县，为龚自珍道其事。

养 蚕

丰子恺

我回忆儿时，有三件不能忘却的事。第一件是养蚕。

那是我五六岁时，我祖母在日的事。我祖母是一个豪爽而善于享乐的人。不但良辰佳节不肯轻轻放过，就是养蚕，也每年大规模地举行。其实，我长大后才晓得，祖母的养蚕并非专为图利；叶贵的年头常要蚀本，然而她欢喜这暮春的点缀，故每年大规模地举行。我所欢喜的，最初是蚕落地铺。那时我们的三开间的厅上，地上统是蚕，架着经纬的跳板，以便通行及饲叶。蒋五伯挑了担到地里去采叶，我与诸姊跟了去，去吃桑葚。蚕落地铺的时候，桑葚已很紫而甜了，比杨梅好吃得多。我们吃饱之后，又用一张大叶做一只碗，采了一碗桑葚，跟了蒋五伯回来。蒋五伯饲蚕，我就以走跳板为戏乐，常常失足翻落地铺里，压死许多蚕宝宝，祖母忙喊蒋五伯抱我起来，不许我再走。然而这满屋的跳板，像棋盘一样，又很低，走起来一点不怕，真是有趣，这真是一年一度的难得的乐事！所以虽然祖母禁止，我总是每天要去走。

蚕上山之后，全家静默守护，那时不许小孩子们噪了，我暂时感到沉闷。然过了几天要采茧，做丝，热闹的空气又浓起来了。我们每年照例请牛桥头七娘娘来做丝。蒋五伯每天买枇杷和软糕来给采茧、做丝、烧火的人吃。大家似乎以为现在是辛苦而有希望的时候，应该享受这点心，都不客气地取食。我也无功受禄地天天吃多量的枇杷与软糕，这又是乐事。

七娘娘做丝休息的时候，捧了了水烟筒，伸出她左手上的短少半段的小指给我看，对我说：做丝的时候，丝车的后面是万万不可走近去的，她的小指便是小时候不留心被丝车轴棒轧脱的。她又说："小团团不可走近丝车后面去，只管坐在我的身边，吃枇杷，吃软糕。还有做丝做出来的蚕蛹，叫妈妈油炒一炒，真好吃哩！"然而我始终不吃蚕蛹，大概是我爸爸和诸姊不要吃的原故。我所乐的，只是那时候家里的非常的空气。日常固定不动的堂窗、长台、八仙椅子都并叠起，而变成不常见的丝车、匾、缸，又不断公然地可以吃小食。

丝做好后，蒋五伯口中唱着"要吃枇杷，来年蚕罢"，收拾丝车，恢复一切陈设，我感到一种尽兴的寂寥。然而对于这种变换，倒也觉得新奇而有趣。

现在我回忆这儿时的事，真是常常使我神往！祖母、蒋五伯、七娘娘和诸姊，都像童话里的人物了。且在我看来，他们当时的剧的主人公便是我。何等甜美的回忆！只是这剧的题材，现在我仔细想想觉得不好：养蚕做丝，在生计上原是幸福的，然其本身是数万的生灵的虐杀！所谓饲蚕，是养犯人；所谓缫丝，是施炮烙！原来当时这种欢乐与幸福的背景是生灵的虐杀！早知如此，我决计不要吃他们的桑葚和软糕了。近来读《西青散记》，看到里面有两句仙人的诗句："自织藕丝衫子嫩，可怜辛苦赦春蚕。"安得人间也发明织藕丝的丝车，而尽赦天下的春蚕的性命！

我七岁上祖母死了，我家不复养蚕。不久父亲与诸姊弟相继死亡。家道衰落了，我的幸福的儿时也过去了。因此这件回忆，一面使我永远神往，一面又使我永远忏悔。

五月三十一日急雨中

叶圣陶

从车上跨下，急雨如恶魔的乱箭，立刻打湿了我的长衫。满腔的愤怒，头颅似乎戴着紧紧的铁箍。我走，我奋疾地走。

路人少极了，店铺里仿佛也很少见人影。哪里去了！哪里去了！怕听昨天那样的排枪声，怕吃昨天那样的急射弹，所以如小鼠如蜗牛般蜷伏在家里，躲藏在柜台底下么？这有什么用！你蜷伏，你躲藏，枪声会来找你的耳朵，子弹会来找你的肉体，你看有什么用？

猛兽似的张着巨眼的汽车冲驰而过，泥水溅污我的衣服，也溅及我的项颈，我满腔的愤怒。

一口气赶到"老闸捕房"门前，我想参拜我们的伙伴的血迹，我想用舌头舔尽所有的血迹，咽入肚里。但是，没有了，一点儿没有了！已经给仇人的水龙头冲得光光，已经给烂了心肠的人们踩得光光，更给恶魔的乱箭似的急雨洗得光光！

不要紧，我想。血曾经淌在这块地方，总有渗入这块土里的吧。那就行了。这块土是血的土，血是我们的伙伴的血，还不够是一课严重的功课么？血灌溉着，血滋润着，将会看到血的花开在这里，血的果结在这里。

我注视这块土，全神地注视着，其余什么都不见了，仿佛自己整个儿躯体已经融化在里头。

抬起眼睛，那边站着两个巡捕：手枪在他们的腰间；泛红的脸上的肉，深深的颊纹刻在嘴的周围，黄色的睫毛下闪着绿光。似乎在那里狞笑。

手枪，是你么？似乎在那里狞笑的，是你么？

"是的，是的，就是我，你便怎样！"——我仿佛看见无量数的手枪在点头，仿佛听见无量数的张开的大口在那里狞笑。

我舔着嘴唇咽下去，把看见的听见的一齐咽下去，如同咽一块粗糙的石头，一块烧红的铁。我满腔的愤怒。

雨越来越急，风把我的身体卷住，全身湿透了，伞全然不中用。我回转身走刚才来的路，路上有人了。三四个，六七个，显然可见是青布大褂的队伍，中间也有穿洋服的，也有穿各色衫子的短发的女子。他们有的张着伞，大部分却直任狂雨乱泼。

他们的脸使我感到惊异。我从来没有见到过这么严肃的脸，有如昆仑之耸峙；我从来没有见到过这么郁怒的脸，有如雷电之将作。青年的清秀的颜色退隐了，换上了北地壮士的苍劲。他们的眼睛将要冒出焚烧一切的火焰，咬紧的嘴唇里藏着咬得死敌人的牙齿……

佩弦的诗道："笑将不复在我们唇上！"用来歌咏这许多张脸正适合。他们不复笑，永远不复笑！他们有的是严肃与郁怒，永远是严肃的郁怒的脸。

青布大褂的队伍纷纷投入各家店铺，我也跟着一队跨进一家，记得是布匹庄。我听见他们开口了，差不多掏出整个的心，涌起满腔的血，真挚地热烈地讲着。他们讲到民族的命运，他们讲到群众的力量，他们讲到反抗的必要；他们不惮郑重叮咛的是："咱们一伙儿！"我感动，我心酸，酸得痛快。

店伙的脸比较地严肃了；他们没有话说，暗暗点头。

我跨出布匹庄。"中国人不会齐心呀！如果齐心，吓，怕什么！"听到这句带有尖刺的话，我回头去看。

是一个三十左右的男子，粗布的短衫露着胸，苍暗的肤色标记他是在露天出卖劳力的。他的眼睛里放射出英雄的光。

不错呀，我想。露胸的朋友，你喊出这样简要精炼的话来，你伟大！你刚强！你是具有解放的优先权者！——我虔诚地向他点头。

但是，恍惚有蓝袍玄褂小髭须的影子在我眼前晃过，玩世的微笑，又仿佛鼻子里轻轻的一声"嗤"。接着又晃过一个袖手的，漂亮的嘴脸，漂亮的衣着，在那里低吟，依稀是"可怜无补费精神"！袖手的幻化了，抖抖地，显出一个瘠瘦的中年人。如鼠的觳觫的眼睛，如兔的颤动的嘴唇，含在喉际，欲吐又不敢吐的是一声"怕……"

我如受奇耻大辱，看见这种种的魔影，我愤怒地张大眼睛。什么魔影都没有了，只见满街恶魔的乱箭似的急雨。

微笑的魔影，漂亮的魔影，惶恐的魔影，我咒诅你们！你们灭绝！你们消亡！永远不存一丝儿痕迹于这块土上！

有淌在路上的血，有严肃的郁怒的脸，有露胸朋友那样的意思，"咱们一伙儿，"有救，一定有救，——岂但有救而已。

我满腔的愤怒。再有露胸朋友那样的话在路上吧？我向前走去。

依然是满街恶魔的乱箭似的急雨。

先妣事略

归有光

先妣周孺人，弘治元年二月十一日生。年十六来归。逾年，生女淑静；淑静者大姊也。期而生有光。又期而生女子，殇一人，期而不育者一人。又逾年，生有尚，妊十二月。逾年，生淑顺。一岁，又生有功。

有功之生也，孺人比乳他子加健。然数颦蹙顾诸婢曰："吾为多子苦！"老妪以杯水盛二螺进，曰："饮此后妊不数矣。"孺人举之尽，暗不能言。

正德八年五月二十三日，孺人卒。诸儿见家人泣，则随之泣，然犹以为母寝也，伤哉！于是家人延画工画，出二子命之曰，鼻以上画有光，鼻以下画大姊，以二子肖母也。

孺人讳桂。外曾祖讳明；外祖讳行，太学生；母何氏。世居吴家桥，去县城东南三十里；由千墩浦而南，直港并小桥以东，居人环聚，尽周氏也。外祖与其三兄皆以赀雄；敦尚简实；与人姁姁说村中语，见子弟甥侄无不爱。

孺人之吴家桥，则治木棉；入城，则缉纑，灯火荧荧，每至夜分。外祖不二日使人问遗。孺人不忧米盐，乃劳苦若不谋夕。冬月炉火炭屑，使婢子为团，累累暴阶下。室靡弃物，家无闲人。儿女大者攀衣，小者乳抱，手中纫缀不辍。户内洒然。遇僮奴有恩；虽至棰楚，皆不忍有后言。吴家桥岁致鱼蟹饼饵，率人人得食。家中人闻吴家桥人至，皆喜。有光七岁，与从兄有嘉入学；每阴风细雨，从兄辄留；有光意恋恋，不得留也。孺人中夜觉寝，促有光暗诵《孝经》。即熟读，无一字龃龉，乃喜。

孺人卒，母何孺人亦卒，周氏家有羊狗之痾，舅母卒，四姨归顾氏又卒，死三十人而定；唯外祖与二舅存。

孺人死十一年，大姊归王三接，孺人所许聘者也。十二年有光补学官弟子。十六年而有妇，孺人所聘者也。期而抱女。抚爱之，益念孺人，中夜与其妇泣。追唯一二仿佛如昨，余则茫然矣。世乃有无母之人，天乎痛哉！

闲情记趣

沈　复

余忆童稚时，能张目对日，明察秋毫，见藐小微物，必细察其纹理，故时有物外之趣。夏蚊成雷，私拟作群鹤舞空。心之所向，则成千或百果然鹤也。昂首观之，项为之强。又留蚊于素帐中，徐喷以烟，使其冲烟飞鸣，作青云白鹤观，果如鹤唳云端，怡然称快。于土墙凹凸处，花台小草丛杂处，常蹲其身，使与台齐；定神细视，以丛草为林，以虫蚁为兽，以土砾凸者为邱，凹者为壑，神游其中，怡然自得。

及长，爱花成癖，喜剪盆树。识张兰坡始精剪枝养节之法，继悟接花叠石之法。花以兰为最，取其幽香韵致也，而瓣品之稍堪入谱者不可多得。兰坡临终时，赠余荷瓣素心春兰一盆，皆肩平心阔，茎细瓣净，可以入谱者。余珍如拱璧。值余幕游于外，芸能亲为灌溉，花叶颇茂。不二年，一旦忽萎死。起根视之，皆白如玉，且兰芽勃然，初不可解，以为无福消受，浩叹而已。事后始悉有人欲分不允，故用滚汤灌杀也。从此誓不植兰。次取杜鹃，虽无香而色可久玩，且易剪裁，以芸惜枝怜叶，不忍畅剪，故难成树。其他盆玩皆然。惟每年篱东菊绽。秋兴成癖。喜摘插瓶，不爱盆玩。非盆玩不足观，以家无园圃，不能自植；货于市者，俱丛杂无致，故不取耳。其插花朵，数宜单，不宜双。每瓶取一种不取二色。瓶口取阔大不取窄小，阔大者舒展。不拘自五七花至三四十花，必于瓶口中一丛怒起，以不散慢，不挤轧，不靠瓶口为妙；所谓"起把宜紧"也。或亭亭玉立，或飞舞横斜。花取参差，间以花蕊。以免飞钹耍盘之病。叶取不乱，梗取不强。用针宜藏，针长宁断之，毋令针针露梗；所谓"瓶口宜清"也。视桌之大小，一桌三瓶至七瓶而止，多则眉目不分，即同市井之菊屏矣。几之高低，自三四寸至二尺五六寸而止，必须参差高下互相照应，以气势联络为上。若中高两低，后高前底，成排对列，又犯俗所谓"锦灰堆"矣。或密或疏，或进或出，全在会心者得画意乃可。若盆碗盘洗，用漂青松香榆皮面和油，先熬以稻灰收成胶，以铜片按钉向上，将膏火化黏铜片于盘碗盆洗中。俟冷，将花用铁丝扎把，插于钉上，宜斜偏取势，不可居中，更宜枝疏叶清，不可拥挤；然后加水，用碗沙少许掩铜片，使观者疑丛花生于碗底方妙。若以木本花果插瓶，剪裁之法（不能色色自觅，倩人攀折者每不合意），必先执在手中，横斜以观其势，反侧以取其态。相定之后，剪去杂枝，以疏瘦古怪为佳。再思其梗如何入瓶，或折成曲，插入瓶口，方免背叶侧花之患。若一枝到手，先拘定其梗之直者插瓶中，势必枝乱梗强，花侧叶背，既难取态更无韵致矣。折梗打曲之法，锯其梗之半而嵌以砖石，则直者曲矣。如患梗倒，敲一二钉以管之，即枫叶竹枝，乱草荆棘，均堪入选。或绿竹一竿配以枸杞数粒，几茎细草伴以荆棘两枝，苟位置得宜，另有世外之趣。若新栽花木，不妨歪斜取势，听其叶侧，一年后枝叶自能向上。如树树直栽，即难取势矣。至剪裁盆树，先取根露鸡爪者，左右剪成三节，然后起枝。一枝一节，七枝到顶，或九枝到顶。枝忌对节如肩臂，节忌臃肿如鹤膝。须盘旋出枝，不可光留左右。以避赤胸露背之病。又不可前后直出。有名双起三起者，一根而起两三树也。如根无爪形，便成插树，故不取。然一树剪成，至少得三四十年。余生平仅见我乡万翁名彩章者，一生剪成数树。又在扬州商家见有虞山游客携送黄杨翠柏各一盆，惜乎明珠暗投，余未见其可也。若留枝盘如宝塔，扎枝曲如蚯蚓者，便成匠气矣。点缀盆中花石，小景可以入画，大景可以入神。一瓯清茗，神能趋入其中，方可供幽斋之玩。种水仙无灵璧石，余尝以炭之有石意者代之。黄芽菜心其白如玉，取大小五七枝，用沙土植长方盆内，以炭代石，黑白分明，颇有意思。以此类推，幽趣无穷，难以枚举。如石菖蒲结子，用冷米汤同嚼喷炭上，置阴湿地，能长细菖蒲；随意移养盆碗中，茸茸可爱。以老莲子磨薄两头，入蛋壳使鸡翼之，俟雏成取出，用久年燕巢泥加天门冬十分之二，捣烂拌匀，植于小器中，灌以河水，晒以朝阳；花发大如酒杯，叶缩如碗口，亭亭可爱。

若夫园亭楼阁，套室回廊，叠石成山，栽花取势，又在大中见小，小中见大，虚中有实，实中有虚，或散或露，或浅或深，不仅在迂回曲折四字，又不在地广石多徒烦工费。或掘地堆土成山，间以块石，杂以花草，篱用梅编，墙以藤引，则无山而成山矣。大中见小者，散漫处植易长之竹，编易茂之梅以屏之。小中见大者，窄院之墙宜凹凸其形，饰以绿色，引以藤蔓，嵌大石，凿字作碑记形，推窗如临石壁，便觉峻峭无穷。虚中有实者，或山穷水尽处，一折而豁然开朗，或轩阁设厨处，一开而可通别院。实中有虚者，开门于不通之院，映以竹石，如有实无也；设矮栏于墙头，如上有月台，而实虚也。贫士屋少人多，当仿吾乡太平船后梢之位置，再加转移其间。台级为床，前后借凑，可作三榻，间以板而裱以纸，则前后上下皆越绝。譬之如行长路，即不觉其窄矣。余夫妇乔寓扬州时，曾仿此法，屋仅两椽，上下卧房，厨灶客座皆越绝，而绰然有馀。芸曾笑曰："位置虽精，终非富贵家气象也。"是诚然欤？

···········

苏城有南园北园二处，菜花黄时，苦无酒家小饮，携盒而往，对花冷饮，殊无意味。或议就近觅饮者，或议看花归饮者，终不如对花热饮为快。众议未定。芸笑曰："明日但各出杖头钱，我自担炉火来。"众笑曰："诺。"众去，余问曰："卿果自往乎？"芸曰："非也。妾见市中卖馄饨者，其担锅灶无不备，盍雇之而往。妾先烹调端整，到彼处再一下锅。茶酒两便。"余曰："酒菜固便矣。茶乏烹具。"芸曰："携一砂罐去，以铁叉串罐柄，去其锅，悬于行灶中，加柴火煎茶，不亦便乎？"余鼓掌称善。街头有鲍姓者，卖馄饨为业，以百钱雇其担，约以明日午后。鲍欣然允议。明日看花者至，余告以故，众咸叹服。饭后同往，并带席垫，至南园，择柳阴下团坐。先烹茗，饮毕，然后暖酒烹肴。是时风和日丽，遍地黄金，青衫红袖，越阡度陌，蝶蜂乱飞，令人不饮自醉。既而酒肴俱熟，坐地大嚼。担者颇不俗，拉与同饮。游人见之莫不羡为奇想。杯盘狼藉，各已陶然，或坐或卧，或歌或啸。红日将颓，余思粥，担者即为买米煮之果腹而归。芸问曰："今日之游乐乎？"众曰："非夫人之力不及此。"大笑而散。

贫士起居服食，以及器皿房舍，宜省俭而雅洁。省俭之法，曰"就事论事"。余爱小饮，不喜多菜。芸为置一梅花盒，用二寸白磁深碟六只，中置一只，外置五只，用灰漆就，其形如梅花。底盖均起凹楞，盖之上有柄如花蒂，置之案头，如一朵墨梅覆桌；启盖视之，如菜装于花瓣中。一盒六色，二三知己可以随意取食。食完再添。另做矮边圆盘一只，以便放杯箸酒壶之类，随处可摆，移掇也便。即食物省俭之一端也。余之小帽领袜皆芸自做。衣之破者移东补西，必整必洁，色取暗淡以免垢迹，既可出客，又可家常。此又服饰省俭之一端也。初至萧爽楼中嫌其暗，以白纸糊壁，遂亮。夏月楼下去窗，无阑干，觉空洞无遮拦。芸曰："有旧竹帘在，何不以帘代栏?"余曰："如何?"芸曰："用竹数根黝黑色，一竖一横留出走路。截半帘搭在横竹上，垂至地，高与桌齐。中竖短竹四根，用苏线扎定，然后于横竹搭帘处，寻旧黑布条，连横竹裹缝之。既可遮拦饰观，又不费钱。"此就事论事之一法也。以此推之，古人所谓竹头木屑皆有用，良有以也。

夏月荷花初开时，晚含而晓放。芸用小纱囊撮茶叶少许，置花心。明早取出，烹天泉水泡之，香韵尤绝。

画　家

周作人

可惜我并非画家，
不能将一枝毛笔，
写出许多情景。——
　　两个赤脚的小儿，
立在溪边滩上，
打架完了，
还同筑烂泥的小堰。
　　车外整天的秋雨，
靠窗望见许多圆笠，——
男的女的都在水田里，
赶忙着分种碧绿的稻秧。
　　小胡同口
放着一副菜担，——
满担是青的红的萝卜，
白的菜，紫的茄子；
卖菜的人立着慢慢的叫卖。
　　初寒的早晨，
马路旁边，靠着沟口，

一个黄衣服蓬头的人，

坐着睡觉，——

屈了身子，几乎叠作两折。

看他背后的曲线，

历历的显出生活的困倦。

　　这种种平凡的真实印象，

永久鲜明的留在心上；

可惜我并非画家，

不能用这枝毛笔，

将他明白写出。

新教师的第一堂课

（日本）田山花袋

夏丏尊译

在将要上课的时间以前，校长把学生召集到第一教室里，立在讲桌旁介绍新教员给学生：

"这回新请了这位×先生到学校里来教你们的课。×先生是××地方人，中学校出身。这个很好的先生，大家要好好地听从了学习啊!"

学生们见先生立在校长旁边微低了头，红着脸，颇有些难以为情的样子。大家只是静听校长的介绍辞。

下一点钟，新先生就在第三教室的教桌前面出现了。教室中很整齐地排坐着十二三岁的高级部学生，正在喊喊喳喳地说着什么，等先生进来，就一起把眼光移到他的身上，寂然无声了。

新先生走到教桌旁，坐下椅子去，脸孔仍是红红的。他带着一册读本，在桌上俯了头只管把书翻来翻去。

讲台下这里那里地发出微细的说话声。

教室门上的玻璃因尘埃已呈灰色，太阳黄黄地射着，喜鹊在门外反复哧叫，笨重的车声轧轧传来。

贴邻的教室里开始传出女教员的细而且尖的声音。

过了一会，新先生似乎已起了决心，把头抬起了。他那头发蓬松，阔额浓眉的脸孔上似乎现出着一种努力。

"从第几课起?"

这声音全教室的学生都听见。

"从第几课起?"他反复着说,"教到什么地方了?"

他这样说时,红色已从脸上褪去了。

回答声这里那里地起来。他依了学生的话把读本的某一页翻开。这时初上讲台的苦痛好像已大部消去。"反正已非教书不可,除了在这上努力以外更无别法,人家怎样说,怎样想,哪里管得许多。"他这样思忖,心里宽松起来了。

"那末,就从此开始吧。"

新先生开始把第六课来读。

学生听到快速而流畅的声音,比起那个前任老年教师的低微得像蜂叫的毫无活气的读音来,差得很远。可是那声音毕竟太快,学生们的耳朵里有许多来不及留住。学生们不看书,只管看着先生。

"怎样?听得懂吗?"

"请读得慢些。"

许多声音从许多地方起来。第二次读的时候,他注意了慢慢地读。

"怎样?这样读可懂得吗?"他露出了笑容,毫不生疏地说。

"先生!这回懂得了。"

"再比这快些也不要紧。"

学生有的这样说,有的那样说。

"从前的先生读几次?两次?三次?"

"两次。"

"读两次。"

这样的回答声纷纷地起来。

"那末已经可以了。"他因学生天真烂漫的光景引起了兴致。"可是,第一次读得太快了,再补读一次吧。请大家好好地听着。"

这次读得更明白,不快也不慢。

他叫会读的学生举手,叫坐在前列的白面可爱的孩子试读。学生有会读的,也有不会读的。他把文章中的难字摘写在黑板上,一步一步地叫学生懂。遇到较难的字,特别圈点,在旁边给加上注音符号。初上讲台的痛苦不知不觉消除得如拭去一样，"只要干，就干得来"，他心中涌起了这样的快感。

时间已到，钟声响了。

词四首

李　煜

虞美人

春花秋月何时了？往事知多少！小楼昨夜又东风；故国不堪回首月明中！雕阑玉砌应犹在，只是朱颜改。问君能有几多愁！恰似一江春水向东流。

浪淘沙

帘外雨潺潺，春意阑珊，罗衾不耐五更寒。梦里不知身是客，一晌贪欢。独自莫凭阑，无限江山，别时容易见时难。流水落花春去也，天上人间。

清平乐

别来春半，触目愁肠断。砌下落梅如雪乱，拂了一身还满。雁来音信无凭，路遥归梦难成。离恨恰如春草，更行更远还生。

相见欢

无言独上西楼，月如钩，寂寞梧桐深院锁清秋。剪不断，理还乱，是离愁，别是一般滋味在心头。

丛书集成凡例

一、本书集古今丛书之大成，故定名为丛书集成。

二、我国丛书号称数千部；惟个人诗文集居其半，而内容割裂琐碎，实际不合丛书体例者，又居其馀之半。其名实相符者，不过数百部。兹就此数百部中，选其最有价值者百部为初编。

三、初编丛书百部之选择标准，以实用与罕见为主；前者为适应需要，后者为流传孤本。

四、所选丛书，至清刊为止，民国新刊从阙。

五、所选丛书百部，内容约六千种，二万七千馀卷。其一书分见数丛书者，则汰其重复，实存约四千一百种，约二万卷。

六、一书分见丛书中，详略不一者，取最足之本；其同属足本，无校注者取最前出之本，有校注者取最后出之本。名同而实异者两存之。

七、各书一律断句，以便读者。

八、排印方式以经济实用为主要条件，仿《万有文库》之式，以五号字为主，其有不宜排印者则改为影印。

九、各书篇幅多寡悬殊，本丛书排印时，就可能范围以一书自成一册为原则。其篇幅过巨者，分装各册从厚，以期一书所占册数不致过多。其篇幅过小者，装册从薄，以期一册所容种数不致过多。

十、各书顺序，按中外图书统一分类法，可与《万有文库》合并陈列。

十一、本书另编左列各种目录，以便检查：

1. 按中外图书统一分类法排列者；

2. 按书名首字及以下各字顺序排列者；

3. 按各书编撰者姓名各字顺序排列者。

十二、原刻丛书百部计八千馀册，占地甚多，取携检阅，均感不便；今整理排印为袖珍本，计四千册，占地不及原刻本八分之一，且有整齐划一之观。

图　画

蔡元培

吾人视觉之所得，皆面也；赖肤觉之助，而后见为体。建筑、雕刻，体面互见之美术也。其有舍体而取面，而于面之中仍含有体之感觉者，为图画。

体之感觉何自起？曰起于远近之比例、明暗之掩映。西人更益以绘影、写光之法，而景状益近于自然。

图画之内容：曰人，曰动物，曰植物，曰宫室，曰山水，曰宗教。曰历史，曰风俗。既视建筑、雕刻为繁复，而又含有音乐及诗歌之意味，故感人尤深。

图画之设色者用水彩，中外所同也；而西人更有油画，始于"文艺中兴"时代之意大利，迄今盛行，其不设色者，曰水墨。以墨笔为浓淡之烘染者也；

曰白描，以细笔钩勒形廓者也。不设色之画，其感人也，纯以形式及笔势；设色之画，其感人也，于形式、笔势以外，兼用激刺。

中国画家自临摹旧作入手；西洋画家自描写实物入手。故中国之画，自肖像而外，多以意构；虽名山水之图，亦多以记忆所得者为之。西人之画，则人物必有概范，山水必有实景；虽理想派之作，亦先有所本，乃增损而润色之。

中国之画，与书法为缘，而多含文学之趣味；西人之画，与建筑、雕刻为缘，而佐以科学之观察、哲学之思想。故中国之画以气韵胜，善画者多工书而能诗；西人之画以技能及义蕴胜，善画者或兼建筑、图画二术，而图画之发达常与科学及哲学相随焉。中国之图画术，托始于虞、夏，备于唐而极盛于宋；其后为之者较少，而名家亦复辈出。西洋之图画术，托始于希腊，发展于十四、十五世纪，极盛于十六世纪。近三世纪，则学校大备，画人伙颐；而标新领异之才亦时出于其间焉。

后 记

　　这本《文话七十二讲》，是从《国文百八课》中抽出来的。《国文百八课》是抗日战争前，我的岳父夏丏尊先生和我的父亲叶圣陶先生合编的一部初中语文课本。计划编六册，没有编完，只出版了四册。

　　既然是课本，为什么起了这么个古怪的书名呢？当时的课本要经教育部审定后才能发行。两位老人家不打算这么做，而在书名上边注了一条"初中国文科教学自修用"，来说明这是一部课本。个人自修，教育部管不着；教师愿意采用，教育部也管不了。在当时，国文教师自选教材自编讲义是常有的事。

　　两位老人家对当时的国文教学很不满意，认为"国文科至今还缺乏客观具体的科学性"，教学目的"玄妙笼统"，教育方法因循保守，"往往只把选文讲读，不问每小时、每周的教学目标何在"。所有这些意见，他们都写在《国文百八课》的《编辑大意》中了。他们所以合编这部课本，就是想试一试从教材和教法入手，"给与国文科以科学性"。

　　两位老人家依据"往日教学的经验和个人的信念"，拟定了初中学生在国文课上应该受到的训练、应该得到的知识和应该掌握的技能；按自然的内在联系和循序渐进的原则，把这些教学内容排定了先后的顺序。又算了算初中六个学期，每学期上课十八周，一共一百零八周。再把教学内容按顺序安排在一百零八周里，使每周的教学成为一个单元，各有明确的目标。他们把一个单元称作"一课"，一共一百零八课。《国文百八课》这个书名就是这样定下来的。

　　《国文百八课》的每一课分四个部分：一、文话，是阅读和写作的指导，偏重于写作；二、选文，限定两篇，是根据文话而选的例文；三、文法或修辞的常识，所举的例尽量选自选文；四、习问，根据前三部分设计的练习和问题，着重于启发。从每一课看，四个部分彼此呼应，结合紧密，以文话为主体，教学目标明确。从课本的整体看，文话是纲，体现了两位老人家当时想给与国文课的"科学性"。因为文话很偏重写作指导，可以说《国文百八课》是一部"以作文为中心按文体组成单元的实验课本"。

抗日战争爆发，父亲带着一家老小进了四川，夏先生困守在上海，《国文百八课》就此中断，只编了四册，共七十二课。由于编法特殊，打破了传统，头两册出版的时候颇轰动了一阵子；可是究竟没有编完，后来渐渐被人忘却了。直到前年，人民教育出版社才检出这四册来重新排印，还特地请吕叔湘先生写了一篇介绍，印在第一册的头里。吕先生说，"直到现在，《国文百八课》还能对编中学语文课本的人有所启发"。这句话实际上是代人民教育出版社说的。要是有人问：为什么隔了半个世纪，还要重印这部未完成的国文课本呢？那么吕先生的这句话就是回答。

对于《国文百八课》中的文话，吕先生着重作了介绍。他说这部课本的"最大特色是它的文话"，"是编者用力最多的部分"；七十二篇文话"有系统而又不拘泥于形式上的整齐"，"既有联系，又不呆板"，"给读者的整个印象是生动活泼"，"本身就可以作为文章来学习"……可能由于吕先生的赞誉，上海教育出版社打算把《国文百八课》中的文话抽出来，编成《文话七十二讲》另行出版。我同意他们这样做，套吕先生的说法，我认为直到现在，这七十二篇文话还能对初学写作的人有所启发。

叶至善

1989 年 1 月 12 日